本书为国家社会科学基金重点项目“新发展格局下中国制造业产业链技术安全战略研究”（21AZD109）；国家社会科学基金青年项目“数字经济驱动收入分配格局转变的机制、效应与协同路径研究”（22CJL018）；河南省高等学校哲学社会科学创新团队支持计划“数字经济与产业创新”（2023-CXTD-01）；郑州大学“双一流”建设项目“数字经济与产业创新”（2024GJ020400056）的阶段性成果。

数字经济理论与应用

Digital Economic Theory and Applications

王海杰　杨志才　著

中国社会科学出版社

图书在版编目（CIP）数据

数字经济理论与应用 / 王海杰，杨志才著. -- 北京：中国社会科学出版社，2024. 7. -- ISBN 978-7-5227-3994-6

Ⅰ. F49

中国国家版本馆 CIP 数据核字第 20246X4R74 号

出 版 人　赵剑英
责任编辑　刘晓红
责任校对　周晓东
责任印制　戴　宽

出　　版　中国社会科学出版社
社　　址　北京鼓楼西大街甲 158 号
邮　　编　100720
网　　址　http://www.csspw.cn
发 行 部　010-84083685
门 市 部　010-84029450
经　　销　新华书店及其他书店

印　　刷　北京君升印刷有限公司
装　　订　廊坊市广阳区广增装订厂
版　　次　2024 年 7 月第 1 版
印　　次　2024 年 7 月第 1 次印刷

开　　本　710×1000　1/16
印　　张　16
字　　数　256 千字
定　　价　96.00 元

凡购买中国社会科学出版社图书，如有质量问题请与本社营销中心联系调换
电话：010-84083683

前　　言

随着大数据、云计算、物联网、人工智能等新一代信息技术在经济社会领域的不断渗透，数字经济作为新的经济形态跃上历史舞台，成为驱动全球经济增长的重要引擎。数字经济正以前所未有的速度、广度、宽度影响着人们的生活方式，重塑着社会和经济发展模式，同时，数字经济给高等院校的学科建设和人才培养也提出了新要求，数字经济教学教材的建设是顺应时代发展需求，探索和推动新文科发展的一个重要抓手。近年来中国已经形成了特色的数字经济理论成果、学术研究成果和实践成果，如何对这些重要成果展开学理化阐释、学术化表达、体系化构建，是数字经济理论发展亟须解决的重要内容。

历史上每一次新技术的出现，都会带来经济形态的转变，而经济形态的深刻变革所催生的新社会现象会对主流经济学理论形成冲击，进而需要构建新的理论体系，数字经济亦是如此。中国在数字经济的应用领域较为领先，商业模式创新层出不穷，但是数字经济的理论架构尚不完善。传统的经济学理论既不能合理地解释数字经济发展过程中出现的新现象，也无法科学地回答数字经济引发的新问题。现阶段亟须结合数字经济的应用实践探究其蕴含的理论体系，对数字经济下的经济发展规律展开研究。总体来看，目前对数字经济理论和应用方面的梳理不够完善，且二者的区分度不够；梳理数字经济的理论体系不清晰，不能有效地帮助读者构建对数字经济的框架认识；且数字经济的应用案例总结较少，不能有效实现教学课堂中理论与实践的结合。基于此，我们展开了本书的撰写，具体内容如下。

第一章　数字经济产生背景。本章从数字经济的时代背景和理论背景两部分进行阐述。其中，时代背景围绕社会生产方式的变革展开，包括技术范式的变革和制度范式的变革。理论背景围绕数字经济对传统经济理论提出的严峻挑战和反思展开，具体包括微观经济理论的反思（从消费者行为理论、价格与成本理论、厂商理论、市场理论展开）；宏观经济理论的反思（从宏观经济增长核算、经济增长理论、政府宏观调控展开）；新制度经济理论的反思（从交易成本理论、现代产权理论展开）。

第二章　数字经济的内涵与特征。本章从数字经济的概念界定和数字经济的特征两部分展开。其中，数字经济的概念界定包括数字经济的定义、内涵、外延以及与信息经济等概念的比较。数字经济的特征部分从多维度阐述数字经济的发展规律以及数字经济的基本特征。

第三章　数字经济的逻辑前提。第一节为数字经济下的信息假设。首先，分析了经济学假定前提的演变。其次，从物质技术基础、经济活动基础和思维方式基础三个维度阐述了数字经济发展与信息扩张的现实基础。最后，从传统理论假设的限制与反思、完备信息假设的理论逻辑两方面探讨数字经济前提假设的理论逻辑。第二节为数字经济下的行为主体决策选择理论逻辑，重点阐述行为主体结构的历程与划分，行为主体的偏好、认知与效用的理论演绎与分析，行为主体认知约束与理性实现的理论逻辑。第三节为数字经济下的行为主体价值实现理论逻辑，包括三个部分：行为主体个人价值的实现，行为主体的属性，个人价值与社会价值的实现逻辑。

第四章　数据要素与数据产品。第一节阐述了数据要素的特征，比如规模报酬递增、正外部性、可再生性、非排他性等。第二节说明数据要素市场化配置的理论基础，包括生产要素按贡献参与分配的机制，数据要素参与市场分配的形式与机制，以及数据要素参与市场分配的难点和关键点。第三节为数据要素的确权与管理，重点阐述了数据要素确权的产权理论基础，确权的思路和关键点，以及数据要素的授权分级机制。第四节说明数据产品的定价和交易，重点梳理了数据产品的定价机制、交易难题、交易模式以及数据要素流动的微观情景等。

第五章　数字经济下的资源配置与平台经济。首先讨论了数字经济下的资源配置机制以及资源配置效率。其次，探讨了平台经济的内涵、特征与结构（包括基本结构和价格结构），以及数字经济下的典型互联网平台（包括生产服务平台、批发零售平台、科技创新平台、数字媒体平台等）。最后，分析了平台经济垄断行为的形成、方式与影响，以及反垄断监管的理论、模型与效率。

第六章　数字经济下的企业理论。首先，从产权结构的演变中探讨了数字经济下企业产权的新内涵，以及数字经济下企业产权结构的变革和新特点。其次，讨论了数字经济下企业的治理结构，包括三个部分：信息结构变革对公司治理的作用机理，数字经济下技术契约的治理逻辑，数字经济下企业治理结构的新变化（从组织结构的变革效应、数字技术的内部治理效应、大数据的外部治理效应等角度展开）。

第七章　数字经济下的产业组织理论。首先，对数字经济下资源配置方式与产业组织的新变化进行分析。其次，分析了数字经济下的产业组织新模式。深入挖掘网络协同架构内涵、特征及形成原因，分析网络协同架构内部主体协同发展的具体表现和最终目标。最后，对主体之间的竞争与垄断进行分析。着重分析网络协同架构竞争力提升的途径，以及“分层式垄断竞争”的形成原因、表现格局和社会福利等。

第八章　数字经济下的经济增长理论。本章从要素和技术两个角度出发，着重讨论数据要素与数字技术对经济增长产生的影响。要素方面重点讨论了数据成为新的生产要素以及数据要素推动经济增长的逻辑。其中，数据要素主要指的是大数据，尤其是经过开发、挖掘、分析后可以被掌握和利用从而实现一定的经济价值的数据。技术方面重点讨论了数字技术的概念与特征以及数字技术促进经济增长的作用表现。

第九章　数字化案例与应用场景。分别从数字农业、数字城市、数字金融、智能制造四个方面梳理数字化应用场景的案例、逻辑与启示。

随着数字经济应用实践的不断深入，数字经济的理论总结也处于不断完善中。我们将充分吸纳数字经济的最新研究成果，动态调整数字经济的经验总结与理论概括，不断优化对数字经济理论体系的梳理，为数字经济的健康发展提供理论支撑。限于笔者的知识水平，书中难免存在疏漏或不足之处，希望读者为我们提供宝贵意见。

目　　录

第一章　数字经济产生背景 …… 1

第一节　时代背景 …… 1

第二节　理论背景 …… 10

第二章　数字经济的内涵与特征 …… 26

第一节　数字经济的概念界定 …… 26

第二节　数字经济的特征 …… 38

第三章　数字经济的逻辑前提 …… 49

第一节　数字经济下的信息假设 …… 49

第二节　数字经济下的行为主体决策选择理论逻辑 …… 54

第三节　数字经济下的行为主体价值实现理论逻辑 …… 65

第四章　数据要素与数据产品 …… 70

第一节　数据要素的特征 …… 70

第二节　数据要素市场化配置的理论基础 …… 72

第三节　数据要素的确权与管理 …… 80

第四节　数据产品的定价和交易 …… 85

第五章　数字经济下的资源配置与平台经济 …… 94

第一节　数字经济下的资源配置 …… 94

第二节　平台经济的特征与结构 …… 104
第三节　平台经济垄断 …… 112

第六章　数字经济下的企业理论 …… 123

第一节　数字经济下企业的产权结构 …… 123
第二节　数字经济下企业的治理结构 …… 137

第七章　数字经济下的产业组织理论 …… 152

第一节　数字经济下的产业组织变革 …… 152
第二节　数字经济下的产业组织新模式 …… 155
第三节　数字经济下行为主体的竞争与垄断 …… 166

第八章　数字经济下的经济增长理论 …… 181

第一节　数据要素与经济增长 …… 182
第二节　数字技术与经济增长 …… 190

第九章　数字化案例与应用场景 …… 199

第一节　数字农业应用场景 …… 199
第二节　数字城市应用场景 …… 206
第三节　数字金融应用场景 …… 211
第四节　智能制造应用场景 …… 218

参考文献 …… 225

后　记 …… 246

第一章

数字经济产生背景

随着大数据、云计算、物联网、人工智能等新一代信息技术在经济社会领域的不断渗透，数字经济作为全新的经济形态跃上了历史舞台，成为驱动全球经济增长的重要引擎。数字经济的产生和发展绝非偶然，而是具有深刻的时代背景和理论背景。因此，为厘清数字经济的发展规律以及理论框架，本章首先从农业经济时代生产方式、工业经济时代生产方式、数字经济时代生产方式阐述数字经济产生的时代背景，然后分别从微观经济理论、宏观经济理论和新制度经济学理论所面临的挑战阐述数字经济产生的理论背景。

第一节　时代背景

随着新一轮科技革命和产业变革的不断演进，人类社会正从农业经济时代、工业经济时代加速迈向数字经济新时代。数字经济是信息经济发展的高级阶段，是在信息技术突飞猛进发展进程中产生的一种新的经济形态。每种经济形态演变的决定力量是生产方式的深刻变革。生产方式作为人类赖以生存和发展的基础，既决定着社会制度的性质，也制约着整个社会经济、政治和精神文明的发展进程，是划分经济形态的基本标志。

根据技术—经济范式，每种经济形态都包括特定的生产要素、劳动资料、主导产业、基本制度和基本观念等核心要件。其中，决定一个社会经济发展水平的主要因素是关键生产要素和劳动资料。生产要素是经济学的一个基本范畴，对其内涵的认识始于对财富来源的探究，它是市场主体开展经济生产经营活动时所必须具备的社会资源，是丰富物质财富、提升社会财富创造水平的主要动力来源（魏益华和杨璐维，2022），而其中的关键生产要素决定着经济的发展方向。每个历史阶段的关键生产要素都要同时具备三个条件：成本迅速下降、供给大幅增加、应用全面普及。只有当关键生产要素及核心技术在生产率提升和投资增加等方面的潜力接近极限时，新的关键生产要素才能满足上述三个条件，并开始发挥主导作用（王姝楠和陈江生，2019）。农业经济时代，劳动和土地是关键生产要素，工业经济时代，技术和资本是关键生产要素，而在数字经济时代，随着数据的价值不断放大，数据逐渐成为关键生产要素。对于劳动资料的重要性，马克思在《资本论》中有所阐述：各种经济时代的区别不在于生产什么，而在于怎样生产，用什么劳动资料生产。劳动资料不仅是劳动力发展的测量器，而且是劳动借以进行的社会关系的指示器。在劳动资料中，机械性的劳动资料比那些只是充当劳动对象容器的劳动资料（如管、桶、篮、罐等）更能显示一个社会生产时代的具有决定意义的特征。在不同的社会经济发展阶段，劳动资料的构成，以及劳动资料中各个部分的作用也不同。农业经济时代，劳动资料以手工工具为主；工业经济时代，劳动资料以大机器为主；而在数字经济时代，信息传递系统、人工智能等新型基础设施发挥着越来越重要的作用。

一　农业经济时代生产方式

农业经济是人类进入文明社会的第一种经济形态，包括奴隶社会、封建社会以及 18 世纪以前的资本主义社会。在农业经济产生以前，人类通过从事狩猎、捕鱼和采集等简单劳动直接获取自然之物，其活动范围仅限于狩猎场所。经历了与大自然漫长的斗争和不断探索，人类从食物采集者逐步升级为食物生产者，他们开始掌握制作陶器、石制农具等简陋工具的技术，并有意识地饲养家畜、种植作物，这形成了初级的畜牧业和农业生产活动，即“原始农业”。不过，这一阶段漫长而保守，充满经验性和封闭性，简单的农业生产在世界部分地区独立地进行着。在中东，这一阶段从约公元前 9500 年起，到公元前 7500 年才结束。在美洲大陆，这一阶段则更长，那里的原始农业从公元前 7000 年开始。2000 年后，当地印第安人从以玉米为主的植物栽培中获取的食物，仅占他们食物的10%；到公元前3000年时，该类食物也只占食物获取的1/3。直到公元前1500年前后，玉米和其他植物进行杂交，大大地提高了玉米产量，从而成为当地人主要的食物来源，由此也完成了从原始农业到农业革命的过渡。

随着农业产量的提升，人类也建立了新的社会制度，新的农业生产技术和新的社会制度相互作用，引起连锁反应，最终促使农耕时代的来临，即以精耕细作的小农经济为基本生产模式的农业经济时代。劳动者在实践中发明了种植作物的各种农耕技术，最早的农耕技术被称为“刀耕火种”，它的出现使得农业大规模地扩展到原本是森林覆盖的地区。后来，人们逐渐掌握农业、冶金术和造船等技术，其活动范围和农业疆域也随之拓展。其中，最具有划时代意义的农业技术进步表现为铁器的发明。小亚细亚的赫梯先民最早于公元前2500年进行人工炼铁，而我国在西周末年开始大规模地将冶炼铁器运用到生产生活中。战国中期以后，铁工具在农业和手工业中取得支配地位，到汉代以后，“铁犁牛耕”成为中国传统农业的主要耕作方式，在隋唐时期已相当成熟。此外，人们在耕作时也会借助风力、水力等自然之力，以减少耕作时的体力消耗。这些生产技术和劳作方式的改变显著提高了土地利用率和农作物产量，促进农业经济实现了从“攫取性经济到生产性经济”的质的飞跃。

土地和劳动力是决定小农经济发展的关键生产要素。受当时生产条件的限制，人类只能利用自然界已有的社会资源进行生产劳动，社会经济增长主要依靠土地扩张和劳动力增加。因此，农耕经济表现出明显的时代局限性——自给自足、封闭分散、经营规模狭小、缺乏储备和积累能力。马克思对法国小农进行了这样的描述：“小农人数众多，他们的生活条件相同，但是彼此都没有发生多种多样的关系，他们的生活方式不是使他们相互交往，而是使他们相互隔离……他们进行生产的地盘，即小块土地，不容许在耕作时进行分工，应用科学，因而也就没有任何多种多样的发展，没有各种不同的才能，没有任何丰富的社会关系。每一个农户差不多都是自给自足的，都是直接生产自己的大部分消费品，因而他们取得生活资料多半是靠与自然交换，而不是靠与社会交往……广大群众，便是由一些同名数相加形成的，好像一袋马铃薯是由袋中的一个个马铃薯所集成的那样。”（中共中央马克思恩格斯列宁斯大林著

作编译局，1995 年）

在发展缓慢的小农经济中，手工作坊与家庭手工业是基本的组织形式。不过，随着社会发展和科技进步，产业组织结构内部也发生了一定程度的演变。“男耕女织”型的家庭生产存在于早期农业社会，在这种情况下，农户几乎要生产一切自己需要的东西，而纯粹的自给自足很难实现，他们之间会进行一些不以货币为媒介的日常交换。当社会生产力不断提高，家庭生产的农产品和手工业品在满足自身所需外还出现了剩余产品，于是产生了“有余则卖，不足则买”的简单商品交换。在中国，宋代是传统商品经济发展的繁荣期，这一时期由于商品性农业、民营手工业经济在整个经济结构中所占比例增大，一部分专门为市场生产的手工业者逐渐从农业中分离出来成为个体小商品生产者。直到 14 世纪以后，独立自由的手工业者不断增加，生产和市场日益发展，商人的资本也逐步扩大，促使商业资本采用新的方式去直接地控股小生产者以赚取更高的利润，从而形成了包买商制度。这种制度起到一定的过渡作用，但它并没有引起旧生产方式的巨大变革（于秋华，2010）。可见，历时数千年的农业经济时代，小农经济始终占据主导地位，直到工业革命的发生。

二　工业经济时代生产方式

到 15 世纪末 16 世纪初的“地理大发现”时期，西欧殖民主义采用暴力手段，在亚非拉三大洲大肆掠夺。美洲的发现、绕过非洲的航行，给新兴资产阶级开辟了新的活动场所。东印度和中国的市场、美洲的殖民化、对殖民地的贸易、交换手段以及一般商品的增加，使商业、航海业和工业空前发展，促使正在崩溃的封建社会内部的革命因素迅速发展。然而，在这个时期，各国的生产力水平和生产社会化程度依然较低，自然经济仍占主导地位。16—17 世纪，英国资产阶级一方面积极开展海外贸易，进行殖民统治，以获得最广阔的海外市场和最廉价的原料产地；另一方面进一步推行“圈地运动”，获得大量廉价劳动力，实现了家庭手工业向工场手工业的转变。18 世纪中期，英国工商业迅速发展，手工工场的生产技术供应不足。英国人哈格里夫斯发明了珍妮纺纱机，极大地提高了棉纺织业的生产率。随后，引发了机器发明、技术革新的连锁反应，采煤、冶金等许多工业部门也都陆续有了机器生产。1785 年后，蒸汽机的发明和广泛应用标志着第一次工业革命的开始，人类由此进入工业经济时代。新的棉纺机和蒸汽机要求增加铁、钢和煤的供应量，这种事态发展的结果是，到 1800 年时英国生产的煤和铁比世界上其他地区合在一起还要多。英国的煤产量从 1770 年的 600 万吨增长到 1800 年的 1200 万吨，进而增长到 1861 年的 5700 万吨。同样，英国的铁产量也从 1770 年的 5 万吨增长到 1800 年的 13 万吨，进而增长到 1861 年的 380 万吨。人类不仅进入了蒸汽时代，也进入了"钢铁时代"。纺织工业、采矿工业和冶金工业的发展又要求改进运输工具，以便运输大量的煤和矿石。蒸汽火车和铁路基础设施成为必要组成部分，河运、海运和自然河道运输快速发展，蒸汽轮船等运载工具的运输能力不断提升（朱恒源等，2021）。马克思在《资本论》中所述，"劳动资料取得机器这种物质存在方式，要求以自然力来代替人力，以自觉应用自然科学来代替从经验中得出的成规"，这一过程把"巨大的自然力和自然科学并入生产过程，必然大大提高劳动生产率"（马克思，2004），其结果是"资产阶级在它的不到一百年的阶级统治中所创造的生产力，比过去一切世代创造的全部生产力还要多，还要大"（龚晓莺和杨柔，2021）。

生产力有了一个进入自驱动发展阶段的起飞，对生产关系也提出新的要求，促使生产方式和生产关系发生变革。当时的英国产生了机械化工厂体系，分工协作体系逐渐形成。马克思指出："在英国，机器发明之后分工才有了巨大进步……机器的发明完成了工场劳动同农业劳动的分离，从前结合在一个家庭里的织布工人和纺纱工人被机器分开了。由于有了机器，现在纺纱工人可以住在英国，而织布工人却住在东印度……由于机器和蒸汽的应用，分工的规模已使脱离了本国基地的大工业完全依赖于世界市场、国际交换和国际分工。"（中共中央马克思恩格斯列宁斯大林著作编译局，2012）由此可见，大机器推动社会分工向国际分工大规模转换。随着资本主义工业化大生产和工厂制度的确立，原有的分散式的生产要素组织形式开始在工厂这一新的要素组织形式内集聚，形成了以生产资料私有制为基础的雇佣劳动制度的资本主义生产关系。18 世纪 90 年代后，工厂增加机器和专用设备种类后，专用性投资随之提高，企业规模不断扩大，工厂组织的制度成本不断上涨。为此，工厂内部出现了技术工人承包制，即将生产责任下放至技术工人或领班，由他们组织工人生产和管理机器。相比于工厂制，技术工人承包制增加了生产的科层，形成了多层委托代理关系，降低了监管成本。在社会生产力与资本主义生产关系的共同作用下，资本主义生产方式迅速发展。

到 19 世纪中期，欧美出现了资产阶级革命和改革的历史浪潮，人类逐渐进入“电气时代”。电力应用兴起，钢铁、煤炭、机械加工迅猛发展，催生了电气、石油、汽车、航空等新兴工业部门，这一阶段，工业经济时代发展到鼎盛时期。电气化通用技术以电力技术和内燃机技术为核心，包括以电力为代表的能源基础设施和以石油为代表的关键原材料。电动机被广泛地应用于工厂动力工具领域，而内燃机的发明解决了交通工具的发动机问题，内燃机技术首先在汽车上得到应用，之后扩散至船舶、火车等多个生产和生活工具，包括推动农业技术进步的农业机械等领域，电气革命实现了物质财富极大丰富。

19 世纪 70 年代，在第二次工业革命的推动下，资本主义经济社会化生产趋势加强。企业实行大规模的集中生产，企业规模也进一步扩大，这促使劳动生产率快速提高，加剧了企业间的竞争。企业发展要求大量资本和劳动力参与其中，于是股份公司这种早已出现的集资经营方式开始广泛发展。采用新技术的企业必然会超越技术落后的企业，生产和资本的集中达到一定程度便形成垄断组织。卡特尔、辛迪加、托拉斯、康采恩是垄断组织的四种主要形式。大量的社会财富日益集中到少数资本家的手中，到 19 世纪晚期，主要的资本主义国家出现了垄断组织。资本主义国家不满足于国内的发展，继续海外扩张，这也加速了全球一体化进程，进一步深化了国际分工体系。工业领域内出现了早期的跨国公司，企业组织方式也相应地改变。规模不断扩大的工厂发展成为大企业，技术工人无法掌握全部的生产知识，出现了职业经理人的企业管理模式，之前的私人企业演变为所有权与管理权分离的公司治理结构，以专业管理团队为基础的“泰勒制”成为当时具有代表性的生产组织方式。19 世纪末，福特“T 型车”实现了从定制生产到标准化生产的转变，极大地降低了汽车生产成本，从而出现了以“福特制”为代表的生产组织方式。在供给端，零部件标准化及生产流水线，大大提升了分工效率，形成了规模化生产模式，在需求端，形成了大规模同质消费模式，大规模生产、消费成为社会生产、生活的基本特征。大规模生产体系将工厂化体系的优势发挥到极致，而且在追求专业化经济的基础上，找到了规模经济和范围经济的秘诀。大规模生产体系的丰富和发展以美国企业作为领先者展开，欧洲和日本企业也遵循着同样的主导逻辑。大型、纵向一体化、横向多元化、职业经理直接管理的公司推动了资本主义经济组织的发展。规模经济和范围经济的组织形态是大规模生产体系，以标准化产品的规模生产、规模运输、规模分销和规模消费为主要特征。大规模生产体系从福特流水线向沃尔玛大型连锁超市、麦当劳连锁快餐等领域扩展，甚至不只是生产领域，零售和服务领域也同样适用，其活力和影响力延续至今。

三 数字经济时代生产方式

20 世纪 40 年代，第一台电子计算机在美国问世，新一轮科技革命随之拉开帷幕。之后，信息革命带来了新的投资和增长潜力，人类的生产生活开始由物理空间向虚拟空间延伸。60 年代以来，微电子、通信技术、计算机三大技术融合为信息传播创造了技术条件，信息技术的广泛应用，包括计算机、互联网、移动通信等，使信息传递、处理和存储变得更加迅速、便捷和普及化。这一变化促使产业结构转型升级，以信息产业和服务业为主导的产业占据了越来越重要的地位，传统的制造业和重工业逐渐被替代。

进入 21 世纪，计算机、通信、互联网和智能化技术迅速更迭，数字经济逐渐崛起，并正在改变着我们的商业模式、生产方式和生活方式。比如，随着人们生活水平的提高和消费观念的逐渐改变，越来越多的人开始追求个性化、定制化和高品质的消费方式，数字经济正是满足这些需求的最优方式之一。国际经济交往的加强，全球化的趋势使得数字经济的边界越来越模糊，数字技术和数字平台正在成为推动全球贸易和投资的纽带。以上这些方面的变化，加上其他一些社会、经济、科技等因素的影响，构成了数字经济时代的背景。数字经济已经成为发展经济、提高生活质量和实现可持续发展的必经之路。

进入 21 世纪，数据生产要素成为整个经济社会发展的重要驱动力。其中，最密集使用数据要素和新一代信息技术的产业迅速成长，如中高档数控系统、智能物流与仓储装备、工业机器人与增材设备等的制造业，每年的产量和利润总额成倍增加，成为经济增长的主力。传统产业也在数字经济的渗透下焕发新活力，催生出个性化定制、网络化协同、智能化生产和服务型制造等新的商业模式，提升了生产效率和市场竞争力。数字经济迎来了黄金发展时期（王姝楠和陈江生，2019）。面对这种态势，各国政府也纷纷出台政策助力数字经济健康发展。2013 年德国在汉诺威工业博览会上率先提出“工业制造 4.0”，随后德国政府将其列入《德国 2020 高技术战略》十大未来项目之一。日本先后出台 e-Japan 战略、u-Japan 战略、i-Japan 战略，日本内阁于 2017 年通过了第五次（2016—2020 年）科学技术基本计划，提出“超级智能社会”战略。欧洲提出了“地平线欧洲”（2021—2027 年）计划。英国于 2015 年发布《英国 2015—2018 年数字经济战略》，于 2017 年发布最新的《英国数字经济战略》。美国更是超常规地推进新科技革命，自 2011 年起，先后发布《联邦云计算战略》《大数据的研究和发展计划》《支持数据驱动型创新的技术与政策》，2015 年美国商务部还成立了数字经济咨询委员会（DEBA），2018 年特朗普政府颁布了《国家网络战略》等国家战略规划，明确了未来发展数字经济的前景。

中国同样重视数字经济的发展，在 2015 年提出了“中国制造 2025”战略后，制定了一系列有关数字经济的发展战略。2017 年中国在政府层面首次将“数字经济”写入《政府工作报告》，提出推动“互联网+”以及加快数字经济成长的总体要求。党的十九大以来，中国加快建设网络强国、数字中国、智慧社会，从国家层面部署推动数字经济发展，推动互联网、大数据、人工智能与实体经济深度融合，发展数字经济、共享经济，培育新增长点，形成新动能。《中国国民经济和社会发展第十四个五年规划和 2035 年远景目标纲要》提出：“加快数字化发展。发展数字经济，推进数字产业化和产业数字化，推动数字经济和实体经济深度融合，打造具有国际竞争力的数字产业集群。加强数字社会、数字政府建设，提升公共服务、社会治理等数字化智能化水平……提升全民数字技能，实现信息服务全覆盖。积极参与数字领域国际规则和标准制定。”据统计，2020 年中国数字经济增加值规模超过 19 万亿元，占 GDP 比重 18.8%。预计到 2025 年增加值规模将超过 32.67 万亿元（名义值），其中数字产业化增加值约为 15.52 万亿元，产业数字化增加值约为 17.15 万亿元（杨述明，2021）。由此可见，数字经济是未来经济发展的重要形态，而关键生产要素、生产组织形式、商业模式等经济实践也随之改变。

在数字经济中，数据被誉为“21 世纪的石油”，已成为新的关键生产要素。它与劳动、土地、资本、技术等传统要素相互融合，贯穿于经济社会发展的整个过程。但不同的是，数据是以一种无形要素的形式投入生产过程，具有自身的特质。一是传统生产要素会受要素总量的制约，它的积累难以实现量的跃升。但是，在信息大爆炸的时代，几乎人类所有的活动及与其相关的场景都可以转化成数据（王天夫，2021），数据供给量呈指数级增长。据国际数据公司（IDC）预测，2025 年全球数据量将达到 163ZB，数据资源会越产越多。二是数字技术可以将海量数据收集、传输、处理等，提取出供需双方的有效信息，成为生产过程中的重要资源，通过将这些有效信息反馈到生产过程，实施定制化服务型的生产。在更为复杂的市场交易中，随着数据收集的拓展与计算能力的提升，可以获得更准确匹配商品与消费偏好的能力。更进一步地，大数据驱动的数据收集与分析的自动化、机器学习、人工智能必将进一步拓展协调市场的能力、提升市场匹配的效率。由此可见，数据资本将作为一种全新的价值源泉，可以与其他商品和服务一样在市场上交易，并将成为最具价值的资源（王天夫，2021）。

大数据、云计算、人工智能等数字技术为数字经济的蓬勃发展提供强有力的技术支撑。依托这些数字技术，一个与物理世界高度匹配的数字孪生世界得以建立，从而实现实时仿真，社会各经济主体以此开展生产活动，社会的生产方式、组织模式等相应发生深刻变革。一是数字技术推动了数字产业化和产业数字化，促使企业向数字化转型，呈现出生产过程透明化、模块化、数据采集自组织化等趋势。生产主体也呈现多元化趋势，不再单纯地局限于企业，其范围逐渐拓展到政府、高校、个体用户、自组织团队等（魏江等，2021）。二是数字技术使得生产组织平台化、网络化。通过运用数字技术，各类生产主体间的信息不对称和交易成本不断降低，从而实现了多元化生产主体借助网络空间协同发展。如工业互联网和工业云平台建设促使“大平台+小企业”的生产组织形式越发普遍。数字技术通过联结虚拟世界和现实世界，使精准预测消费者偏好成为可能，而数字连接带来的互动范围扩大和生产准入门槛降低为企业摆脱内部员工依赖、为以网络化方式实现多主体价值共创提供了可能。三是数字技术带来的生产过程透明化和信息不可篡改性催生了去中心化、去中介化的网络组织，改变了传统生产过程中科层权力结构与分工协作的强制性，使生产过程更多体现为个性化参与意愿。如共享经济是个人基于自身闲置资源余缺状况及共享消费理念自发进行的分工与协作模式；零工经济使劳动者可根据个人需要自行选择劳动时间和劳动量。此外，数字技术能够把生产过程拆分为独立的操作模块，而数字连接为有效协调各任务的分工和合作提供了可能，因此生产过程由集中化、规模化向分散化和模块化转变。四是数字技术促使生产关系虚拟化、垄断化。在传统经济模式中，生产主体之间大多依靠面对面交流提供的信息进行协调和整合，生产关系相对稳定。数字技术使生产主体之间的协调与整合不再依靠正式和非正式线下互动，而是转向虚拟交流。如开源软件、维基百科社区成员更加依赖源代码、用户工具箱等虚拟合作技术和软件工件进行协调与整合。生产组织平台化和生产过程个性化也使传统经济中企业—员工雇佣关系转变为平台—个体合作关系或互补关系，数字平台网络效应及其对生产过程数字化基础设施的控制，使平台与互补者之间呈现出强烈的支配—依赖关系；而大平台对于服务器计算和存储能力、算法、操作系统的垄断，致使大小平台之间形成控制与依赖紧密联系的嵌套型层级结构。随着生产组织的网络化、平台化，生产主体和生产组织关系逐渐呈现出虚拟化和垄断化趋势。数字生产导致的结果是雇佣式生产关系逐渐解体，取而代之的是不稳定的流众化的数字生产关系，而这种生产关系的特点是极少数人获得了赢者通吃的收益，绝大多数用户成为流众。

第二节　理论背景

历史上每一次新技术的出现，都会带来经济形态的转变。而经济形态的深刻变革所催生的新的社会现象会对主流经济学理论形成冲击。以蒸汽机为代表的第一次产业革命，催生了现代企业，带来了“边际革命”，加速了新古典经济学的产生；以电气技术和内燃机为代表的第二次产业革命使产业结构开始向重化工方向发展，使资本和技术创新成为经济中的关键要素，由此催生了垄断竞争理论、宏观经济理论、创新理论等，不断充实和扩展经济学的基础理论体系。如前文所述，在实践层面，数字经济通过新技术形成新产业、新产业催生新模式、新技术赋能传统产业的演变形式，推动了全球经济数字化转型与高质量发展。

然而，数字经济与传统经济有着截然不同的特征和发展路径，数字经济对传统经济理论带来了重大冲击。传统经济理论是建立在以商品为中心的经济模式上的，而数字经济则是以信息和网络为核心的经济模式。目前传统的经济学理论在一定程度上既不能合理地解释数字经济发展过程中出现的新现象，也无法科学地回答数字经济引发的新问题。尤其是中国数字经济发展尚面临产业基础能力不强、先进技术与国际差距明显、法律制度环境不完善等诸多挑战，亟须明晰数字经济发展规律，增强对数字经济理论基础和演进逻辑的学理性认识，从而有效指导数字经济发展实践。主要表现为：一是数字技术对经济学前提假定的影响。数字经济的发展给传统经济理论带来的冲击主要体现在理性人、完全竞争、资源稀缺性等基本假设方面。二是平台经济、共享经济等新模式、新业态对企业管理有了更高的要求。因此，产业组织理论、企业管理理论等需要与数字经济相适应。从企业管理的角度，需要找到影响企业创新发展的核心要素，指导企业可持续创新发展。三是数字经济为宏观经济增长提供新动能，助推经济高质量发展。由于数字经济条件下，经济增长的要素条件、组合方式、配置效率等与传统经济不同，导致生产函数形式发生改变。因此，数字经济的出现使传统经济理论面临了严峻的挑战。传统的经济模型需要重新审视，并且需要发展新的理论模型来解释数字经济中出现的现象和问题。

一　对微观经济理论的反思

（一）消费者行为理论

1. 大数据预测消费者选择行为

消费者行为理论认为，在传统经济中，消费者是在预算约束内选择一个能实现效用最大化的商品组合，在“以产定销”的框架内选择需要的产品。而在数字经济时代，一切信息都来源于大数据、云计算和机器学习等，这些数字技术能够通过收集、整合、分类、加工和处理人们消费的历史数据、即时数据和未来数据，从成本、收益、体验、时尚和心理满足等多方面精准识别并科学分析消费者选择偏好，从而有效预测消费者选择行为（何大安，2018）。因此，消费者在追求效用最大化的同时深受互联网协同效应的影响，大数据思维正在逐渐支配消费者原有的主观判断（Rhue and Sundararajan，2019；陈晓红等，2022）。这在很大程度上增强了供求信息的交互性，表现为：一方面消费者能够借助数字平台选择更加适合个人需求的个性化产品，另一方面也帮助供应商更精准地切入消费者群体。

2. 网络外部性影响消费者购买行为

消费者的购买行为不仅由自身偏好和认知决定，同时也会受到社交网络中其他消费者购买行为的影响，这就引入了网络外部性的概念。网络外部性最早由 Rohlfs 于 1974 年提出（Rohlfs，1974），Katz 和 Shapiro 于 1985 年给出较为正式的定义：网络外部性是指随着使用同一产品或服务的用户数量发生变化，每个用户从消费此产品或服务中所获得的效用的变化（Katz and Shapiro，1985），这也是著名的梅特卡夫法则描述的经济现象。在数字经济时代，若想获得消费互联网平台更具个性化、精准化的服务，消费者需要出让个人数据。这种特征进一步强化了网络经济形态，使网络外部性愈加明显。比如，对于精通大数据的消费者，商家可能会根据消费者向平台分享的个人数据等精准推送相关商品信息，当消费者自我控制力较低时，他们就更容易受广告等营销的影响。即使是不精通大数据的消费者也会受到那部分擅于通过大数据做出选择的群体的影响，从而产生偏好趋同化和认知趋同化（何大安，2018）。

网络外部性可分为正网络外部性和负网络外部性。如果数字经济的正网络外部性占支配地位，会以“马太效应”触发网络系统的正反馈，带来消费规模的自我扩张，产生“需求方的规模经济”（荆文君和孙宝文，2019）。如图 1-1 所示，对正网络外部性较强的市场而言，消费规模成为需求曲线的内生变量。在消费者偏好一致且能够准确预期用户规模的假设下，消费者需求会随消费规模的增加而增加，当消费规模达到一定程度 C^* 后，负网络外部性开始显现，使需求量随消费规模的增加而减小。从消费者效用来看，网络外部性意味着消费者对产品消费越多，获得的效用越高，呈现边际效用递增的趋势，打破了传统经济理论中的边际效用递减规律（陈晓红等，2022）。

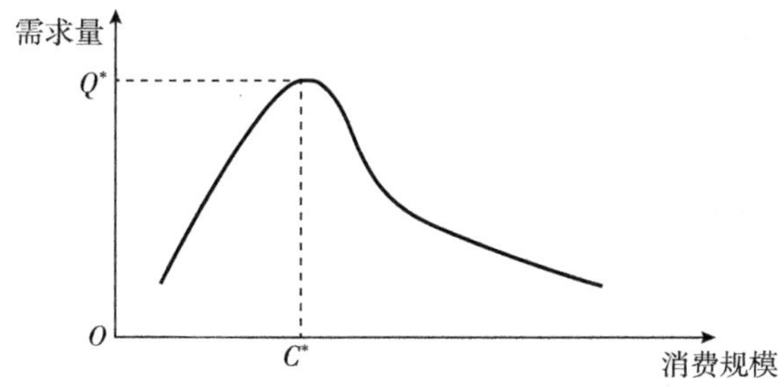

图 1-1 网络外部性产品的需求曲线

3. 长尾效应

2004 年，美国《连线》杂志主编克里斯·安德森系统研究了 Amazon、B10g、Google、eBay、Netflix 等互联网零售商的销售数据，并与沃尔玛等传统零售商的销售数据进行对比后，观察到一种符合统计规律的现象，恰如以数量、品种为二维坐标的一条需求曲线，拖着长长的尾巴，“长尾”由此得名（马建威，2007）。长尾效应的出现为生产者和消费者带来了更多的机会。生产者有了更多的选择，可以充分利用市场的细分和个性化需求，创造出更加具有差异化和专业化的产品和服务，而消费者也可以更加方便地获取到自己需要的商品和服务，享受更加个性化的购物体验。这一市场中消费者的个性化需求被不断满足，更多的品种进入大众市场。

如图 1-2 所示，在品种—需求量曲线中，曲线头部表示品种较少的大众畅销品市场，品种较多且需求量较低的部位形成了长尾市场。传统的销售渠道常常只能在一定的商品或服务中进行选择，最受欢迎或销量最好的商品或服务通常对应着最高的市场需求，而那些销量较少的商品或服务往往会被忽略掉。如果把足够多的非热门产品组合到一起，实际上可以形成一个堪与热门市场相匹敌的大市场（Anderson，2004）。在数字经济时代，由于数码革命和物流分发技术的不断发展，生产和分发成本大幅降低，那些单个销量和曝光量较低的商品、内容和服务也可以获得足够的关注和市场份额。加之线上消费比线下消费更加多样化（Gentzkow and Shapiro，2011），信息商品能够实现更高效的在线搜索。由此产生的低搜索成本有利于用户发现数字产品和数据集，以及类似产品和服务的价格，从而满足用户的长尾需求（Anderson，2006；Yang，2013）。

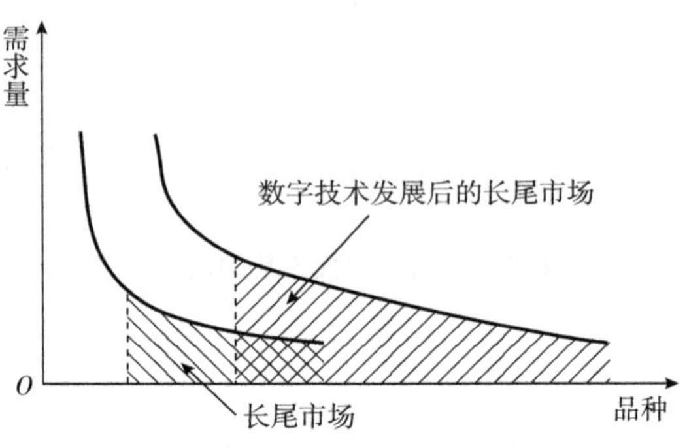

图 1–2　需求曲线的长尾市场

随着数字技术水平的提高，信息检索和排序算法的普及和不断优化，消费者可以更加方便地搜索到自己需要的商品、内容和服务，从而也有更大的可能性发现那些长尾商品和服务，这会使需求曲线的头部与尾部的关系发生变化，需求曲线便趋于平缓，并逐渐向尾部延伸，更加体现“需求方的规模经济”（陈晓红等，2022）。

（二）价格与成本理论

1. 数据定价方法改变

大数据是开启下一个生产力增长大潮的关键。随着新一代信息技术渗透到日常生活中，数据呈现爆炸式增长，并衍生出大量数字产品或服务，从而形成庞大的大数据市场。数据所有者和消费者能够相互联系、共享并进一步提高数据的效用，这就需要为出售或购买的数据确定适当的价格（Liang et al.，2018）。数据定价包括数据产品（如数据集和数据报告等）的定价和数字产品（如电子书、在线广告等）的定价（Pei，2020）。

从需求定价的角度看，在数据要素市场上，数据产品能够作为商品进行交易，这时单一、中断的数据所包含的价值量较低，数据量越大、时效性越强、精确度越高的数据越有价值。这是由于存在网络外部性，数据产品对消费者的效用随着该产品的其他使用者的数量的增加而增加，从而体现出价格与数量的正相关性（曹萍和张剑，2008）。由此可见，对于数据产品定价，沿用传统的供求关系定价论是不合理的。

从成本定价的角度看，传统的定价是基于传统要素具有稀缺性，随着要素投入不断增多，边际收益在达到一定程度后开始递减，边际成本开始递增，因此为了实现利润最大化，理性的经济主体会依据“边际成本=边际收益”进行定价。而数字产品作为知识、技术密集型产品，其成本结构具有“高固定成本、低边际成本”的特殊性，这为产生规模经济效益提供条件，即供应商生产得越多，平均成本就越低。数字产品的生产厂商面对的是一个下滑的平均总成本曲线，若生产厂商将价格依然定成与边际成本相等将蒙受经济损失，因此，数字产品的定价无法按边际成本加以确定。

2. 数字产品成本曲线改变

图 1-3 分别展示了传统产品和数字产品的成本曲线。将两者进行对比可知，前者的平均总成本曲线（ATC）、平均可变成本曲线（AVC）和边际成本曲线（MC）都呈现“U”形特征。它们表示：随着产量的增加，这三者都是先递减，各自达到本身的最低点之后再递增。而平均固定成本（AFC）曲线呈递减趋势，表示随着产量的增加，平均固定成本越来越小。而由于数字产品具有网络外部性和复制成本极低等特征，其成本结构具有“高固定成本、低边际成本”的特点，因此，其平均总成本曲线（ATC）、平均可变成本曲线（AVC）、平均固定成本（AFC）曲线都呈递减趋势，而边际成本极低甚至趋向于 0（曹萍和张剑，2008）。

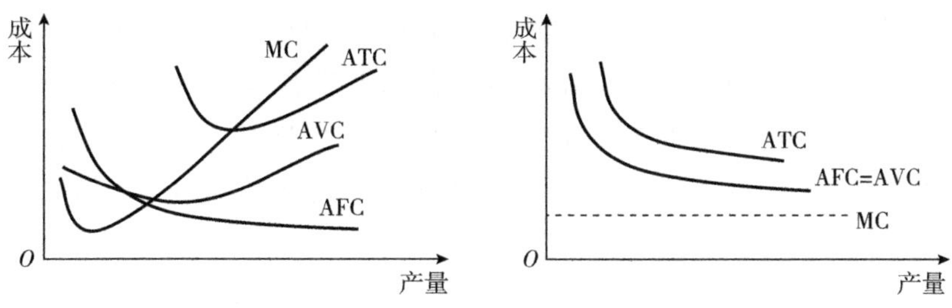

图 1-3 传统产品成本曲线（左图）和数字产品成本曲线（右图）

（三）厂商理论

1. 颠覆传统盈利模式

从供给侧看，传统企业通过提高生产或服务效率，尽可能地压缩成本并扩大产量才能提高利润空间；从需求侧看，传统企业需提供更加优质的商品或服务，吸引更多消费者，增加销售量。这都体现了传统企业的利润主要来源于其提供的产品或服务，受数量、成本和价格三个关键因素的影响（杨新铭，2017）。但在数字经济中，数字产品特殊的成本结构使得网络企业愿意并有能力提供免费的商品或服务，这已经成为一种普遍且持久的现象。可见，网络企业的利润并不单纯地来自数字产品本身（徐绪松和曾凡涛，2009）。从整个互联网行业来看，广告经济占据着明显的主导地位，当网络企业产品用户数量呈几何式增加，就可以依靠发布广告的企业支付广告费获取利润，而发布广告的企业则通过出售相关产品实现盈利，通俗地讲，就是“羊毛出在狗身上，猪来买单”（杨新铭，2017）。

数字经济之所以能够实现这种盈利模式，是规模经济和范围经济同时发挥作用的结果。在传统经济中，企业必须将生产维持在一定的规模内，因为生产规模若超过某一个临界点，规模经济就会变成规模不经济。但在数字经济中，数字产品的边际成本趋于零，企业的生产规模不存在临界点，从而产生巨大的规模经济。在这种规模经济的作用下，企业能够实现区别于传统意义上的范围经济。传统的范围经济不是由规模经济带来的，是厂商由于多种产品之间存在较强的相关性而同时生产两种产品或多种产品，这时的总成本低于分别生产单个产品的总成本（任保平和李培伟，2022）。而数字经济下的范围经济是由规模经济带来的，不再强调产品之间的关联性。网络企业可以通过某一项主营业务的规模经济带来的用户优势和市场占有率等开展与产品本身无关的业务。如腾讯公司依靠主产品（QQ、微信）免费获得了大量用户，然后开展游戏、邮件、视频会员等多项收费项目，不断实现规模经济和范围经济。

2. 垄断与竞争

传统经济下的垄断相对容易认定，但在数字经济条件下，垄断往往是平台经济的存在形式，由于创新，先入市场者自动获得50%以上的份额和市场支配地位，并且优势一旦出现就会不断自我强化，形成“赢家通吃”的局面。由于平台经济的特性，其后出现的竞争者往往与先进入市场者共同形成寡头垄断局面。传统经济中市场一家独大或寡占时会降低资源配置效率，而平台经济的寡头现象是网络效应下规模经济的客观要求。因为平台越大，资源配置效率越高，对社会越有价值，而不会出现传统产业中寡头垄断造成资源浪费等损害市场的现象。

传统经济理论主张构建一个完全竞争市场，即无数个厂商生产完全相同的产品，并以完全相同的价格销售。只要不满足该条件，就会形成不同程度的“垄断”（包括独占、寡头和垄断竞争），从而降低市场配置资源的效率。但是，在数字经济中，数据要素和数字产品表现出越发显著的垄断特征（袁志刚，2021）。同时，数字技术能够实现个性化大规模生产，进一步强化了在不完全竞争市场中明确产品差异化的合理性。因此，传统反垄断理论在数字经济时代面临严峻挑战。当前反垄断问题研究主要集中于平台经济领域。

平台经济往往基于用户、注意力、数据和算法等因素进行动态竞争，表现出跨界经营、网络效应、先发优势、强渠道控制能力等特征，天然具有垄断倾向。平台经济的交叉网络外部性、规模网络效应、锁定效应等强化了平台经济的垄断性。价格歧视（大数据杀熟）、竞价排名、企业并购、数据信息限制、掠夺性定价以及通过各种不正当控制协议实现隐性垄断，是平台经济最为常用的干预竞争手段。利用各种垄断手段，平台经济可以形成包括各种制造业、服务业以及金融领域的庞大联合体。平台经济的垄断手段和工具不仅比传统垄断方式更高效，而且具有更强的隐蔽性。对于消费者而言，平台经济处于信息优势方，消费者在大数据算法面前无法及时有效地识别大数据杀熟、掠夺性定价等手段；对于企业而言，平台经济占有数据信息，可以有效限制其他企业对数据信息的接入和共享，使后者不得不服从平台企业制定的规则，平台经济还能够利用信息优势在同行业竞争中占据优势地位；对于监管方而言，平台经济可以利用 VIE 架构等实现传统经济通过并购才能达到的垄断效果，有效规避传统规则对企业并购等行为的申报要求，市场垄断行为难以被监管机构迅速察觉。

在数字经济时代，数据资源和数字技术成为影响垄断资本形成的核心因素，对大数据的垄断性获得、使用和占有成为平台经济垄断的首要前提。当数据的累积程度使得经营者能够独立于竞争者、最终独立于消费者的行为，从而使其能够在相关市场上阻碍有效竞争的维持时，该经营者便在相关市场具备了市场支配地位——这种现象也被称作“数据垄断”（赵敏和王金秋，2022）。一旦形成了数据垄断，平台经济可以通过算法共谋等手段有效形成并维持自身的垄断地位。

（四）市场理论

在传统市场经济中，市场机制借助价格机制、供求机制以及竞争机制等在资源配置中发挥着决定性作用，生产者和消费者借助市场提供的信息做出对各自有利的决策。然而，由于存在信息不完全以及受到信息挖掘、收集、整合、加工、处理能力和技术有限理性的约束，往往导致市场资源错配，难以实现帕累托最优（何大安，2020）。但在数字经济中，“看得见的手”发挥了配置资源的基础作用（裴长洪等，2018）。数据平台通过统一调配能够实现资源共享，并且基于大数据分析，可以更加精准地识别和满足个性化需求，同时对供给和需求做出科学合理的预判，大大地提高了资源配置效率，降低了市场的“盲目性”。而政府也可以更好地应用市场作出科学规划，这意味着数字经济的发展会扩大政府的边界，“经济计划”的成分有所提高（杨新铭，2017）。若大数据和数字技术能够充分发展，真正实现“数据和数据的对话”，大数据将包含所有市场信息，数字技术也将具备深入的数据处理能力，大数据革命将会成为新的资源配置方式（何大安，2020）。

必须明确的是，大数据是对过去已经发生的事实的记录，可以对带有规律性的理性行为作出研判，蕴含着理性人假设。而事实是，人是有限理性的，尤其是在消费过程中非理性行为很多，所以从数据中并不能完全刻画规律的真实情况。基于此，市场这种分散化的决策对于资源配置依然具有决定性作用（何大安，2020）。大数据的应用将使市场和计划的融合进一步得到完善。

二　对宏观经济理论的反思

（一）宏观经济增长核算

传统国内生产总值（GDP）是衡量一个国家（地区）在一定时期内全部最终生产产品和服务的总价值。这一统计体系是顺应工业社会发展起来的（陈梦根和张鑫，2020），主要衡量有形制造产品。而数字经济催生新业态新模式，创造更多数字产品和免费服务，强化了无形资产在经济中的作用。但是这些价值在传统 GDP 核算方法中均无体现，因此，传统 GDP 核算方法遗漏和低估了数字经济对国民收入的贡献。GDP 有名义 GDP 和实际 GDP 之分，数字经济对国民经济核算带来的挑战也包括两部分——对于名义经济产出的遗漏统计和对于物价指数的偏差测算（续继和唐琦，2019）。

对于经济产出的遗漏统计主要体现在消费、投资、进出口三个方面。从消费角度来看，一是数字产品凭借其非排他性、复制成本低、易于储存传播等特点，快速取代大量传统产品。从数字产品的盈利模式看，供应者通常以向消费者销售数字内容、向第三方出售消费者信息和第三方发布广告三种方式盈利，而消费者需要付出相应的金钱、个人信息和时间代价。当消费者以付出个人信息或时间为代价时，数字产品是免费的，价值很难衡量。即使当数字产品收费时，商家也会采取版本化策略，将具有基本功能的数字产品作为免费版本来吸引消费者，而对有拓展功能的数字产品收取费用，此时价格信息并不能全面反映数字产品的单位价值。二是数字经济带来自助服务、共享经济等新的消费模式，随着生产主体的多元化，传统的核算方法尚未实现对新模式主体的充分统计，无法衡量这些个体创造的价值。生产和消费边界逐渐模糊，难以确认增加值中的中间投入，现有核算体系对新模式的核算边界也存在界定困难的挑战。三是电子商务等平台经济的产生丰富了消费者购买渠道以及商品种类，线上交易大大提升了商品的交易率以及消费效率，数字经济所带来的这些收益变化也未能在现有统计框架中体现。

从投资角度来看，一是传统核算体系将研发支出、软件开发等服务支出视作中间支出，而非视为投资计入 GDP，低估甚至忽视了无形投资在经济增长中的贡献。二是数字经济所催生的大数据、云服务等众多新投资模式尚未纳入国民核算体系，数据库的数据价值也未能得到有效统计，数据中包含的知识价值也未被有效资本化。

从进出口角度看，数字经济的发展带来全球价值链的快速演变，促进了数字贸易的发展。一是跨境数字商务增加了核算难度，由于在统计跨境商品贸易时，低于申报门槛的小额交易不被海关统计，低估了跨境贸易带来的经济收益。而对于跨境服务贸易，由于流媒体和网络下载等服务贸易的数据缺失严重，在一定程度上增加了核算误差。二是基于知识资产的跨境流动影响贸易核算。跨国公司向其附属公司传递软件、设计、操作系统等无形资产，这些交易往往没有定价，且不出现在变更所有权的报告中，会导致现有的贸易统计体系无法捕捉这些价值的传递（续继和唐琦，2019）。此外，区块链技术、金融科技、云计算等模糊了税收边界，知识资产增多也为跨国公司借助数字化手段避税提供了机会，从而影响到本国实际经营规模的核算。

对于物价指数的偏差测算主要体现在产品频繁更替和创新引发的挑战（续继和唐琦，2019）。一是数字技术的发展带来新旧产品的快速更迭，物价指数在新旧产品交替过程中易存在误差。而电子商务的兴起和普及，线上销售逐渐成为主要的销售方式，线上商品品类齐全，价格变动更为灵活，从而线上产品更替线下产品日益加快。当线上价格与传统零售价格不相同时，若官方数据无法掌握线上产品对线下产品的替代，也会造成物价指数“替代误差”。二是数字经济驱动创新，不仅带动原有产品升级和质量提升，还创造出全新产品。新型产品和免费产品的出现日益频繁，给物价指数计算带来挑战。在现有统计模式下，没有将新产品直接加入物价指数的方法，当且仅当新产品有了两期以上的价格才可以将新产品最新两期价格变动加入物价指数中；并且实际操作中只有当新产品达到较大规模时，才会计入物价指数；统计的时滞造成了物价指数的高估和实际产出增长率的低估。

（二）经济增长理论

传统经济增长理论注重投资对经济增长的拉动作用。凯恩斯主义认为，社会有效需求不足，经济体达不到新古典经济学所认为的充分就业状态是一种常态。因此政府加大公共投资是必要的，并通过“乘数效应”实现产出的增长。发展经济学强调了现有基础设施投资对未来两种截然不同经济增长路径的决定性作用。新古典经济增长理论描述的经济状态是完全竞争，其生产函数具有不变规模报酬，资本和劳动投入的增长引起产出的增长，它强调资源的稀缺性和单纯的物质资本积累带来的增长极限。而内生增长理论认为，经济能够不依赖外力推动实现持续增长，内生的技术进步是保证经济持续增长的决定因素。

在数字经济下，生产函数发生了新的变化。一是价值创造的基础发生了变革。数据作为新的经济增长要素被纳入生产函数，重构了生产要素体系，进一步拓展了经济增长理论中规模报酬递增的假设。相较于工业经济中标准化生产创造的价值，新一代信息技术通过需求发现和开拓新的商业模式使服务这一非生产性活动创造出更高的附加值，并且这一部分价值在数字经济时代逐渐占据主导。这意味着“生产”的概念得到拓宽，既包含标准化加工的价值，也包含非标准化服务创造的价值。数字经济时代的技术革新使工业经济的加工价值论演进为创新价值论。二是从要素结构来看，数据这一全新关键要素的融入，重构了生产要素体系进而拓宽了传统经济增长理论的边界。数据可复制、共享以及反复使用的特性，突破了传统生产要素的稀缺性和排他性限制。数据要素与传统生产要素的深入融合，使各要素的边际报酬增长速率比内生增长理论中更高，对经济增长产生放大、叠加和倍增效应，从而改变投入产出关系。例如，数据只有与劳动要素相结合才能成为生产要素；同时，数据也有助于改善劳动、知识、管理、资本和技术要素的质量和效率（Ghasemaghaei and Calic，2019；谢康等，2020）。因此，数字经济时代，我们须基于数据对经济增长的推动特征重新构建宏观经济增长模型（李震，2022）。

（三）政府宏观调控

1. 宏观调控的思维模式改变

政府作为宏观调控的行为主体，其选择行为在受到动机、偏好、认知和效用期望等限制的同时，也会在一定程度上受科技进步及其实施手段的影响。数字经济时代，大数据、人工智能和互联网或物联网等数字技术的发展，正在改变着政府思维模式及其选择行为。科技水平和技术手段存在着收集和提供完全信息的可能性。具体地说，政府是通过对极大量、多维度和完备性的大数据进行收集、整合、分类、加工和处理后获得信息的，即政府经由大数据智能平台和机器学习，存在着获得完全信息和准确信息的可能性。政府的政策制定和手段实施都将以数据智能化为依据，不夹带任何主观推论和判断，在政府的认知中，宏观经济变量及其比例变动表现为一种“算法”。

在宏观调控中，政府要想得到前一时期国民经济各部门产品和服务的精准信息，靠对各省区市上报的不完全信息（有限数据）进行加工和处理是不行的，它必须拥有国民经济各部门产品和服务提供的海量数据，必须具有通过云端运用云计算和机器学习从这些海量数据获取精准信息的科技能力，显然，这是工业化时代不具备的。说到底，当政府将宏观经济的资源配置、总供给和总需求、产业组织、投资结构、产业结构等各自内部及相互之间的联系，全都看作一种“算法”时，政府宏观调控便进入了大数据思维模式（何大安和杨益均，2018）。

2. 菲利普斯曲线失效

英国经济学家菲利普斯于 1958 年提出失业率与通货膨胀率之间存在着此消彼长的变动关系。若用纵坐标表示通胀率，横坐标表示失业率，那么两者之间的这种关系就表现为从左上方向右下方倾斜的曲线，这就是菲利普斯曲线。20 世纪 70–80 年代，西方国家遭遇石油危机，出现了高通货膨胀率和高失业率并存的“滞涨”局面。通过引入长期和短期以及预期等因素，对菲利普斯曲线进行修正，从而对这种现象有了一定的解释力。而从 20 世纪 90 年代开始，随着互联网等数字技术和信息产业的兴起，美国经济迎来了前所未有的爆发期，社会出现了低失业率和低通货膨胀的新经济现象（乌家培，2000）。据美国商务部统计，1996 年和 1997 年美国信息技术产业的价格下降使国民经济的价格指数下降 1 个百分点，通货膨胀率为 30 年来最低点，同时信息技术产业还在以往 5 年内提供了 1500 万个工作岗位，使失业率降到 24 年来最低点。可见，失业率和通货膨胀率之间的关系已经不再显现，菲利普斯曲线无法解释数字经济的新现象。

三　对新制度经济学理论的反思

（一）交易成本理论

科斯认为，市场经济中存在一定的交易费用，如信息搜寻成本、谈判成本、违约成本、执行成本等（Coase，1937）。这主要是基于两个前提假设：有限理性和机会主义（Williamson，1975）。一是经济主体的行为受认知的约束，无法处理所有可用的信息从而限制了决策的合理性（Grover and Malhotra，2003）。二是经济主体为追求私人利益最大化，会产生机会主义行为倾向，如隐瞒信息、欺骗或任何其他形式的违约行为（Morgan et al.，2007；Gulbrandsen et al.，2009）。与传统经济不同，数字技术和网络平台的发展极大克服了市场交易主体之间“信息不对称”的问题。以区块链技术为例，它能够以分布式和去中心化的方式保存和分享记录，同时通过使用基于共识的验证协议和加密签名来确保其完整性（Benos et al.，2017）。如企业治理中以分布式记账替代中心记账能有效规避管理者的舞弊行为（陈晓红，2022）。就像互联网改变了我们交换信息的方式一样，区块链有可能彻底改变我们交易数字和实物商品及服务的方式（Christoph et al.，2019）。同时，数字化催生的网络平台改变了以前需要供应商和用户面对面交流的模式，实现了个体去中介化，即“点对点”的交易模式，这一新的交易模式有效地降低了信息搜寻成本、匹配成本和交易执行成本。网络平台在市场中扮演着调解供应方和需求方用户的关键角色（Parker and Van Alstyne，2005；Rochet and Tirole，2006）。当它比直接交易更有效时，双方的用户就会选择通过平台进行互动（Eisenmann，2006）。因此，基于网络数字化平台上的个体交易模式成为降低交易成本的最佳方案。

（二）现代产权理论

1. 数据确权

《中共中央国务院关于新时代加快完善社会主义市场经济体制的意见》明确指出：“加快培育发展数据要素市场，建立数据资源清单管理机制，完善数据权属界定、开放共享、交易流通等标准和措施，发挥社会数据资源价值。”这个意见精准地说明，数字经济的发展，有赖于数据的确权与交易。数据确权是数据增值进入开放式交易和商业化利用的前提，是数字经济的基石（何柯等，2021）。数据上承载哪些权利，如何确保数据权利分配实现社会最优是经济学者最为关注的问题。

杨竺松等（2023）在研究中将数据分为公共数据和一般数据。公共数据是国家机关、事业单位，经依法授权具有管理公共事务职能的组织，以及供水、供电、供气、公共交通等提供公共服务的组织，在履行公共管理和服务职责过程中收集和产生的数据。例如，国家统计局发布的经济数据，它为研究者带来的价值随研究者对数据的整理投入和国家统计局的维护质量提高而增加，但此二者并不能为国家统计局带来显著的经济效益。这类数据与公共利益息息相关，即便在开发使用的过程中有政府部门以外的其他主体参与，也应当由地方政府掌握、控制。这样可以充分地发挥公共数据开发过程中职能部门的主观能动性，使公共数据贴近最优水平，同时不会对其他主体的开发和使用造成显著负面影响。一般数据是诸如政府与外卖平台共同打造餐饮行业食品安全信息数据库、医疗机构与医疗大数据服务企业共同建构患者诊疗信息数据库、税务部门与银行共同建立企业信用数据库等。对于这类专有性较强的数据，数据权共有并允许开发者自由谈判收益分配可能是更符合社会发展的最优选择。

2. 数据产权表现方式改变

从20世纪70年代开始，关于是否要将个人信息视为财产，是否承认现有个人数据商品化，并赋予个人数据较高的市场价值的问题被广泛关注。从数据主体的角度看，美国和欧洲的模式都是保护数据主体的隐私权和人格权，并没有将个人数据保护与数据中的商业利益保护区分开来。因此，传统的个人数据保护模式侧重于保护数据主体的隐私，而没有适当考虑数据产权。就数据的所有权而言，以下三类人有潜在的利益，即数据用户、数据处理者和数据购买者。数据处理前后的所有权往往会发生转变。在处理前，数据反映数据用户的原始信息，没有任何增值工作，因此，用户对数据所有权有最终决定权，并享有其个人数据的权利；在处理后，数据有了商业附加值，因此，数据的所有权应该属于数据所有者；而处理后的数据一旦在市场上出售，其所有权又会转移到数据购买者手中（Yu et al.，2019）。

然而，在数字经济中，数据要素和数据产品的所有权正在全面弱化。其主要原因是数据要素和数据产品在生产之后，便具有极低的复制成本，甚至是零成本，可以无限供给并具有非排他性，所以消费者并不关注此类产品归属谁，而更关注其消费功能是否能够实现。例如，当我们在Spotify、GooglePlay Music、Apple Music上听音乐时，会利用API联结数不清的音乐资料并任意选择自己喜欢的音乐，而不会关注是否如以往那样购买一张CD放在家里归自己所有。数字化的图书业、传媒业、影视业的情况也都是如此，只不过财产所有权弱化的程度不同而已。再如，英国开放知识基金会编制《全球开放数据指数》用于评估各国数据开放的程度，该指数强调的数据开放原则是用户可以在开放合约的条件下免费使用数据；开放数据可即时免费下载、开放数据是最新版本、大众可随意上网浏览数据等，这些都为大众和商家广泛免费使用数据提供了便利。当数据开放十分广泛，数据为一种公共品，并可能免费获得与使用时，数据产权界定的意义不大。而以 Google 为主导的免费交易模式，在 Google 直接控制的领域内，根本就不存在价格，更不存在交易费用，Google 向客户提供的服务一切都是免费的。如网上地图、视频、电子邮件、许多软件应用、游戏、资料搜寻等一切网上服务都是免费的。在这种情况下，对这些数字产品及服务的产权界定同样是意义不大。所以，数据开放、数据免费使用、数据为公共品以及数字产品及服务免费使用，是数字经济产权表现的一种主要形式。而这种产权表现方式已经无法用现有的产权理论来解释了。

3. 数据产权运作形式改变

如前所述，在数字经济中，数据要素和数字产品产权边界逐渐模糊化，这也改变了数据和数字产品的产权运作形式。传统产权理论认为私有产权比公有产权更有效率，更有利于实现更大的经济效益和持续发展。但在数字经济中，数据具有非竞争性的特点，数据共享也几乎不存在外部性问题，大数据集成后形成的公有产权能够实现更大的价值，众包、共享经济等正在成为变革的关键驱动力。而产业的优步化（Uberization）让产权运作方式发生了巨大的变化。产业的优步化常常被称为中间商的杀手，因为技术性的互联网平台直接连接了商品和服务的消费者和供应商，并允许同时进行搜索、选择、订购、供应和付款等多项操作（Giniyatullin et al.，2019）。这不仅提高了资源配置效率、降低交易成本，也保证了交易信息公开性。产业的优步化正在迅速扩展新的市场，最为典型的代表是 Uber 和 Airbnb，也不断出现在金融和银行服务、医疗、教育等领域，正在颠覆整个传统的经济体系。与现代产权运行方式相比，产业的优步化使交易物品的所有权与使用权可完全分离。在这种条件下，交易物品的财产所有权也在这个过程中全面弱化或财产所有权正在逐渐地消失。

第二章

数字经济的内涵与特征

数字经济是继传统农业经济、现代工业经济以后产生的又一个更高层次的第三经济发展形态。随着数字化进程的日益深入，数字经济的应用场景越来越多，影响范围也不断扩大，为了更好地理解和学习数字经济，首先需要认识其基本概念和本质特征。

第一节　数字经济的概念界定

世界正处于信息化、网络化、数字化的快速变革之中，数字经济也呈现出爆炸式的增长态势。数字经济的定义与内涵也随着技术进步和业态发展而不断变化和丰富。我们研究数字经济，有必要先去明确数字经济的定义是什么、内涵是什么，并界定数字经济的范围。

一　数字经济的定义

20 世纪 90 年代，互联网的快速发展及其商业化应用，促使数字技术从信息产业部门不断扩散、渗透到其他经济部门，电子商务这一新的经济发展模式也应运而生。在此背景下，美国学者唐·泰普科斯特提出了“数字经济”的概念，1996 年他在其著作《数字经济：网络智能时代的机遇与风险》中分析了计算机和互联网对社会经济的影响，并指出数字经济时代是一切信息数字化和以数字为基础的时代（Tapscott, 1996）。数字经济这一术语反映出 90 年代经济形态的突出特征，即基于不断创新变革的信息技术和数字技术进行生产的经济形态。数字经济一经出现便引起了世界各国的重视，不少学者和机构分别对数字经济进行了定义。

美国早期对于数字经济的定义主要将数字经济定义为电子商务和信息技术产业的加总。美国商务部先后出版了《浮现中的数字经济》（第一部、第二部）、《新兴的数字经济》以及《数字经济》系列研究报告，报告主要将数字经济定义为电子商务和使电子商务成为可能的信息技术产业。1999 年 10 月，美国统计局在此基础上进一步提出了数字经济的定义和具体内容，包括基础建设、电子化企业、电子商务、计算机网络。之后，美国经济分析局（Bureau of Economic Analysis，BEA）更加规范数字经济的定义，认为数字经济主要包括三个方面：一是作为支撑计算机网络运行的数字化基础设施，包括硬件、软件、通信、网络等；二是电子商务业务，主要指商务机构如何进行以及运用计算机技术执行各种业务；三是数字媒体，是指由数字经济使用者创造和使用的媒体。

打造“数字国家”是英国的发展目标之一，2019 年 4 月，英国经济与商业研究中心最新研究结果表明，数字经济已经成为英国最大的经济部门，成为英国经济增长的重要驱动力。英国计算机学会认为数字经济是一种基于数字技术的经济，基于但不限于互联网的交易。牛津数字经济集团则将数字经济定义为以一种基于支持性基础设施、电子化管理和电子商务的生产性或贸易性活动。英国研究委员会在 2010 年 4 月发布的《数字经济法》中，将数字经济定义为通过人、过程和技术发生复杂关系而创造社会经济效益的经济形态，同时将电视广播、移动通信、视频游戏等列入数字经济的范畴。此后，英国经济社会研究所在 2012 年发布的《大数据衡量英国数字经济》中，将数字经济定义为各类数字化投入带来的全部经济产出，其中数字化投入主要包含数字技术、数字设备以及数字化中间品和服务。

作为传统的经济和信息技术强国，澳大利亚政府将发展数字经济提升为国家战略，着力打造数字强国。在《澳大利亚的数字经济：未来方向》报告中，澳大利亚政府对数字经济的定义为由互联网、移动通信和传感器等信息技术和通信技术形成的全球经济行为与社会行为网络。

2016 年 9 月在杭州召开的 G20 峰会上公布的《G20 数字经济发展与合作倡议》对数字经济定义进行了阐述：数字经济是指以使用数字化的知识和信息作为关键生产要素、以现代信息网络作为重要载体、以信息通信技术的有效使用作为效率提升和经济结构优化的重要推动力的一系列经济活动。表 2-1 展示了关于数字经济定义的部分总结。

表 2-1　　关于数字经济定义的部分总结

年份	机构/学者及相关文献	定义	要点
1998	美国商务部《浮现中的数字经济》	数字经济是一种以信息技术生产行业为基础的经济，该经济中发生着影响经济方方面面的、数字化的技术性变革	技术、影响
2002	美国学者金范秀（Beom-soo Kim）	数字经济是以商品和服务以信息化形态进行交易为本质的一种特殊经济形态	信息化
2005	何枭吟《美国数字经济研究》	数字经济是以相关的信息知识为基础，用数字技术推动产品的生产制造领域、企业的运营管理领域和商品货物的流通领域进行数字化转型的一种新型的经济形态	知识、技术、领域
2009	澳大利亚宽带、通信和数字经济部	数字经济是由互联网、移动通信和传感器等信息技术和通信技术形成的全球经济行为与社会行为网络	技术、网络
2012	英国经济社会研究所《大数据衡量英国数字经济》	数字经济是包含数字技术、数字设备以及数字化中间品和服务等各类数字化投入带来的全部经济产出	数字化投入、产出
2016	《G20 数字经济发展与合作倡议》	数字经济是指以使用数字化的知识和信息作为关键生产要素、以现代信息网络作为重要载体、以信息通信技术的有效使用作为效率提升和经济结构优化的重要推动力的一系列经济活动	要素、载体、网络、技术
2018	中国信息化百人会《中国数字经济发展报告（2017）》	数字经济是以数字化信息为关键资源，以信息网络为依托，通过信息通信技术与其他领域紧密融合，形成了基础型、融合型、效率型、新生型、福利型五个类型的数字经济	资源、依托、技术、融合
2019	中国信息通信研究院《全球数字经济新图景（2019 年）——加速腾飞　重塑增长》	数字经济是以数字化的知识和信息为关键生产要素，以数字技术创新为核心驱动力，以现代信息网络为重要载体，通过数字技术与实体经济深度融合，不断提高传统产业数字化、智能化水平，加速重构经济发展与政府治理模式的新型经济形态	要素、技术、载体、融合、影响

续表

年份	机构/学者及相关文献	定义	要点
2019	联合国贸易和发展会议《2019 年数字经济报告》	数字经济是在数字化领域广泛投入使用的以半导体和处理器等基础创新以及计算机和通信设备等核心技术为关键，依赖数字平台、应用程序和支付服务等为代表的数字和信息技术部门	技术、载体、领域

资料来源：笔者根据相关资料整理。

根据表 2-1 的总结可以看出，数字经济早期主要用于描述互联网对商业行为所带来的影响，随着社会数字化发展进程的推进，数字经济的定义也在不断丰富。从以上学者和机构有关数字经济的定义中，我们可以归纳出一些共性特征，即几乎都认同数字经济是在信息不断变革的情况下，将数字技术应用于生产领域的一种经济形态。另外，有不少定义包括了要素、网络、技术、载体、领域、影响等关键词，从对数字经济概念的分析上看，数字经济的要素是数据资源，网络等技术革新是数字经济产生的基础条件，在此基础上，数据要素与传统生产要素相结合，数字产业与传统产业相融合是数字经济的发展路径，构建新型经济形态是数字经济的发展目标。结合大量学者和机构对数字经济的分析和定义，在此我们给出了本书关于数字经济的定义：数字经济是以数据资源为关键生产要素，以数字技术创新为核心驱动力，以现代信息网络、数字化基础设施及数字平台为主要载体，并通过数据要素与其他要素相结合、数字产业与其他产业相融合的发展路径，以致力于形成结构优化和效率提升的新型经济社会形态。

二　数字经济的内涵

为了更好地理解数字经济，我们还需进一步地认识数字经济定义中的各个组成部分，明晰数字经济的具体内涵。下文主要从要素、技术、路径、目标四个方面阐释数字经济的内涵。

（一）数据要素

数据是数字经济时代的基础性、战略性资源，是新的生产要素。在农业经济、工业经济之后，数字经济作为一种新的社会经济发展形态应运而生，根据人类社会发展的历史经验可知，每一次经济形态发生重大变革时，往往会催生出新的具有重要意义的生产要素。[①] 正如劳动和土地是农业经济时代的主要生产要素，技术和资本是工业经济时代的主要生产要素，而在数字经济时代，数据逐渐成为具有经济社会发展驱动力的新的生产要素。数据的产生发端于数字技术的进步。20 世纪中叶，计算机的发明使数据可以在专用设备和网络平台生成和储存，信息化的进一步完善与移动互联网、电脑和智能手机的出现使每个用户都能随时随地产生和储存各种各样的数据。数据资源大规模集聚，奠定了数字经济发展的坚实基础，也使数据逐渐成为当下社会发展必不可少的生产要素。同时，衡量经济产出的生产函数也呈现出新的表达公式。[②] 图 2-1 为生产函数演变图。

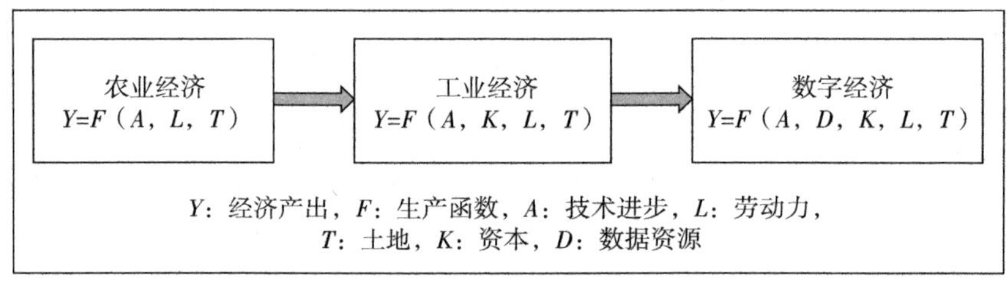

图 2-1　生产函数演变

数据作为生产要素，为人类探知客观规律、改造自然和推动社会发展提供了全新的思维方式和手段，对提高生产效率、助力科学决策发挥了重要作用。[③] 数据资源的集聚和流通减弱了传统要素有限供给对经济增长的制约，同时数字经济也推动了技术、劳动等其他生产要素的数字化赋能，为现代化经济体系注入新动力。[④] 人们通过运用相关的数字技术对收集到的数据进行整理、分析和利用，从而可以快速准确地把握事物发展变化的客观规律，并对事物的发展趋势做出精确预测。例如，城市管理部门将大数据分析应用在城市道路交通管理上，有效降低了城市

① http：//www. qstheory. cn/dukan/qs/2022-01/16/c_ 1128261786. htm。

② https：//mp. weixin. qq. com/s/iqYCHwXrYDCQRRSrA_ esog。

③ http：//www. npc. gov. cn/npc/c30834/201910/653fc6300310412f841c90972528be67. shtl。

④ http：//www. cbdio. com/BigData/2019-11/05/content_ 6152621. htm。

交通堵塞程度，提升了城市中道路的总体通行能力；环境监管部门将大数据分析应用到污染排放监测上，可以有效提高监管效率，优化城市的绿色环保发展；企业管理人员将大数据分析应用到企业运营里，可以促进生产流程的优化，创造更高的经营收益；政府将大数据分析应用到疫情防控中，可以实时掌握人群流动与解除情况，预判疫情传播速度，迅速精准筛查风险人群。

另外，国家对数据作为重要生产要素的地位给予了政策认可和支持。中共中央和国务院于 2020 年 4 月 9 日共同印发了《关于构建更加完善的要素市场化配置体制机制的意见》，这是数据第一次以“生产要素”的身份出现。这份文件既表明了对数据这一种新型生产要素进行市场化配置改革的重要性，也表明了我国进行这项改革的坚定决心。中共中央从政策层面明确了数据的生产要素地位，为数据要素市场培育和发展提供了政策支撑。

（二）数字技术

数字经济是由信息技术革新带来的知识型经济，巩固提升底层技术和推动数字技术应用对数字经济可持续发展具有极为重要的意义。数字技术主要通过直接转化为现实生产力和与生产要素结合从而放大生产要素的生产力这两条路径推动生产并提高效能。互联网形态的提质升级需要互联网技术的更新迭代，各种数字经济新形态、新模式的涌现也同样离不开数字技术的发展和应用。由此可见，数字技术创新作为数字经济发展的核心引擎从多角度、全方位推进数字经济纵深发展。

数字技术的发展遵循两个定律。第一个定律是摩尔定律，即每 18 个月世界上计算机的综合能力就能提升一倍，并且同等大小的数据存储成本下降一半、用户宽带使用成本下降一半。第二个定律是梅特卡夫定律，这个定律是指随着连入网络的用户数量不断增加，网络的价值会呈现出指数级的增长。这也意味着数字技术区别于传统的通用目的技术，具有强大的创新性、外溢性的特点。数字技术的创新离不开信息化的发展，近年来，信息化经历了两次高速发展浪潮，第一次是始于 20 世纪 80 年代，随着个人计算机大规模普及及应用所带来的以单机应用为主要特征的数字化（信息化 1.0）。第二次是始于 90 年代中期，随互联网大规模商用进程所推动的以互联网应用为主要特征的网络化（信息化

2.0)。当前，我们正进入以数据的深度挖掘和融合应用为主要特征的智能化阶段（信息化3.0)。在“人机物”三元融合的大背景下，以“万物均需互联、一切皆可编程”为目标，数字化、网络化和智能化呈融合发展新态势。信息化新阶段中，信息技术在经济社会发展中的角色定位已经转变，并非仅仅是助力经济社会发展的辅助工具，而且已经逐渐成为经济社会发展的核心驱动力，从而催生“数字经济”这一新的经济形态出现。

数字技术具有强大的渗透能力和融合创新能力，为人类社会发展带来了广泛而深远的影响。数字技术基础性、渗透性、外溢性和互补性等特点，使其渗透到社会再生产包括生产、分配、交换、消费的各个环节，提升了全要素生产率，为经济增长注入新活力（裴长洪等，2018；石良平等，2019)。具体而言，在最早应用到数字技术的消费领域，种类丰富的线上服务，为消费者提供便捷性和多样化选择，也进一步激发了潜在的消费需求；随着数字技术的创新，其应用场景不断延伸到生产领域，对传统产业进行融合与改造，并不断催生出新产品、新业态、新模式（丁志帆，2020)。另外，在新的信息化阶段下，人工智能、物联网等数字技术取得重大突破，与制造、能源、生物等其他领域的技术的融合也在不断加速和深入。这些融合发展带动了不同学科的技术突破，在很大程度上提高了人类认知世界的能力，拓展了人类社会的发展进步空间。

近年来，数字技术的突破性创新不断发展，数字技术在经济社会中具体场景的应用也不断实现，为数字产业化和产业数字化提供了有力的支撑。加快推进了农业、制造业与服务业向数字化和智能化转型的进程，为经济社会发展注入了新动能。随着数字技术的日趋成熟，智能化将推动经济高质量发展，从而推动整个人类文明和社会的不断进步。

（三）新一代信息技术

数字经济的发展路径不同于工业经济的上下游分工明确的链式体系，而是呈现出多层次、多维度的网络平台协作经营模式。数字经济虚拟性和技术依赖性的属性特征，决定了数字经济的发展需要借助现代信息网络、数字化基础设施和数字平台的协同合作。

现代信息网络的出现与发展为数据存储和传输提供了必要条件。现代信息网络跨越了时间和空间的限制，连接了人类生产生活不同的场景，逐步实现了从数字化到网络化再到智能化的变革。现代信息网络的发展不仅促进了人与人、人与机器之间的联系和交互，还实现了设备与设备之间的数据互联。

数字化基础设施提供了数据源与交互基础，加强了人、机、物的互联互通。数字化基础设施主要包括“云”“网”“端”三部分，它们共同构筑了数字经济发展的基石。“云”主要指“云计算”。经过持续多年的发展，其在成本、效率方面已经逐渐显示出瞩目的优势，成为数字技术创新的重要一环。“网”主要指网络通信技术，是进行数据传输所需要的基础设施技术。“端”主要指手机、电脑以及手机 App 应用程序。同时，物联网终端产品也在不断更新，智能家居、智能手表、智能工业设计等智能终端设备将成为万物互联的基础。

数字平台是数字经济的重要组织形式。数字平台包括交易平台、创新平台等类型，支持参与方进行信息交换，并为开发者的创新提供生态环境，已经成为数字经济发展的重要推动力量。数字平台是一种市场组织，不仅能够居中连接、撮合两个或者多个市场群体，还能够促进不同市场群体之间的交互和精准匹配。

在数字经济的发展中，现代信息网络、数字化基础设施和数字平台三者协作，打造了现代数字经济的发展路径。

（四）效率与质量

数字经济发展的核心要义是带动实体经济提质增效，推动传统产业降低成本、提高效率。与此同时，数字经济作为一种新的经济成分，与实体经济的融合使传统经济得到变革与重塑，增强了实体经济的活力，丰富了人们的生活。

数字经济响应中国供给侧结构性改革的政策，推动产业不断转型升级，是中国经济高质量发展的关键因子。当前，中国经济的增长模式亟须转变，已经不能再仅仅依靠高耗能、高污染、高投资的“三高”发展路径，中国经济正处于由过去依靠要素驱动的高速增长模式向创新驱动的高质量发展模式转变的关键阶段。在这种背景下，为了推动产业结构转型升级，我国提出了供给侧结构性改革，并以此为经济发展的主线。而数字经济作为一种以数据要素为基础的新的经济形态，为传统生产要素注入新动能，同时也直接驱动产业的数字化升级，助推供给侧结构性改革。

第一，数字经济帮助工业产品提高质量，促进传统工业企业转型升级并不断向前发展。人工智能、大数据等数字技术与制造业的深度交互应用使市场上的产品越来越个性化、差异化，商品品种更多、品质更高、功能也变得更加丰富。数字经济推动产品质量升级的典型事例非常丰富。智能可穿戴设备通过融入新型数字技术，如新型传感与显示技术，可以提高智能可穿戴设备用户体验的真实感；车联网的发展推动汽车行业更深层次的变革，现代化智能系统操控的智能汽车可能将逐步取代由人工操纵的传统汽车产品。

第二，数字经济推动服务业水平提高，促使服务业进一步转型升级。服务业能够利用互联网集中、组合和调配各种优势资源，有效提高生产质量，从而提高服务业企业的经济效益。物流、金融、财务等个人和企业运营服务被有效地连接起来，生产服务的供给水平不断提升，促进生产服务业向中高端产业发展。在生活服务方面，数字经济提升人们的消费品质，促进社会消费升级。当前，我国信息消费不断升级，从单纯线上消费向线上线下相互融合的新型消费结构和消费形态过渡，大步迈向新的发展阶段。人们的信息消费呈现出增速快、辐射广、带动作用强劲等特点和优势。另外，第二产业服务质量的升级很大程度上提高了人民的生活质量，成为经济发展的内生动力。

随着数字经济的深入发展，经济发展呈现出多领域信息化、数字化的趋势。各式各样的数字技术的实际应用丰富了人们的生活。公安、人社、医疗、公积金服务与互联网技术融合，逐渐成为人们日常生活不可或缺的部分。数字经济为智慧城市建设添砖加瓦，在城市服务建设中，通过打通部门之间的数据壁垒，实现了城市治理资源的整合，进一步优化了群众服务措施，大力推动城市治理朝着智慧化、精细化的方向迈进。

在数字经济时代，数字经济与实体经济深层次融合有效提高市场经济运行效率，也为百姓生活的方方面面提供了便利，增进了民生福祉。

三　数字经济的外延

对数字经济的范围进行划分，不仅有助于我们更完整地理解数字经济的概念，而且对数字经济的统计核算及其发展水平的测度提供了便利。数字经济有多种划分方式，国内不同研究学者分别提出了自己的观点。

李长江（2017）认为从短期来看数字经济主要包括数字技术的供给部门和需求部门，供给部门指提供硬件、软件、网络、互联网相关产品等服务的信息技术部门，需求部门指在与数字技术结合下，生产效率得到提升的各行业。中国信息化百人会《中国数字经济发展报告（2017）》指出，数字经济是以数字化信息为关键生产要素，以信息网络为依托，通过信息通信技术与其他领域紧密融合，形成了基础型、融合型、效率型、新生型、福利型五个类型的数字经济。《贵州省数字经济发展规划（2017—2020年）》从数字经济主体部分和融合部分相区分的角度出发，首次提出“四型经济”，即资源型、技术型、融合型和服务型。资源型数字经济和技术型数字经济构成数字经济的主体部分。其中，资源型数字经济大致包括大数据核心产业，主要为数据采集、数据存储、数据分析挖掘、数据可视化、数据交换交易等领域产业；技术型数字经济主要包括数字经济硬件产品研发制造、软件开发和技术服务。而融合型数字经济和服务型数字经济则构成数字经济的融合部分。融合型数字经济，具体为数字技术与第一产业、第二产业的融合创新应用，在生产过程中的融合特性更加明显；服务型数字经济，具体为数字技术与服务业的融合应用和创新发展。易高峰（2018）在《数字经济与创新管理实务》中将数字经济划分为基础型、融合型、效率型、新生型和福利型数字经济五个类型。他认为，后三个数字经济类型是在前两个数字经济类型的基础上产生的。其中，效率型数字经济能带来全要素生产率的提升以及产出的加速增长，但其离不开信息通信技术全方位、多业态的普及与应用。新生型数字经济是在新技术、新产品、新业态的基础上逐渐形成的，而这些新的经济生态又是信息通信技术的发展不断催生的。信息通信技术的普及与应用给整个社会带来了正的外部性，包括消费者剩余的提高以及社会整体福利的提升，这类经济形态又可以归结为福利型数字经济。易高峰的这种分类方法与中国信息化百人会数字经济报告中提出的分类方法相同。许宪春和张美慧（2020）借鉴国际组织的研究经验，并结合中国数字经济发展的实际情况，提出数字经济主要包括数字化赋权基础设施、数字化媒体、数字化交易、数字经济交易产品的观点。其首先通过中国统计的产品分类筛选出数字经济产品，接下来确定产品的行业分类，为数字经济的规模测算做准备。从结果来看，这几种划分方式的差异并不大，共同点在于将数字经济分为提供信息技术的服务部门和与数字技术融合下的其他产业部门。

本书根据中国信息通信研究院的分类，将数字经济分为数字产业化和产业数字化。数字产业化，作为数字经济的基础部分，一般指信息通信产业，包括互联网行业、软件和信息技术服务业、电子信息制造业、电信业等。产业数字化，作为数字融合部分，一般指数字化技术与国民经济传统产业相结合，利用数字化技术对传统产业进行升级和改造的过程。其中，数字产业化部分的核算可以直接通过对相关产业增加值计算得到，而产业数字化部分的核算则需要借助数字经济学模型估算（洪兴建，2019）。

其中，数字产业化可划分为数字化基础设施和数字化服务业两部分，产业数字化则划分为第一产业、第二产业、第三产业数字化三个部分。表 2-2 是参照《国民经济行业分类》，对数字经济涉及的各个方面进行了具体详细的划分，从而使数字经济所包含的范围更加明确。

表 2-2　数字经济的分类及主要行业目录

一级分类	二级分类	主要行业
数字产业化	数字化基础设施	计算机制造、通信设备制造、广播电视设备制造、雷达及配套设备制造、视听设备制造、新型电子元器件及设备制造、电子专用设备仪器制造、电子专用设备仪器制造、高储能和关键电子材料制造、集成电路及专用设备制造、智能消费相关设备制造、数字创意技术设备制造
	数字化服务业	电信、广播电视和卫星传输服务、互联网接入及相关服务、互联网信息服务、互联网平台、软件开发、信息系统集成服务、信息技术咨询服务、数字内容涉及与制作服务、网络与信息安全服务
产业数字化	第一产业数字化	运用现代 ICT（信息与通信技术）进行农林牧渔业的生产和管理
	第二产业数字化	运用现代 ICT（信息与通信技术）进行高端装备、材料和能源、生物医药、汽车、节能环保产品等的生产和管理

续表

一级分类	二级分类		主要行业
产业数字化	第三产业数字化	生产性服务数字化	运用现代ICT（信息与通信技术）进行先进制造业维修服务、贸易和物流服务、金融服务、城市商业综合管理服务、技术研发与推广服务、质检和知识产权服务、科技中介和创业空间服务
		生活型服务数字化	运用现代ICT（信息与通信技术）进行医疗和健康管理服务、互联网教育和便民服务、新型住宿和餐饮服务、文化娱乐服务、旅游服务、零售服务
		城市管理服务数字化	运用现代ICT（信息与通信技术）进行城市政务、交通、电网、安防、地下管廊服务

数字经济的划分是数字经济定义上的延伸，经济的发展与社会的发展相辅相成，社会数字化如数字政府、数字化治理体系的建设为数字经济提供了发展的土壤，同时，传统基础设施的数字化也为数字经济的发展奠定了良好的基础。

四　概念比较

除数字经济外，还存在信息经济、知识经济、网络经济等相关概念。为了深入认识数字经济的内涵，除了理解其本质以外，还需与其他概念进行辨析，深入了解其发展阶段，以更加凸显本质特征，认识非本质特征。

（一）数字经济与数据经济、信息经济、知识经济

数据、信息、知识是数字技术施加的对象在不同层次上的表述。自人类文明诞生以来，数据、信息、知识就一直大量存在，且一直对经济产生重大影响力。到了数字经济时代，在数字技术的作用下，数据、信息、知识的规模达到海量，价值被充分挖掘，对经济产生决定性影响力，以至于人们分别用“数据经济”“信息经济”“知识经济”称呼这个经济形态。从这个角度来看，数字技术是本质、原因，数据、信息、知识是现象、结果。以数字经济来称呼这个形态，更能抓住这个经济形态的本质。通过“数字技术”与“信息技术”、“数字经济”与“信息经济”的对比，让人们更加深刻地理解这个经济形态表面上是客体

（信息）发生了革命性变化，实际上是中介手段发生了革命性变化（从非数字技术到数字技术）。

（二）数字经济与网络经济

与数字经济的定义角度相同，“网络经济”“Web 经济”也是从技术角度定义的经济形态。这两个概念突出强调了互联网技术，特别是万维网出现以来，信息流通更为快速、浏览更为便利，进而导致生产方式发生重大变革。但是，这两个概念有不足之处：一是在数字经济中，信息在采集、传输、存储、处理等环节都有重大变化，同样引发生产方式的变革；而网络经济只强调了传输环节，Web 经济只强调了处理环节，而且 Web 技术也只是众多的处理技术之一。二是通常人们所要描述的是自 1946 年第一台电子计算机开始的信息技术革命以来的经济现象，如果采用这两个概念，就不足以概括互联网、万维网诞生之前的经济现象。只有数字经济概念，才抓住了各个环节、各个时期共同的数字化特征。

（三）总结

在对以上概念进行分析后，我们发现信息经济、知识经济、网络经济等数字经济的相关概念与数字经济之间有一定的区别，但是又存在一定的联系。知识经济、信息经济、网络经济等概念和数字经济出现在同一时代并非相互矛盾和重复，而是在从不同方面描述了当今不断变化的世界。何枭吟（2005）认为以上经济概念之间是基础内容—催化中介—结果形式的关系，即知识的不断积累是当代世界变化的基础，信息产业和网络经济的蓬勃发展是当代社会发生根本变化的催化剂，数字经济是社会发展的必然结果和表现形式。因此，这几个概念之间相辅相成，而“数字经济”也最适合用于表述信息技术革命以来的经济现象。

第二节　数字经济的特征

当下数字经济发展迅猛，已进入新的发展阶段，成熟期的数字经济具有形态日益丰富，体系日益健全的特征。下文将从数字经济的发展定律入手详细阐述数字经济的基本特征。

一 数字经济的发展定律

数字经济发展有三大定律支撑：梅特卡夫定律、摩尔定律及达维多定律这三大定律支撑数字经济快速发展，成为国家经济增长的新动力。

（一）梅特卡夫定律

梅特卡夫定律是由以太网的发明者、3Com 公司创始人、计算机网络先驱罗伯特·梅特卡夫在 1973 年提出的，主要是指网络价值以节点数的平方速度增长，即以指数函数形式快速增值，所以网络上联网的用户越多，网络的价值就越大。梅特卡夫定律本质就是经济学中的网络外部性。

梅特卡夫定律认为网络价值在于节点之间的相互连接。假设一个网络中有 N 名用户，网络中存在的可连接数则是 N×（N-1），即网络价值 $V=K\times(N^2-N)$，其中 K 为价值系数。例如，对于每一名用户的价值是 1 元，如果用户规模增长 100 倍，网络总价值为 10000 元，用户规模增长 10 倍，网络价值增长 100 倍，体现规模经济，这也是当前大多数互联网企业更加看重日均用户活跃量的原因。

（二）摩尔定律

摩尔定律是由全球最大 CPU 生产商因特网公司创始人之一的戈登·摩尔在 1965 年提出的，它既不是物理学定律，也不是经济学定律，却与物理、技术、创新和经济紧密相连。摩尔定律是指：当价格不变时，集成电路上可容纳的元器件的数目每隔 18—24 个月增加一倍，性能也将提升 1 倍。换言之，每 1 美元所能买到的电脑性能，将每隔 18—24 个月增长 1 倍以上，后来衍生的摩尔定律主要指互联网主机数和网民数量增长速度大约每半年翻一番。

这一定律不仅揭示了信息技术进步的速度，还反映了网络成本降低的可能，是数字经济普及的重要条件。摩尔定律推动芯片和处理器行业的不断发展，推动信息网络的发展和普及，使互联网的带宽更宽、传输速度更快、内容形式更多样，促进了电子商务、网上交易的发展，有力地推动了数字经济的发展。例如，苹果 iphone 的出现，颠覆了传统手机，开创了智能手机时代，电动新能源汽车的出现，逐渐抢占传动汽车市场，改变了发动机的工作模式，所以摩尔定律就如同技术不断升级的助推器，让数字经济下创造的产品能够更方便人民的生活，提升幸福感。

（三）达维多定律

达维多定律是由英特尔公司副总裁威廉·H. 达维多于 1992 年提出的，达维多认为进入市场的第一代产品能够自动获得 50%的市场份额，其他公司生产的同类产品只能分享其余的 50%，即只有新产品才能保证企业的市场占有率。

达维多定律的核心是创新，只有不断创新才能带来更广泛的节点和更快的信息传播速度，体现了网络经济中的“马太效应”。基于此，数字经济才能建立更加全面、高效的信息网络，蓬勃发展。例如，抖音在微信社交平台用户量如此巨大之下，另辟蹊径，先人一步开创新媒体短视频平台，以独特的方式抢占社交流量，掀起新浪潮，开拓另一片市场。达维多定律就如同创新的背后推手，迫使数字经济不断深化发展，才能赢先机之利，方能制先机之胜。

二　数字经济的基本特征

数字经济受到三大定律的支配，决定了数字经济的发展特征，本书从微观、中观和宏观三个层面将数字经济的基本特征进行总结。

（一）微观层面

基于数字技术的数字经济在规模经济、范围经济以及长尾效应等方面的特征极为显著。

1. 规模经济

在工业经济时代，企业通过将规模调整到长期平均成本最低处所对应的规模来实现规模经济。由于企业最优生产规模受到企业管理能力、企业资产存量、内部交易成本等因素的限制，因此企业的长期平均成本呈现先降后升的特点，这决定了企业的规模不能无限扩张。在数字经济背景下，企业的生产成本呈现出如下特征：高固定成本和低边际成本。其中，高固定成本主要来源于企业研发支出、基础设施建设以及对消费者的补贴；低边际成本则是指产品一旦生产出来，几乎可以零成本无限复制（荆文君和孙宝文，2019）。由于低边际成本甚至零边际成本，厂商倾向于无限扩大生产规模，而生产规模的扩大会均摊高固定成本，降低长期平均成本，带来生产上的范围经济。此外，数字技术的应用不仅有利于生产者实现规模经济，而且对于消费者而言，数字技术的应用同样带来了规模经济的实现。通过互联网和移动应用，消费者可以更方便地获取信息，比较不同产品和服务的质量与价格，从而做出更优的选择。此外，数字技术还促进了电子商务的发展，使得消费者能够享受到更多样化的产品和服务，同时享受到更低的价格，这也是一种规模经济的体现。例如，电商平台通过大数据分析消费者行为，优化库存管理，降低库存成本，从而能够将更多的优惠反馈给消费者，实现消费者端的规模经济。

2. 范围经济

传统企业可以借助技术关联性，通过增加产品种类或多个企业的协同分工，降低长期平均成本，实现生产上的范围经济。在传统经济形态中，企业生产产品的关联性越强，越容易实现范围经济。在数字经济中，即使产品本身没有关联，但是借助数字化技术或相关平台，也能实现范围经济，如网络平台植入的广告。同时，数字经济形态下的范围经济离不开市场占有率和用户数量，因此在规模经济和网络效应的基础上，范围经济的应用范围得到了极大程度的拓展（杨新铭，2017）。另外，在产业数字化的驱动下，平台企业可基于海量的客户群体，不仅实现大众群体所需产品的出售，还可以通过定制化生产，满足小众客户群体的需求，最大化地拓展经营范围，实现“长尾效应”。数字经济下的范围经济突破了传统生产模式下个性化生产和规模化生产不可兼得的限制，为企业提供了更好的发展路径（江小涓，2017）。

3. 网络效应

规模经济与范围经济离不开网络效应的支撑。根据梅特卡夫定律，网络的价值与联网用户数的平方成正比，这体现了网络的强外部性和正反馈效应。一个网络的用户数目越多，那么整个网络和该网络内的每台计算机的价值也就越大，表现为网络经济的高渗透率。这种价值增长的方式体现了网络的强外部性，即一个产品或服务的价值随着使用同一产品或服务的人数增加而增加。同时，这种价值增长的方式也体现了正反馈效应，即网络的使用者越多，对新用户的吸引力越大，从而形成正反馈循环，进一步加速网络的扩张和价值的提升（裴长洪等，2018）。例如，在微信等社交平台，随着用户数量的增加，产生的数据量以及信息的传播共享也在俱增，随之带来的网络价值将进一步吸引更多的商户与用户群体进入微信平台（石良评等，2019）。此外，网络效应改变了传统的边际成本定价模式。这一变化主要体现在网络经济的特性上，其中边际成本随着网络规模的扩张而呈递减趋势，以及网络外部性的存在使得供给方收益递增的中心转变为需求方收益递增为中心。这些变化挑战了传统经济学的边际收益递减规律。

4. 匹配系统多元高效

通过数字技术的连接功能，供求信息得以实时、准确地传递，从而将供求信息转化为数据。这些数据不仅包括了商品和服务的供应信息，还包括了消费者的需求信息。利用大数据技术，可以对这些数据进行深入的分析和处理，挖掘出隐藏在其中的价值，进而实现供需的有效匹配。这种匹配不仅提高了市场效率，还促进了资源的优化配置。数字技术不仅为生产者和消费者带来了规模化、多样化、个性化的供需匹配，同时基于海量的数据，进行供需信息的分析处理、有效整合及精准匹配，催生出新的商业模式，如共享经济、O2O，极大地提高了供需双方的资源配置效率，降低了交易成本。在共享经济的商业模式下，Uber打车软件会根据平台统计的消费者和供给者信息进行多元匹配，并且通过动态定价系统，如在高峰期提高产品定价，扩大供给，满足需求，有效地实现了供需的动态平衡。同时，Uber 平台有效降低了司机和乘客在匹配时所需花费的时间，提升交易匹配效率。因此，借助数字化技术，可以有效地实现交易匹配系统的多元和高效，也使原本无法实现的交易有得以实现的可能。

（二）中观层面

目前，数字经济已迈向新阶段，不再仅仅是数字技术的创新与融合应用，以及数字技术的产业化发展，而是与实体经济各行业、各领域的深度融合。在中观层面上，数字经济展现出显著的“赋能效应”，不仅促进数字技术产业化的发展，还积极推动着传统行业的转型升级——使之朝向数字化、网络化和智能化方向发展，并且这种深度融合不断催生出新模式、新商业、新业态，实现了经济结构的优化和创新。

1. 增强产业关联

通过整合产业间的技术关联和工序分工，数字化应用正在逐渐打破各行业间原有的隔离状态，形成了一张复杂的、高度集成的网络。在这一过程中，不同行业的技术互补性和流程关联性得到了加强，不仅促进了资源的有效分配，还催生了新型产业集群的发展。此外，数字技术的应用，尤其是通过对其所在产业的数字化、网络化、智能化升级，显著推动了第二、第三产业的融合与协同创新。依据当前的产业分类体系，包括通信设备、计算机、电子元件等在内的电子设备制造行业，被视为中间投入品制造业；而信息传输、软件及信息技术服务则被视为终端需求型服务业。可以看出，在带动和连接国民经济第二、第三产业方面，数字产业起着重要作用。在产业连接机制上，数字技术首先从核心数字产业扩散至紧密联系的上下游产业，通过提升技术协同效率与市场响应速度，形成集群效应。随后，这一模式逐步向其他行业渗透，借助横向拓展（跨行业合作与创新）和纵向延伸（产业链整合与优化），减少了其他产业中企业采纳新科技所需的成本与风险。这不仅加速了产业生态的重构，也为经济结构的转型升级提供了坚实动力。

2. 促进产业创新

每一次技术革新都是新产品、新模式和新业态的爆发增长契机。产业形态的更迭不仅仅是技术或运行机制的变化，而是涉及整个经济体系的重构和升级，包括但不限于技术创新、产业布局、市场策略以及组织结构的调整。在数字经济发展背景下，信息通信产业处于核心位置，因为它是众多技术集成的复杂系统。在这类系统内，每一块组件对应的产品和服务共同构成了相对成熟且有机连接的产业生态系统。[①] 目前，以大数据、云计算和人工智能为代表的新一代信息技术和通信（ICT）产业，表现出高效率、高创新活跃度和高外溢效应，引领着未来产业转型升级的方向。[②] 在数字化技术扩散和产业化应用过程中，供需双方的动态反应不断促使 ICT 产业实现自我创新升级。值得注意的是，不同数字技术集群的发展步伐存在差异，其发展进程往往受制于反馈循环机制——前一阶段产业积累的经验和市场优势，这种机制不仅支持了现有

---

① 根据中国信息通信研究院和工业和信息化部的统计，2018 年中国数字产业化规模达到 6.4 万亿元，在 GDP 中占比达到 7.1%，在数字经济中占比为 20.5%。

② 大数据产业自身催生出数据交易、数据租赁服务等新兴产业业态；从虚拟现实技术发展而来的虚拟现实头盔、眼镜、视频产业、智能传感器与互联网相结合而形成的可穿戴设备、智能家居；互联网行业催生出共享经济、数字支付、跨境电商等新兴业态（李晓华，2018）。

产业的创新发展，也对后续产业创新发展产生正面影响。简而言之，每次产业革新都不是单一因素的作用，而是既有产业经验积累与新市场机遇相互作用的结果。这样的动态平衡促进了技术创新与产业优化同步进行，推动着整个产业系统持续向前创新发展。

3. 优化产业结构

信息技术通信产业（ICT）如今已成长为驱动全球经济与社会发展的重要引擎，并在行业内实现了更为优化的结构布局，产业结构实现不断升级。同时，数字经济的“强渗透性”和“广覆盖性”则意味着数字技术能够深入传统产业的各个层面，对其进行全方位、全链条的改造和提升。数字产业不断涌现创新活力，并通过技术渗透的方式对传统产业部门实施数字化革新，增强了新旧产业间的协同性，进而促进传统产业的数字化、自动化以及智能化转型升级。值得注意的是，我们不仅要关注和引导数字技术的渗透与广泛运用所催生出的新业态和新产业，也需要关注其对传统产业和商业模式的重大冲击（裴长洪等，2018）。[①] 表面上看，传统行业的数字化变革表明传统行业模式的颠覆性改变，实质上看，它却是传统行业的再造与扩展，以“动能倍增”的方式推动传统行业转型升级（李晓华，2018）。例如，互联网技术创新引领的移动支付、共享单车、房屋共享与在线购物等新业务模式，正在从根本上颠覆传统模式，促使原有商品或服务转换为具有现代特性的新产品或服务。这表明，数字经济的发展确实不是对传统产业部门的简单替代，而是通过对其深度改造而实现再生。传统行业通过与信息技术的深度融合，实现赋能，提升了传统产业的竞争力和效率。

4. 深化产业融合

数字技术具有通用性和高渗透性等特点，天然具备与经济社会各行业、生产生活各环节相互融合的潜能。随着消费互联网向产业互联网加速延伸，数字经济与实体经济之间的相互融合也由消费环节逐步向生产环节扩展，产销融合、跨界融合与协同创新成为产业融合新的发展趋势。目前，数字技术在工业化制造环节已经得到广泛应用，逐渐催生出

① 熊彼特认为，基于技术进步的经济增长的过程并不是线性的，其中充斥着各种冲突，包括新技术对旧技术的淘汰，基于旧技术建立起来的生产设备、组织结构无法适应新技术的生产力等。

个性化定制、网络化协同、智能制造、服务型制造等模式，带来了整个工业生产部门经济效率的提高。值得注意的是，虽然数字经济与实体经济的融合点集中于工业或制造业领域，但这种融合并不仅仅局限于生产制造领域，而是以制造业为核心，逐步扩展到交通、能源、农业等实体经济各领域，表现为数字产业与传统产业的深度交叉融合，或者说数字技术对包括农业、工业和服务业在内三大产业细分行业的渗透和嵌入，以及在数字技术基础上所实现的其他产业的相互融合。

（三）宏观层面

数字经济在宏观层面可以通过调整生产投入结构和产出效率对经济发展造成影响，体现出以下几个方面的特点：提高要素配置效率、加速资本深化、促进技术创新、增强技术扩散。

1. 提高要素配置效率

在数字经济的发展浪潮中，以互联网技术创新为引领，不断涌现的新生产要素正逐步融合至宏观生产体系，推动着生产力的革新与发展。胡贝贝和王胜光指出，数据已逐步成为新时代的核心生产要素，正在加速产业向虚拟化的方向演进（胡贝贝和王胜光，2017）。同样，杨汝岱（2018）强调，数据的特质——易于复制、零边际成本、无损耗性——使得其具备打破传统要素稀缺性和排他性的潜力，进而能够克服传统资源限制与增长极限，重塑新经济时代的增长动力。在这个转型过程中，数据不仅能够直接参与到生产过程之中，还能够显著提升劳动力、资本及企业家才能等传统生产要素的配置效率（石良平等，2019）。要素效率的提升、对资源利用能力的增强以及产出与投入之间关系的重塑，都反映出原有生产函数的不适应，并促使产生更为合理的生产函数。[①] 在传统的经济理论框架下，新古典生产函数通常假定规模报酬不变，但随着互联网技术的应用，这一假设遭到了挑战。通过互联网连接功能与大数据平台的高效配置，要素配置效率实现了优化，导致边际收益呈递增态势，进而引发了产出的指数级增长。这一现象不仅改变了原有的产出与投入关系，还扩展了生产可能性边界，标志着生产力结构的深刻变革

① 在传统经济增长理论中，通常只包含劳动和资本两个核心要素，主要强调资本与劳动的各种组合，以及资本与劳动之间的相互替代。

与进化。

2. 加速资本深化

技术革新带来全要素生产率提高的同时，也往往会引起关键要素和产品相对价格的大幅度波动，在市场竞争环境下，随着经济主体对价格更低廉、功能更完备的生产要素或中间品的密集使用，企业的生产方式或内部生产流程将会出现重大变化（佩蕾兹，2007）。比如，随着新一代信息技术的发展，人工智能或机器人越来越多地受到企业的青睐，而机器人的引入将会改变企业的资本结构和生产方式。如此，随着新业态、新模式的出现，以及资本替代引发的新基础设施的扩张，国民经济的资本投资方向和产业结构布局将会发生改变（Brynjolfsson and Hitt, 2000）。根据摩尔定律，随着 ICT 技术的不断进步，数字产品和服务的成本将持续降低，这将引起数字产品和服务的价格也会不断下降，使得更多的企业和居民能够负担得起这些技术产品和服务。ICT 产品和服务需求的不断增加将会引发更多的资本替代，信息产业和数字基础设施的规模将会不断增加，资本投入的边际效率得到提升，资本深化也会不断加速。学者的研究表明，20 世纪 90 年代后半期美国信息通信技术的投资规模不断扩大，其引发的资本深化所带来的生产率提高，贡献了总体生产率增长的一半（Oliner and Sichelman, 2000）。此外，随着信息通信技术的进步，ICT 产品的功能不断完善，价格越来越低，企业在生产过程中对 ICT 产品的引入也将不断增加，引发企业技术进步和生产效率的提升，此时的技术进步更多地内化于资本投入中，体现为资本偏向型技术进步。总体来看，技术进步不断引发 ICT 产品价格下降和产品质量提高，企业对 ICT 产品的引入加速了资本深化速度，生产效率得到提升。

3. 促进技术创新

内生增长理论揭示了研发与创新对于技术进步与经济增长的关键作用，技术创新成为经济增长的核心要素。① 当数字化基础设施和 ICT 资本的积累达到一定程度后，ICT 生产部门的技术创新效应将不断放大，

---

① 一般来说，关键要素并不表现为孤立的投入，而是出现在各种创新之中，如技术创新、管理创新、组织创新。工业时代的技术多是单向性的，而数字时代的技术创新呈现出交叉融合的特点。

通过产业链关联和产业链渗透会对其他经济部门的技术创新起到带动作用。随着数字化技术创新的加速，数字产品的价格不断下降、质量不断提升，企业的生产投入结构倾向于资本替代，数字化资本得到深化，资本偏向性技术进步加速，不仅仅在生产环节影响生产可能性边界的扩展，也将通过反馈效应对创新可能性边界产生影响（郭美晨和杜传忠，2019）。比如，研究者通过分析1947—1991年的美国产业数据指出，信息技术的创新发展在20世纪80年代美国经济复兴的过程中起到重要作用（Stiroh，2002）。之后的一段时间，美国经济经历了生产率的提高，特别是1995—2000年，Joegenson等（2008）也通过考察相关数据，确认了美国在这段时期的生产率增长主要归功于ICT研发与制造部门的快速发展。在增长核算框架下进行的研究表明，虽然在2004—2012年，美国ICT研发投入对生产率提升的推动作用较1995—2000年有所减弱，但其仍然是该阶段推动美国经济增长的核心动力（Byrneet et al.，2013）。整体来看，ICT部门的研发投资与技术创新对全要素生产率（TFP）的增长起到显著的促进作用（Choquet et al.，2014）。

4. 增强技术扩散①

数字革命的概念范围较广，不仅涉及信息与通信技术本身的创新变革，也涉及信息与通信技术在实体经济中的大规模应用与扩散。如此，数字经济与实体经济的深度融合与交叉成为数字经济的关键特征，通过数字化在各行各业的应用，数字技术创新将在经济社会的各个层面实现渗透与扩散。基于通用技术理论，数字化技术具有持续改进、激发创新和使用广泛等特征，不仅可以直接影响数字产品生产部门的创新效率，而且可以借助渗透与扩散效应对数字产品使用部门的创新效率产生影响。实证研究表明，一些非信息技术研发与制造部门，比如零售和金融等信息技术应用部门，如果加大对信息技术应用的投资，部门内部的生产效率也会大幅度提升（Oliner and Sichel，2000）。Cheng和Nault

① 通常的逻辑是数字技术的创新带动了信息与通信技术部门TFP的快速增长，这是数字经济背景下经济增长的原动力；随着技术创新的加速，信息产品与服务的价格不断下降，刺激了经济各部门对ICT产品和服务的投资，引起资本深化；随着数字技术的成熟和数字基础设施的完善，数字技术应用深化，逐渐从信息与通信技术部门向其他非ICT部门扩散，带动整体经济全要素生产率的提升。

(2007）的研究也表明，上游产业的数字产品生产部门的投资对下游产业的生产部门生产率具有显著的溢出效应。且与数字产品制造部门相比，数字产品服务部门对其他部门的技术溢出效应更显著，持续性也更强。

第三章

数字经济的逻辑前提

经济理论的构建势必要有其逻辑起点，西方经济学理论先后经历了古典经济学、新古典经济学、新古典综合及新自由主义等学派的发展，各学派都有其对经济人、完全理性与完全信息（不完全信息）等假定前提的主张，且以厂商作为分析的逻辑起点。作为引领中国经济增长的动力引擎，数字经济正在蓬勃发展并逐渐渗透到社会、经济的各个领域。新的经济形态必然会推动经济理论进一步延伸和发展，本章着重对数字经济发展的理论前提进行深入研究，从行为主体偏好、认知、效用及行为主体个人价值方面研究其实现逻辑。

第一节　数字经济下的信息假设

一　经济学假定前提的演变

经济学基础理论的发展大致经历了“完全信息假设”“不完全信息假设”两大阶段，这两大经济假设是工业化不同进程的理论反映，不同的经济假设发展出了不同的经济理论体系（何大安，2021）。

“经济人”假设一直以来都是西方主流经济学派的理论前提，也是后续各学派经济理论的出发点。目前，学术界普遍认为，“经济人”假设的提出可以追溯到古典政治经济学家亚当·斯密所著的《国民财富的性质和原因的研究》一书，该书的出版也标志着古典经济学的诞生。书中写道：“我们每天所需要的食物和饮料，不是出自屠户、酿酒家和面包师的恩惠，而是出于他们自利的打算。我们不说唤起他们利他心的话，而说唤起他们利己心的话”，揭示了“经济人”假设的两个内涵：一是“利己”；二是“理性”。随着西方经济学理论的演进，“经济人”假设的内涵也随之丰富，主要包括三个方面：一是完全自利。二是完全理性，即人们具有获取完全信息的能力，且能够根据这些信息考虑到可能发生的所有情况，并从中挑选出最佳的方案。三是在完全理性下，行为主体具有完美的计算能力。显然，完全理性若成立，必须满足完全信息这一条件。“完全信息”假设由此也被认为是古典经济学的假设前提。

“完全信息”假设为后来西方经济理论的发展奠定了基础。但由于现实生活中的经济行为主体具有主客观两方面的局限性，即收集、整理全部信息的客观不可能性及处理全部信息的主观不可能性，“完全信息”假设在解释现实生活中的经济现象时总是遇到种种困难（何大安，2021）。随着工业化的进一步发展，科斯等经济学家通过将交易成本、产权等理论引入经济学理论，出现所谓的新制度经济学理论，其前提假设也开始逐渐放松，“完全信息”假设为前提的“经济人”范式逐渐被以“不完全信息”假设为前提的“理性经济人”范式所替代。

新古典经济学的假设前提是“不完全信息”假设，完全信息代表着完全理性，不完全信息意味着有限理性。赫伯特·A. 西蒙批判了传统经济学中的“经济人”假定，并依据“不完全信息”假设阐述了有限理性假设。他认为，人是理性的，但理性是有限的，它不是人们做出选择的标准，人们只能以满意原则作为自己行为选择的标准，而不是最大化原则。在“不完全信息”假设下，由于在市场中存在不确定性和风险，行为主体不可能知晓全部选择结果，其经济行为具有不确定性，因此，厂商要根据不完全信息，实现效用的满意化。一方面，信息不完全丰富了主流经济学的研究内容，如西方微观经济学中对竞争和博弈论的研究，宏观经济学对劳动力市场问题的研究。另一方面，这一假设也推动了非主流经济学的发展，如以有限理性为前提的行为经济学和重视交易成本与产权的新制度经济学等。

经济理论及其假定前提的演进是一个历史的过程。由于信息的有限性，古典经济学家认为难以获得更多的信息以致认为已收集到的全部有效信息即完全信息。随着工业化程度的加深，人们意识到能够获得的信息无穷无尽，新古典经济学认为行为主体凭借有限信息可以列出可能发生的所有行为策略，并能够从中选择效用最大的策略，实现效用最大化（何大安，2021）。在数字经济时代，随着信息和数字技术不断进步，人们用来收集、整合、分类、加工和处理信息和数据的能力不断上升，行为主体获得相对完全信息并对其进行有效的处理将成为可能。

二　数字经济发展与信息扩张的现实基础

随着互联网的飞速发展，参与到互联网中的所谓“网民”数量飞速增长。每一个互联网参与主体都可以看作一个高度自治的节点，这些节点又都可以作为一个独立的中心进行运动，每个中心会产生大量的、零散的信息，由此推动数据和信息的快速扩张。同时，个人、企业乃至国家之间的联系越来越紧密，越来越频繁，极大地推动了交易的扩张。在新一代信息技术和互联网的推动下，数字经济作为继农业经济、工业经济之后的新型经济形态迅猛发展。

（一）物质技术基础

新型数字技术为数字经济发展提供了坚实的物质技术基础。5G 网络技术在 4G 网络的技术上以高速率、低延时、大连接特点极大地改变人与人沟通、交往的方式，并逐渐渗透到各个产业，成为支撑数字经济社会的关键基础设施建设。语音识别、机器学习、定位设备、自动化处理、物联网、区块链、自然语言生产、边缘计算等人工智能技术全方位助力社会经济活动向网络化、数字化和智能化转变。当今时代，数字技术渗入物理世界的制造、医疗等诸多领域，智能化网络由“大数据、算法及算力网络”所构成，对物理世界中人、物及二者构成的系统所形成的数据进行实时采集和监测，即便是最常见的生活家电（如灯具、冰箱、电视等）也具有了嵌入式计算的能力。这些原本属于物理范畴的实体在数字技术的加持下具有了数字属性，拥有了感知、记录周围环境以及与人类互动的能力，可以主动塑造它们所在的物理环境及人类在这种环境中的体验。

大数据，又称巨量资源，指所涉及的资料量规模庞大且无法在合理时间内管理、处理并整理的信息合称。这类数据可以分为可被数字化的数据与不可被数字化的数据。大数据不仅包括即时数据，还包括大量的被记载的历史数据。截至 2021 年，全球互联网用户已达 48.8 亿人，其中，中国互联网用户高达 10.32 亿人，互联网普及率达 73.0%，上网已经成为大多数人每天必须要做的事情。每一位行为主体在网络中的行为都可以被记录，这些数据要素的积累为数字经济发展奠定了基础。此外，知识经济的红利也推动了数字经济的发展。知识经济是以知识为基础、以脑力劳动为主体的经济形态。教育和研究开发是知识经济的主要部门，高素质的人力资源是知识经济的重要资源。劳动力与新型技术的高度结合，提高了人们收集、整理、分析大数据的技术水平。人们利用云平台和运用云计算收集和处理大数据，在很大程度上消除了信息不完全，推动经济社会的发展。

（二）经济活动基础

数字经济已成为国民经济增长中最为核心的驱动源泉之一。中国数字经济增加值规模由 2005 年的 2.6 万亿元扩张到 2020 年的 39.2 万亿元，数字经济占 GDP 的比重也在逐年上升，从 2005 年的 14.2%增长到 2020 年的 38.6%，且数字经济增速是 GDP 增速的 3 倍。数字经济的发展离不开强劲的经济活动这一现实基础。受疫情影响，实体经济、线下经济受到严重打击，线上经济在疫情中扛起经济增长重担，产业数字化逐渐主导数字经济内部发展。在线办公、线上教育、视频会议等数字化新业态新模式在疫情倒逼下涌现。目前数字经济在三次产业中渗透水平持续上升，农业、工业、服务业数字经济渗透率分别为 8.9%、21.0%和 40.7%，约为 1∶2∶4。当前大量企业利用大数据、工业互联网等加强供需精准对接、高效生产和统筹调配，电子商务、平台经济、共享经济等数字化新模式接替出现，网络红人直播带货销量火爆。数字经济不仅增强了原有经济系统中的匹配效率，而且拓宽了匹配范围，使得原本难以实现的交易在数字平台的支撑下得以实现。

（三）思维方式基础

随着数字经济发展，人们的思想和观念也发生了巨大的变化。工业经济时代，人们总是通过有限样本数据来试图解释经济现象背后所隐藏的因果关系，进而寻找导致这种因果关系的内在逻辑，时至今日这种因果逻辑思维并不具有总体性和相关性（何大安，2018）。当大数据思维支配人们行动时，强调大数据体现出来的总体性和相关性之中所蕴含的因果关系，其本质仍然是一种因果思维方式，只是这种因果思维方式在宏观层面更具总体性和相关性。来自大数据的决策行为，包含着更少甚至不包含行为主体的主观判断，可以得到更加准确的信息甚至有可能得到精准信息。如此，大数据思维不只影响着经济活动本身，还对经济行为主体的思想观念产生影响。

三 数字经济前提假设的理论逻辑

（一）传统理论假设的限制与反思

在工业化时期，经济学的研究经历了完全信息假设和不完全信息假设的理论演变。完全信息意味着完全理性，完全理性的行为主体在经济学现实应用中被框定。假定经济行为主体具有掌握所有信息的能力并可以对其进行完美处理，同时能在任何条件下明确地知晓自己的偏好，并据此作出最优选择。

随后，西方经济学将“边际”概念引入经济学理论框架中，将边际方法作为经济分析的工具，数理演绎成为经济学模型构建的主要方式，同时，完全信息假设的主流地位也被不完全信息假设所替代。不完全信息意味着行为主体进行决策过程中包含着不确定因素，从而具备承担风险的可能性。帕累托于 1927 年曾提到，要想搜寻到所需要的一切数据是不可能的。弗里德里希·哈耶克也曾提出，在市场中的任何参与者都不可能掌握市场的全部信息，且市场的信息分散地存在于每一个参与者中。新凯恩斯学派认为，不完全信息假设比完全信息假设更具备经济现实性。在数字经济时代，行为主体获取、储存、处理和分析信息的能力越来越强，大量的信息充斥在互联网中，人们似乎有能力从互联网中了解到想要了解的一切。工业经济时期，人们由于主客观的双重因素限制，难以收集足够的信息而且分析处理的能力有限。但随着新一代信息技术的发展，搜寻更接近于完备的信息和处理能力逐渐成为可能。

（二）完备信息假设的理论逻辑

数字经济时代，即使行为主体通过大数据分析技术和人工智能技术收集到能够影响生产、分配、交换、消费过程中的全部数据，也不代表其有能力正确地整理和分类这些影响生产、分配、交换和消费过程中的全部信息。因此，行为主体能够获取完全信息仍然是个疑问。基于此，我们假设，行为主体可以在未来阶段通过先进的人工智能技术等方式获得相对准确和完整的信息，即完备信息（何大安，2021）。完备信息是一种介于完全信息和不完全信息之间的信息状态。大数据所具有的大规模、多维度和完备性等特点，会给行为主体的决策提供相对准确和完整的信息。低时延的5G通信、覆盖面越来越大的移动互联网和厂商逐渐熟练的语音识别、机器学习、定位设备、自动化处理、物联网、区块链、自然语言生产、边缘计算等人工智能先进技术的快速发展，给行为主体获取完备信息奠定了坚实的基础。完备信息不能出现在工业化的技术条件时期，只能出现在人工智能等先进技术与社会全面融合的时代。将完备信息作为数字经济的前提假设，一方面，符合数字经济的时代特征，即数据的可复制性和低成本性导致了数据信息在网络中的快速扩散和巨量复制。另一方面，完备信息假设为经济学家在人工智能广泛运用的背景下，对厂商的行为选择、行为主体的偏好、认知和效用理论等内容的研究提供了新的逻辑前提。

第二节　数字经济下的行为主体决策选择理论逻辑

一　行为主体结构

（一）经济活动的历程

正如前文提到的那样，获取信息的方法、行为主体依据所获得的信息进行个体行为选择的途径、过程及偏好、认知和效用期望形成的逻辑，在不同经济发展阶段各不相同，且具有时代特点。这些差别体现在经济学理论体系本身以及经济学的现实应用和实践中。在数字经济时代，传统经济理论已难以解释许多已经出现或预期即将出现的经济现象，导致现有理论与应用实际发生了较大程度的偏离。因此，需要发展新的经济学理论来解释新的经济现象和社会问题。

根据信息获取的方法和行为主体的特征，可以将经济活动发展历程划分为三个阶段，分别是："人与信息对话"阶段、"人与数据对话"阶段和"数据与数据对话"阶段（何大安，2018）。

1. "人与信息对话"阶段

"人与信息对话"指行为主体不能通过大数据的方式来收集信息，只能根据自己的知识和能力对有限信息进行单一或较少维度的处理，且根据收集到的有限信息作出行为决策的方式和过程。"人与信息对话"阶段所体现的是行为个体通过市场供求、价格波动、政策取向等获取影响行为决策的信息，在分类、加工和处理这些信息的基础上作出判断、形成认知并进行选择。这一阶段的主要特征有以下三点：一是单个行为主体难以获得过去、现在和将来的全部信息，其获得的信息仅包括已经发生事件的不完全信息。二是个人或厂商等行为主体无法通过如计算机、互联网等科技手段获取非数据化的信息。三是这一时期的经济学研究同样受到样本信息的限制，经济学实证分析只能根据非完全的样本数据，无法依据大数据建立更加准确的实证分析模型。根据“人与信息对话”阶段的特点，可以将其与工业经济时代相对应。工业经济时期，土地、劳动、资本和其他物质资源成为主要的生产要素，机器、铁路、电话将全世界的人们联系起来，具有强烈的机械化特点，这一时期经济生产过程的知识、信息含量相对较低。行为主体在做决策选择时也受到有限信息的约束。

2. “人与数据对话”阶段

在“人与信息对话”阶段，行为主体只能获得部分信息并以此作出“最满意”的行为决策，难以实现时间点上的“最优解”。受技术条件等限制，“完备信息”不可能出现在工业经济时期，只会出现在互联网应用快速扩张、大数据、互联网和人工智能等新一代信息技术全面发展的时期。在工业经济向数字经济发展转变的过程中，预示着信息状态由“缺乏信息”向“足量信息”转变。数字经济时代，在互联网、人工智能等技术的帮助下，行为主体能够利用先进技术获得已经发生和正在发生的数据化和非数据化的足量信息，即“完备信息”，并且行为主体利用大数据可以进行多维度处理分析，对未来的经济运行进行预测，甚至有可能在未来获得完全信息（何大安，2021）。

相较于“人与信息对话”阶段，这一阶段的特点有：一是个人或厂商等行为主体可获得的信息不仅包括已发生的部分信息，还可以掌握正在发生的部分信息。二是行为主体可以凭借技术手段从非数字化数据中提炼出有用信息，并对其进行充足的处理分析。在“人与数据对话”阶段，行为主体进行决策的思维方式、操作方式和实施方式开始发生变化，思维方式由传统的因果思维开始转向具有全面性和总体性的大数据思维方式，由此导致人们的理性选择行为包括偏好、认知和效用也将随之发生变化。

3. “数据与数据对话”阶段

互联网应用扩张终结了“人与信息对话”的时代，开启了“人与数据对话”阶段，并可能在未来将社会带入“数据与数据对话”的阶段。“数据与数据对话”阶段是互联网应用持续扩张的结果，是上一阶段更深层次发展的新形式。“数据与数据对话”的阶段所描绘的场景，是行为主体对诸如云计算、AI、网络技术等先进技术高度掌握，可以将万物数字化，转译在“0”“1”的数字世界中，其成因、发展、变化等因素可以通过算法实时掌握。整个过程中每时每刻都产生大量的数据，给行为主体获取完备信息提供基础。

当社会进入“数据与数据对话”阶段时，行为主体的选择过程将会彻底脱离主观判断的影响，行为选择模式会从最大化理性驱动转变为完全理性驱动，社会的一切活动都将由算法接管。只有当互联网应用高度扩张时，人类才能够实现数据与数据直接交互，当下的社会还处于互联网应用扩张的初级阶段，行为主体可以利用移动电子设备、信号传收器、定位系统和其他新型电子设备等获得大量数据，但仍然难以获取所需要的全部信息。在“数据与数据对话”阶段，随着AI等数字技术全方面的覆盖和应用，运用大数据算法挖掘数据、预见未来的能力大大增强，从大数据中提炼获取完备信息甚至完全信息很有可能成为现实。

（二）行为主体结构划分

科学技术的进步强化了行为主体之间的异质性。一方面，在企业层面，现实经济中已经出现了明显的内部等级划分，互联网应用扩张的浪潮推动着我国互联网企业的发展，诞生了诸如平台企业等企业新形态。一般情况下，我们将掌握海量信息的高技术平台企业称作超级平台。超级平台的出现打破了人们对传统单边企业的认知。超级平台作为双边市场的桥梁，连接着需求端和供给端，并为消费者和厂商提供产品和服务，形成网络协同效应，推动双边发展。超级平台同为企业，却与寻求其产品和服务的其他企业不同：超级平台可以凭借其掌握的海量信息及对这些海量信息的分析向超级平台的用户提供其需要的资源和产品。另一方面，在消费者层面也体现了级别的划分：少数消费者不仅是产品和服务的接受者，也是产品和服务的提供者，这类群体往往具有较强的学习能力和创新能力，可以利用平台提供的信息和技术选择提供自己的产品和服务，他们可以选择传播什么产品和服务、以什么方式传播以及接收的对象。

因此，行为主体存在结构划分。在“人与数据对话”阶段，出现了拥有新的信息获取方式和大数据思维方式的极少数行为主体，这类群体可以借助大数据进行多维度的相关分析，并运用机器学习处理参数而做出最优的选择。本书将拥有这些能力的行为主体称为决策先行者，而不具备这种能力的行为主体，统称为决策后行者。决策先行者与决策后行者主要的区别在于是否拥有大数据思维且是否能够运用先进技术收集海量信息，并拥有多维度分析处理数据的能力。在“人与信息对话”阶段，由于缺乏大数据思维和相应的技术条件，经济行为主体几乎都是决策后行者。步入“人与数据对话”的初期阶段，基于大数据思维要求，决策先行者零星分散地存在，绝大多数行为主体包括绝大多数经济学家依然是决策后行者。而当社会进入“人与数据对话”阶段的中期，随着行为主体学习能力和创新能力的加强，会产生越来越多的决策先行者以至于决策先行者和决策后行者的二元结构得以形成。

二　行为主体的偏好、认知与效用理论逻辑

（一）理论演绎

“偏好的内在一致性”要求偏好具备完备性、可传递性、连续性、严格单调性、严格凸性和局部非饱和性等特点，其本质在于可以评价和比较不同处境中各种选择之间的效用关系。现代主流经济学认为偏好的内在一致性是完全信息假设和其他既定假设条件下的逻辑推导结论，且消费者行为理论、社会选择理论、决策理论等广泛以“偏好的内在一致性”假定为基础进行推理演绎。“偏好的内在一致性”将一系列理性选择行为解释为诸多二元关系最大化的结果：这种二元关系是“偏好”的排序关系。由此可以得出，行为主体在可供选择的全部选择子集中寻找一种二元组合关系，进而使得对于全部子集中的任意子集的选择组合，刚好由那个特定子集的最大元素所组成，这种能力也被称作理性行为。

可是，在现实中，行为主体的实际选择更多情况下并不具有期望效用理论所展示的偏好内在一致性，尤其是受心理因素或非经济动机因素的影响，诸如热爱、受惠、施舍等行为会导致行为主体的选择具有不可

预测性。从个人选择角度来讲，美国心理学家马斯洛提出的马斯洛需求层次理论有力地论证了这一观点。从群体选择角度来讲，阿罗认为，根据“偏好的内在一致性”进行分析，在一个民主社会里，应该存在这样一个个人偏好传递逻辑，即如果存在三个备选方案，人们认为组合一的选择偏好大于组合二，组合二的选择偏好又大于组合三，那么就可以断定人们对组合一的选择偏好大于组合三。可是，现实中，并非所有人的选择偏好都具有这样的传递性，同样存在群体对组合三的选择偏好大于组合一，也就证明了偏好的传递规律并不成立，这便是阿罗不可能定理对传统偏好理论的推驳（徐加根，2005）。另外，现代非主流经济学通过一系列心理和行为实验，均有力地论证了偏好的内在一致性与人们现实实际选择之间的系统性偏差（何大安，2018）。

现代主流经济学和非主流经济学逐渐抛弃“选择者知晓选择结果和效用最大化”的观点，认为行为主体的有限理性会导致认知约束，选择者不具有精确计算选择结果的能力，所以人们会以满意原则而非最大化原则进行选择。决策过程中存在的不确定性和复杂性使“认知”的作用越来越被重视。效用最大化实际被看作一种利己最大化愿景，行为主体在“认知约束”下的效用期望会随着认知的变化不断发生调整。这些观点与评论说明现代经济学已逐步把“认知”因素作为内生变量来处理，现代经济学对认知的研究有了明显的加深和拓展。值得一提的是，作为行为函数中重要的一环，“认知”能力不仅体现在行为主体对来自客体、自身等信息的提取、加工、处理的能力上，也表现在不确定条件下的认知判断上，即认知能力在一定量的有限信息和有序状态下才可以实现（刘少杰，2018）。卡尼曼曾指出：“医生、护士、运动员以及消防队员面对的都是复杂却基本有序的情景，因此，他们的直觉判断通常是准确的”。然而，当行为主体面对毫无规律的无序情景时，其直觉判断（认知）通常是错误的（刘少杰，2018）。

现代主流经济学分析了受认知约束的情况下行为主体的选择行为所对应的结果集合及其概率分布，通过结果集合的概率分布是否明确将行为主体受认知约束条件下的选择归类为确定性随机选择和模糊性随机选择。此外，现代非主流经济学也将“认知”这一变量看作决定行为主体选择权重过程中的重要变量，认为在一些特定情境中的概率事件会导致人的认知偏差，选择结果的概率并不等于效用的加权之和，风险厌恶和风险偏好的主观感受值是人们用来衡量预期财富变动的主要方式，而效用函数则可以通过一条呈“S”形的曲线来反映风险厌恶或风险偏好的价值函数。可见，现代经济学对认知约束的研究有了明显的加深和拓展。

互联网时代，信息呈爆炸式迅速增长态势。但在这样的海量信息的供应下，信息很难以有序状态出现在行为主体面前，因此，要求行为主体能够具有从无序的信息中找到其有序状态即具备筛选有效或真实信息的能力。理性选择理论更多关注的是，决策先行者运用算法技术、大数据、网络平台等收集、整合、分类、加工和处理人们消费和投资的历史、即时及未来数据时，如何在效用、成本、收益等方面对选择偏好产生影响。而决策后行者的选择，不在理性选择理论的讨论范畴之中。因为从追求个体效用最大化以及由互联网协同效应所引发的行为主体选择行为互动考察，决策后行者的选择偏好通常表现出一种以效用最大化为基础但却受决策先行者选择偏好牵引的趋同化偏好，即决策后行者以决策先行者选择偏好为标的，将自身选择偏好向其靠拢或完全将其当作自身的选择偏好。对于这种趋同化偏好，理性选择理论未对其进行探究，而经济学家运用个体主义方法论对行为主体选择偏好所做的抽象分析，是难以解释决策后行者所表现出来的这种趋同化偏好的。总而言之，决策后行者的认知形成是一种放弃理智思考而将决策先行者认知作为自己认知的过程（何大安，2018）。决策后行者会在偏好趋同化、认知趋同化的影响下，全面效仿决策先行者，决策后行者将失去明确的效用期望设定能力，其效用期望会逐渐依托于决策先行者。

（二）理论分析

决策先行者拥有高效用的认知函数，关键在于决策先行者特殊的认知形成过程。决策先行者从高维度涵盖面的大数据中获得准确的信息，并通过计算机或人工智能根据算法和机器学习等技术形成自身认知的依据。决策先行者产生于“人与数据对话阶段”，且决策先行者的偏好、认知和效用期望等会影响决策后行者。当社会真正进入“数据与数据对话”的阶段时，行为主体的决策选择过程将彻底告别主观臆断，完全由算法所取代。也就是说，人们能够从大数据中获取精准信息，标志着社会进入了决策先行者偏好选择决定决策后行者偏好选择的时代，在趋同化偏好的推动下，决策后行者会在效用选择上全面追随决策先行者而形成趋同化认知，并且互联网应用扩张的程度和范围决定了决策后行者趋同化偏好的程度和范围。

决策先行者的选择效用会通过一定的形式在互联网中呈现出来，这种高效用的选择可以被决策后行者获取，并且产生某种催化作用，推动决策后行者模仿决策先行者的选择。不过这种催化作用必须有互联网作为基本物质支撑，否则，决策后行者难以获取高效用的选择从而导致决策先行者的先行领导作用难以发挥。在网络协同效应下，决策后行者仿效决策先行者而形成偏好趋同化和认知趋同化，这两种趋同化导致决策后行者形成没有主观展望的效用期望等待。在传统行为主体的一元架构中也存在低效用者模仿高效用者的行为，现代经济学将其描述为羊群效应，即一种从众趋同化心理。目前，对于这类现象的研究，仍处于在一元架构内展开，而行为主体的二元架构是这类现象普遍存在之后而形成的趋势，正如前文所说，二元架构只会出现在“人与数据对话”“数据与数据对话”阶段。

互联网协同效应是决策先行者和决策后行者选择行为互动的结果，其所蕴含的函数关系目前难以通过数理模型对之刻画。实现互联网协同效应的前提不仅要求行为主体具备数据智能化的能力，还要能够熟练掌握大数据、AI、互联网科技等先进技术，融合实现网络协同化。当数据智能化和网络系统化达到较高层次时，互联网协同效应所蕴含的决策先行者和决策后行者的行为交互函数可以从中刻画出来。决策先行者从多维度数据网络中获得完备信息，并通过先进的技术与算法形成自身认知，这个过程决定了决策先行者高效用的效用函数的形成过程。基于网络协同效应的影响，决策后行者在偏好趋同化和认知趋同化的推动下，模仿决策先行者，导致决策后行者形成没有主观意愿的效用期望等待。由此，决策后行者的效用函数可以看作包含决策先行者效用函数的复合函数，我们可将决策先行者的选择偏好、认知和效用期望等理解为决策后行者效用函数中相应变量的解释性变量。

关于决策先行者之选择偏好、认知和效用期望的理论解析方面。新古典经济理论将认知作为影响偏好的外生变量，通过“偏好内在一致性”来论证效用最大化。现代经济学理论主张采用实证分析和实验分析的办法，试图将认知还原为内生变量，研究认知对行为主体偏好的影响，但是由于在分析和选择行为时会存在一定程度的条件限制，因此认知始终无法完全成为影响偏好的内生变量。在互联网应用快速扩张的时代，决策先行者凭借大数据分析得出针对每一特定时间要不要做出选择的决定，这一过程不掺杂任何的主观臆断成分。也就是说，大数据的分析过程就是决策先行者的认知形成过程，是以客观事实为依据，以科学为前提的认知形成过程，无须附加任何条件约束。总的来说，决策先行者获得完备信息的关键在于两方面：一方面在于大数据对信息的发掘、收集、整理和分类，另一方面在于机器学习、云计算、数字平台和其他人工智能技术对大数据的加工处理。

关于决策后行者之选择偏好、认知和效用期望的理论解析方面。决策后行者是不能运用大数据技术进行多维度分析的行为主体。在行为主体二元结构未明显形成之前，行为主体几乎全是决策后行者。随着互联网应用扩张，行为主体二元结构逐步形成，决策后行者在高效用选择行为所产生催化作用的影响下，产生了偏好趋同化的倾向。趋同化偏好的自然延伸是趋同化认知，其同样具备“认知跳跃”的特征。决策后行者的认知函数虽不能用传统的理论解释，但其认知函数仍可以被描述。该函数的核心解释变量，可以看作决策先行者和决策后行者的协同互动过程中的重要因素。决策先行者通过大数据等技术获得认知的过程虽不会影响决策后行者认知的形成，但当决策先行者效用满足最大化时，会推动决策后行者效仿决策先行者的选择行为。决策后行者出现的趋同化偏好和趋同化认知决定了其效用函数的“效用等待”属性。

三 行为主体认知约束与理性实现的理论逻辑

在历史发展的过程中，人们的认知水平会受到时代的限制，这种限制很大一部分可以归结为信息的限制。在农业时代，人们靠竹签、牛皮、纸张和简单的数学工具等记录信息，收集和积累数据，信息和数据之间并非直接相关。人们通过已知信息的因果关系形成较简单的认知。工业化时代，物质水平突飞猛进，人们记录信息、收集数据的手段和方法有了质的飞跃，可掌握的信息量大大增加。基于这些信息，人们提取、总结出一套系统、有序且公式化的知识合集，统称为科学。事物之间的因果联系以科学的公式、规律呈现在人们面前，可思维方式仍停留在因果分析的过程中。技术水平的进一步提高不仅影响着人们的生活，也影响着人们的思维方式，大数据思维方式不是对传统因果思维方式的替代，而是更高层次、更多维度的因果思维方式。人们对因果关系的思考过程间接导致了认知的形成。

传统经济学假设中的“经济人”与“完全理性”“利益最大化”等字眼紧密绑定在一起。古典经济学致力于证明市场在经济活动中的重要作用，通过完全理性的经济人这一理性化的假设，确立了完全竞争市场理论，并以此为核心展开理论推演。亚当·斯密曾表达个体的理性在于他在各种利益的比较中选择自我的最大利益，并以最小的牺牲来满足自己的最大需要；新古典经济学继承了古典经济学家对理性的假定，并在此基础上进一步发展。效用理论提出行为主体理性选择的动机来自主观感受，非主流经济学也将非理性因素逐渐纳入经济学研究范畴中，认知逐渐被经济学家从外生因素还原为内生变量，且在西蒙、威廉姆森、哈耶克等经济学家的推动下，完全理性开始向有限理性转变。

理性选择的过程是在行为主体的认知框架内进行的，也就是说，行为主体是在认知约束下展开有限理性的选择行为的：完全理性下能够实现效用最大化的结果，而有限理性下难以实现效用最大化的结果，甚至可能产生负效用。短期内，认知变化不会过于明显。可从长期来看，认知的形成就是一个动态过程，同样地，有限理性实现的程度也是动态变化的。因此，需要从横向和纵向两个维度分析行为主体认知约束下有限理性实现的水平或程度。

有限理性实现的纵向分析即考虑有限理性的实现程度问题。传统经济学认为，完全理性假设下，行为主体可以依据完全信息及完美的计算能力，做出最优的决策选择，实现自身效用最大化。现代主流经济学认为，由于资源是有限的，人们难以获得完全的信息，并且人们在进行决策时考虑的因素不全是理性因素，也受到非理性因素（认知、情绪等）的影响，因此人的理性是有限的。在不完全信息下，人们难以实现完全理性，只能实现有限理性。因此，在有限理性下行为主体所做出的决策效用通常处于非最大化状态，甚至可能为负。行为主体只能在已获得的有限信息中，列出可能的行为方案，并选择期望效用最大的方案。

横向分析意味着将时间维度加入分析框架，仍以行为主体消费选择行为为例，在极短的时间内，行为主体受到较大程度的认知能力的限制，难以对其他消费行为所带来的效用及成本等不确定性因素作出合理的判断和预测。而当行为主体有无限的时间和精力时，他可以仔细分析和研究影响其消费行为的各种不确定性因素，在最大限度上实现自身利益的最大化和成本的最小化。也就是说，在较短的时间内，消费行为带给行为主体的满意程度大概率会偏低，有限理性实现的程度较低；而在较长时间内，由于行为主体对不确定性因素的认识、判断和预测更加准确，因此，行为主体的满意程度大概率会偏高，有限理性实现的程度也会提高（何大安，2004）。

理论上讲，行为个体在有限理性的畛域内存在着一个可以实现的最大限度，这一最大值代表着行为主体所能够实现的最大理性。想要实现有限理性的最大值，必须充分发挥该行为主体的认知能力，在此基础上，对可能影响其决策的所有不确定性因素进行全面考虑，并将其正确地分类、加工和处理。我们将有限理性的最大化状态称为潜在理性。但实际生活中，行为主体会受到主观、客观等方面的影响，或受到自身认知能力的限制，抑或受到信息不完全等因素的制约，难以实现潜在理性。因此，可以将行为主体实际实现的理性程度称之为实际理性。值得一提的是，潜在理性并非等同于完全理性，仍然与实际理性一样，属于有限理性范畴，完全理性大于潜在理性，潜在理性大于或等于实际理性。

理性的实现程度可以用简单模型来说明。假定用 R_i 表示某行为主体 i 的理性实现程度，$i=1, 2, 3, \cdots, n$，R_i 受到包括认知、信息量等影响理性决策的各种因素的影响，这些因素在模型中用解释变量 $C, X_{i1}, X_{i2}, \cdots, X_{ij}, \cdots, X_{in}$ 来表示，且解释变量间不会相互影响。人们在进行选择行为时，其理性程度通常大于零，即 $R_i \geqslant 0$，所考虑的因素越多，理性实现的程度也就越大。

$$R_i = R_i(C, X_{i1}, X_{i2}, \cdots, X_{ij}, \cdots, X_{in})$$

在短时间内，行为主体的认知水平不会发生改变。在进行抉择时，行为主体难以对影响抉择的不确定性因素作出合理的预判和处理，其行为通常可以看作下意识的决定，此时理性实现程度处于最低点。正如卡尼曼曾在《思考，快与慢》一书中提到的那样：常用的下意识的“系统1”依赖情感、记忆和经验迅速作出判断，它见闻广博，使我们能够迅速对眼前的情况作出反应。但“系统1”也很容易上当，它固守“眼见即为事实”的原则，任由损失厌恶和乐观偏见之类的错觉引导我们作出错误的选择。我们将此时实现的理性程度称为 R_{ib}，表示决策中行为主体 i 所实现的最低理性程度。此时，$R_{ib}=R_{ib}(C)$。

当行为主体有充足的时间来思考、判断和预测，并满足实现潜在理性的所有条件时，行为主体可以实现潜在理性，潜在理性的表达式为 $\lim\limits_{n\to\infty}R_i$。在现实中，行为主体的决策行为需要经历一定时间长度的思考，既不是在较长时间内完成，也不是在极短时间内完成，而是介于两者之间，总会存在难以考虑到的不确定因素，因此可以认为模型中所包含的 X_{ij} 数量越多，实现的理性程度越高，且 $R_{ib}\leqslant R_i\leqslant\lim\limits_{n\to\infty}R_i$。

在人与信息对话阶段，行为主体的理性选择行为受到极大的限制，人们的认知形成过程和挖掘、收集、整合和分类信息的能力等方面均处于较低水平。此时，将行为主体的决策行为量化后，用理性实现模型来描述这一阶段人们在认知约束下有限理性的实现特征，表现为均值小、方差大，即行为个体的各决策行为理性实现水平整体偏低，但不排除存在实现较高理性水平的决策行为。随着现代新兴科技的发展，行为主体运用人工智能等收集、整合、分类、加工和处理大数据的技术水平不断提高，存在获取相对准确和完整信息即完备信息的可能性。随着行为主体对知识的积累和对新兴技术使用熟练程度的积累，其认知能力和数据收集、整合、分析能力也会增强，有限理性的实现程度也随之增加。

当行为主体能够获取完备信息且能够运用大数据等技术对其处理、分析时，行为主体结构产生变化，行为主体可以发展成为决策先行者，其可以凭借人工智能等先进技术的大数据分析而获取理性分析，做到对现有行为可能遇到的所有不确定因素的判断和预测，而整个大数据分析过程也是决策先行者认知形成的过程。因此，行为主体可以实现有限理性的最大化，即潜在理性。随着互联网应用的进一步扩张，社会有可能进入“数据与数据对话”阶段。届时，行为主体的选择过程将会最大限度告别主观判断，彻底进入一切有机体和无机体都可以通过数据解构的“算法”时代，人们有可能获得完备信息且拥有完美的计算能力，从而做出接近完全理性的经济决策。

第三节 数字经济下的行为主体价值实现理论逻辑

一 行为主体个人价值的实现

在亚当·斯密的思想中，尽管每一个行为主体都在追求自身利益最大化，且他的这种利己行为的最初动机中并没有利他倾向，也不知道可以在什么程度上实现利他，但“看不见的手”却引导着他的整个行为，去实现“一个并非他本意想要达到的目的”。可见，古典经济学所研究的“人”是现实生活中真实存在的有血有肉的人，而不是观念上的“完美”的理性经济人。个人利益和社会利益之间实现的一致性，是由那双“看不见的手”调节产生的结果，而不是个人有意使之。一方面，亚当·斯密认为个人利益与社会利益可以通过市场的调节作用实现协调一致；另一方面，他又提到个体差异化所导致的社会两极分化会激化社会矛盾，最终使得社会失调。

随着经济学理论的不断发展，完全信息、完全竞争等一系列假设被引入经济学的研究框架中，得到了一个事前预设的结论：竞争市场可以实现个人及社会的利益最大化。但这种完全竞争的实现受到诸多限制：市场不存在包括信息不完全、负外部性等任何市场失灵的因素，每个个体都实现了利益最大化，资源得到了有效的配置，社会实现了帕累托最优。也就是说，新古典经济学依托完全信息、“经济人”等一系列假设，将行为主体看作概念中没有血肉的理性行为人，建立了完全竞争市场理论。

以哈耶克为代表的奥地利学派与亚当·斯密的思想接近，他们认为知识会随着个人的行为在市场中进行扩散，生产与交换的过程中也会产生新的知识，大量的具有认知约束的行为主体在供需匹配的过程中实现了市场的协调（赵志君，2018）。任何经济现象的产生均是个体行为的结果，脱离于个体行为的社会行为是不成立的。奥地利学派强调个体行为的重要性，但是对于社会整体的总量和均衡概念，他们并未给出详细的解释。

此外，对于偏好的相关假定是“利己”经济人的先决条件。一般来说，消费者的偏好可以用一个递减的边际效用函数来表示。在不确定性的条件下，消费者的目标是期望效用最大化。如今，在已知完全“利己”的理性经济人缺乏理论支撑的条件下，无论是效用最大化原则还是期望效用最大化原则都受到了挑战。

二　行为主体的属性

农业时代和工业时代中，行为主体都是以真实的主体形态参与到社会中，并依此开展各种社会活动（龚向和，2021）。进入数字化时代，凭借着人工智能、区块链、物联网、大数据等信息技术，社会属性逐渐由“现实社会”拓展到“数字社会”。社会属性的拓展给予在网络生活中的行为主体新的属性，即“数字属性”。数据自身的共享属性使数字经济时代信息的可获得性大大提高，数据资本的社会价值大幅上升，行为主体能以极低的成本通过互联网、大数据平台获取足量的数据（赵志君，2018）。此外，平台经济和共享经济创造的价值内涵也强调满足“利己”“利他”的关系价值，凸显“共享”“利他”的伦理特征。

（一）行为主体的数字属性

“数字社会”的形成需要一定的物质技术基础、经济活动基础和思想观念基础，但只具备物质基础却脱离了有人参与的社会活动的集合，不能被称为社会（龚向和，2021）。换句话讲，尽管生产要素、货币乃至空间的数字化在当下已被逐渐认可，但数字化的物质集合并不能被称作“数字社会”。只有行为主体通过网络技术，将身份信息与社会活动数字化，并以独立个体参与到一系列数字化的社会生活中，“数字社会”才能真正形成。行为主体的数字属性来源于人与社会相互成就的过程，且行为主体的数字属性在数字社会中发挥着社会属性的作用。

行为主体的数字属性以两种形式呈现：静态形式与动态形式。行为主体数字属性的静态形式主要表现为信息身份，即个人身份信息的数字化。从行为主体开始参与网络活动起，网络数据库便会不断积累行为主体的个人信息，直至这些个人信息作为“标签”，形成一个网络虚拟形象，以供他人了解与识别。动态形式与局限于“信息映射”的静态形式有所不同，动态形式是具有“数字属性”的社会人，在数字社会中进行诸如信息交换、商品交易、生产生活等一系列社会活动，进而形成动态的“数字行为人”（龚向和，2021）。无论行为主体的数字属性以何种形式呈现，最终均以数据为载体，储存在网络数据库中。由于数据具有低成本、易复制、跨空间流动等特性，数据库中的海量数据信息可以同时被多人使用，且不随着使用次数与共享人数的增加而不断提高成本，尤其是搜索引擎技术、智能联想技术和其他智能化技术，还极大地降低了市场对供需搜索和匹配的时间与成本（张文魁，2022）。因此，行为主体在"数字社会"的社会活动和行为轨迹都以数字化的形式记录下来，形成包含大量互相关联的动态信息的大数据，且可通过搜索引擎、算法等先进技术获得。

（二）行为主体的利他属性

斯密认为经济人是在禀赋约束的条件下追求效用最大化的人，是利己的人。事实上，利己和利他是不能完全脱离彼此的（龙游宇和李晓红，2007）。个人参与经济活动的最初动机是利己，然而在市场机制的作用下，社会的整体资源配置效率亦在不断优化，资本主义的生产能力也远远超过自给自足的封建社会所能创造的财富，社会福利水平得到提高，这说明"利他"是"利己"行为的结果之一。

在数字经济时代，行为主体的利他属性更为明显。行为主体通过数字化身份实现对传统价值关系的超越，即以数字化身份表现的行为主体通过互联网平台与其他行为主体相连接，满足彼此多样化与个性化的价值需求，可以看作行为主体利他属性的表现（闫莉和蒋锦洪，2014）。互联网平台为行为主体提供建立数字化关系的可能，行为主体超越时空限制并通过共享信息建立了供需关系、社会关系、伦理关系等多维度的大数据关联，并从中各取所需，实现价值共创。

三 个人价值与社会价值的实现逻辑

个体利益与社会利益的关系是辩证统一的。马克思在《关于费尔巴哈提纲》中指出："人的本质不是单个人所固有的抽象物，在其现实性上，它是一切社会关系的总和"。（中共中央马克思恩格斯列宁斯大林著作编译局，2012）每个个体的生活无法摆脱社会独立进行，处在一定社会关系中的人不得不与他人进行往来，包括沟通、交换、分工等。也就是说，社会是个人利益的来源，个人利益归属于社会整体利益，如果没有社会利益，那么也就没有了个人利益及其保障。然而，恩格斯在《费尔巴哈论》中曾提到，单个主体预期的目的和社会历史结果并不是一致的，历史是“合力”的结果。这也就象征着：个人利益和社会利益之间并不总是完全一致，而是在很长时间内处于相互冲突的状态，甚至可能会产生两种完全冲突的极端倾向，即极端个人主义与虚假集体主义。前者强调完全的“利己”，可以牺牲一切代价来满足个体的私欲，包括他人和集体的利益；而后者则完全忽视个体的利益，要求个体对集体的绝对服从，因而导致对个人利益的忽视，二者均将个人与社会完全割裂开来，区别对待。事实上，个人与社会相互依存，共结成为利益共同体（闫莉和蒋锦洪，2014）。

对于个人利益与社会利益的关系研究中，斯密认为个人利益与社会利益可以协调一致，但新古典经济学的研究却将个人利益与社会利益相割裂，认为行为主体追求个人利益最大化的过程会产生负的外部性，进而增大社会成本，而社会利益最大化的过程可能会增加个人的成本，对个体产生了外部不经济。但在数字经济的背景下，企业与企业、消费者与消费者、企业与消费者能够通过互联网平台实现多维度的价值关系，以满足多主体多元化的需求，从而产生微观主体间的协同效应，同时实现个人与社会的利益最大化。

由于技术水平不足、地理环境约束、认知不足等原因，供求双方无法获得足够的有效信息并加以整理、利用，导致大量闲置资源的存在，难以实现效用的最大化。专业化数字平台的出现改变了这一现状。在数字经济时代，未被利用的数字资源可以凭借专业化数字平台信息集聚的功能，通过信息交互、平台分类、自动匹配等流程实现价值创造（费方域等，2018）。专业化数字平台在整个过程中发挥着连接要素供求双方的核心节点作用，将分散的需求所构成的需求池与分散的供给构成的供给池相连接。数字平台所具有的正外部性使平台本身具有规模效应。这种规模效应所形成的正反馈机制与平台参与人数联系紧密，供求双方数量需达到一定水平，数字平台才能充分地发挥规模效应，使数据信息的收集、分类、整合、交互更加顺畅，供求匹配更加高效（郑联盛，2017）。也就是说，数字平台的连接机制克服了信息不对称及信用约束，促进了供需双方的有效匹配，实现了边际成本递减与规模经济。

在高效的供需匹配机制下，行为主体能够逐渐接近价值最大化状态：从供给端来讲，资源利用效率的提升可以有效实现资源的经济价值，使得供给方在拥有资源所有权的同时提高收益；从需求端来讲，数字化平台为需求方提供了无须付出较高成本而获得产品或服务的使用权机会，提高了个人福利水平（郑联盛，2017）。如此，行为主体价值趋向最大化的过程中，社会资源配置的效率随之趋于最优化，最终实现社会价值的最大化。

第四章

数据要素与数据产品

第一节　数据要素的特征

数据要素与土地、劳动力和资本等传统生产要素具有共性，然而，数据作为一种新型生产要素，又具有其特殊性。

一　规模报酬递增

数据是知识的原材料，数据要素与知识要素属性相似，二者固定成本偏高，而边际成本较低，因此皆具有较强的规模经济属性，且规模小、种类少的数据要素所涵盖的信息量的使用价值极其有限，只有规模庞大且种类丰富的数据库才能满足大多数用户的需求（徐翔等，2021）。另外，数据要素是可再生的，可以被无限复制并循环利用，使用者增加并不会贬损数据资产的价值，也不会影响其他使用者的效用，即增加数据要素产品供应的边际成本为零。随着使用者数量的不断增多，数据规模扩大，其固定成本已经投入，而其边际传输成本非常低，数据要素将产生更多有价值的信息，规模报酬不断增加。如果某一数据库可以面向所有用户开放，将会产生显著的规模经济效应。同时，数据要素能够在用户的不断开发和利用中，源源不断地产生新的有价值的数据，在这种循环累积的过程中，数据要素表现出强大的学习效应，使数据要素的规模报酬呈现递增的趋势。因此，相较于传统的生产要素而言，数据要素的规模报酬递增这一特点更为显著。

二　正外部性

经济学中的正外部性又称外部经济，即经济个体或群体的生产和消费行为会给他人带来收益，而受益者无须为此支付的情况。数据要素的外部经济体现在两个方面（蔡继明等，2022）：一是数据要素供给方的外部经济，由于数据要素与知识资产相似，具有一定的溢出效应，数据要素供给方之间会相互受益于彼此的正外部性，互利共赢。二是数据要素需求方的外部经济，如果某一网络的用户黏性较大，用户数量较多，会提高这一网络的边际收益，当这种边际价值超越某一阈值，该网络价值将产生爆发式的增长，且受益于搜索引擎的学习效应，学习速度加快，使用者将得到更多的信息反馈。

三　可再生性

依据传统经济理论，所有的生产要素都是稀缺的和不可再生的，与人的无限需求相矛盾，因此衍生了如何对有限的生产要素进行合理配置的问题。而数据生产要素与之不同，数据要素在参与生产活动中会源源不断形成新的要素形态，不因使用者增多而减少，它可以无限循环被利用，且其价值随着使用次数增多而提升（戴双兴，2020）。这与数据生产要素可以被低成本复制紧密相关，其流动性强，对其进行复制使用所需付出的边际成本较低，因此在数据要素的使用过程中，不仅不会消耗存量，反而会产生更多的数据要素。

四　产权模糊性

数据要素的产权界定难题一直悬而未决，产生一系列市场问题，譬如价格扭曲、用户隐私泄露、信息不对称等，这将引起大数据交易市场混乱并最终导致市场失灵（赵豫生和林少敏，2020）。究其原因是我国目前有关数据产权和数据交易方面的法律法规尚不健全，无法精准对平台用户的个人信息进行合理化保护。科斯产权理论认为，数据交易过程中产生的外部性难题需要通过明确的产权措施来解决，这需要政府牵头，制定规范化措施明晰数据产权，同时需要市场配合，积极响应政府制定的产权制度，推动数据要素有序流通。

五　非排他性

传统生产要素所具备的排他性是指当使用者在使用生产要素时，会对其他使用者使用该生产要素产生影响。土地、劳动力、资本等生产要素均具有较强的排他性特点。而数据作为生产要素不同于这些传统生产要素，某用户使用某种数据要素，并不会对其他使用者产生影响，即数据要素可以被无限复制给不同的使用者同时使用（戴双兴，2020）。同时，不同的企业平台可能拥有同一个用户的数据，但是这些平台之间不会影响彼此对该数据的使用。

六　互补性

数据要素的互补性指的是数据要素往往不会单独作为生产要素存在于生产环节，而需要与其他生产要素相结合，使生产要素之间发挥协同效应，将数据要素与传统资源充分结合，发挥“1+1>2”的效果，从而推动全要素生产率的提高（戴双兴，2020）。基于数据要素的互补性特征，数据要素应当突破自身边界，融入各个生产环节，与其他生产要素相辅相成，互为补充，进而完善现有资源配置框架，形成推动经济高质量发展的资源配置方式，发挥对经济增长的乘数作用。

第二节　数据要素市场化配置的理论基础

一　生产要素按贡献参与分配机制

1987年，党的十三大提出社会主义初级阶段实行按劳分配为主体、多种分配方式并存的分配制度，将非劳动要素合法化参与到分配过程中。1997年，党的十五大进一步指出将按劳分配与按生产要素分配结合起来的分配制度，将党的十三大提出的两种分配方式有机结合，虽然将分配关系进行理论化概括，但此时经济学界存在着按生产要素所有权分配与按贡献分配的两种对立观点。2002年，党的十六大确定了将各种生产要素按其贡献参与分配的原则，这将党的十三大的总体描述性构思与党的十五大的初步理论探索进行了高度升华。而后在2007年，党的十七大提出要健全按照生产要素分配的制度。2012年，党的十八大提出“完善劳动、资本、技术、管理等要素按贡献参与分配的初次分配机制”。2015年，党的十八届三中全会指出要健全资本、知识、技术、管理等要素由市场决定的报酬机制，首次将知识作为生产要素参与到按贡献决定报酬分配机制中去。2019年，党的十九届四中全会进一步指出“健全劳动、资本、土地、知识、技术、管理、数据等生产要素由市场评价贡献、按贡献决定报酬的机制”，强化了对数据作为生产要素参与市场分配机制的重视。

数据要素参与市场分配机制的主要原因是由于其使用价值（李政和周希禛，2020）。数据要素与劳动力要素、资本要素相结合后，能有效提高生产效率。譬如，数字技术通过对用户出行时间、交通偏好等信息进行挖掘，有助于共享充电桩、共享单车等共享工具的精准投放，催生共享经济模式；在线问诊、线上教育、电子商务以及远程监督等线上服务形式与商业模式广泛开展，克服了传统的地理障碍，大大地提升了办公效率与人民生活质量；农田测量技术的应用，使土壤和农作物的管理更加精细化，降低人力成本并提高农产品质量，提高农户收益。从经济学角度看，数据要素参与生产中，单位劳动时间内所生产产品的使用价值量得以提升，进而提高了劳动生产力，因此数据要素是社会生产财富的催化剂，它能够有效推动各种生产要素协作发展与网络共享，为现代化经济体系建设注入新动能。

数据要素只有在市场中处于流通状态，才能最大限度发挥其作用（孔艳芳等，2021）。而市场作为资源配置的主要方式，其“看不见的手”作用发挥需要在一定的生产力发展阶段和技术水平上才能显现。在农业经济社会中，以农业为基础的自然经济具有绝对的主导性地位，社会生产只是为了满足个体需求，对于生产要素的分配以氏族或执政者的计划分配为主导。工业革命之后，生产力水平实现质的突破，社会实现多样化生产，生产者除满足自身需求外，产品出现剩余，生产目的不再拘泥于满足个人需要，而在于满足市场需求，交易方式、交易场所、从业人员等市场构成要素迅速发展起来，商品经济过渡到了市场经济，于是市场成为资源配置的主导。

在市场配置资源的模式下，数据要素的流通范围分别为同一主体内部的数据交流与不同主体之间的数据交易。就目前而言，数据资源主要集中在政府与各大互联网平台。政府的数据资源本质上是一种社会公共资源，其目的是实现社会效益最大化，因此以政府的配置为主导。而企业平台则以利润最大化为目的，根据市场需求有序流动。然而当前市场配置数据资源的机制并不完善，因此企业数据大多用于企业内部的经营所需，以企业集中配置为主导。为了使数字经济持续繁荣发展，有必要以市场为主导，采取优胜劣汰的选择机制，有效搭建数据流通的连接途径，使数据购买者可以基于自身需求而自由选择其所需的数据产品与服务，数据生产者可以基于市场需求与自身要素禀赋优势有效生产数据产品，促进数据产品的跨区域、跨行业流动（谢富胜等，2019）。数据要素市场化配置的内涵就是以市场配置资源为基础，引导同一主体内部的数据交流使用向不同主体之间以市场导向为主的资源共享模式转变，体现了提高数据要素配置效率的最优方式。

当前多种分配方式并存的原因主要有两个：一是社会主义初级阶段的所有制结构；二是不同经济主体的产权关系相互独立。不同产权主体在多种所有制经济模式下有充分的自由度寻求自身利益最大化的发展模式。要素所有者则可以基于其资源禀赋，在要素稀缺的市场中合理配置既有资源，根据这种正向激励模式，各种生产要素被有效利用。而数据资源既是稀缺的，也归属于不同的产权主体，因此需要按贡献参与市场分配，有效发挥其生产效率。数据资源作为生产要素参与市场配置，有利于增加数据生产者的积极性，从而推动数据流通与有效使用（蔡继明，2022）。

同时，内生经济增长理论认为，知识作为独立生产要素，以边际生产力递增的形式出现在生产函数中，从而实现技术进步与经济持续增长。现如今，传统经济增长转型为创新驱动型增长，数据作为创新发展中的重要一环，其重要性不言而喻。不断完善数据要素按照其贡献参与市场价值分配的机制，有利于更好地维护数据所有者的合法权益，推动数据平台构建与知识传播，为科技创新提供更广阔的信息渠道，促进数字经济健康发展。

二　数据要素参与市场分配的形式和机制

（一）数据要素参与市场分配的形式

数据要素参与市场配置主要有以下几种形式：一是作为个人和企业私有的数据要素参与市场价值分配，其主要在平台经济模式下产生，通过平台所提供的服务和机会间接实现，这离不开完善的市场竞争机制。二是数据产业链上所有的企业和个人对其所拥有的数据要素的贡献都具有收益权，其收益权的实现需要对数据要素的具体贡献做出合理评估，以便于实现公平的分配机制（刘月，2021）。而市场交易过程是动态变化的，数据要素参与分配过程中的买卖双方身份并非一成不变，譬如，平台经济中的商家是数据要素的卖方，其所得收益依赖于平台用户的使用量与报酬率，然而其经营离不开平台作为依托，商家需要向平台所有者支付平台使用费。当平台对商家有偿提供的数据信息进行整合与分析后，数据要素价值得以提高，商家对处理后的数据有需求时，还需要支付费用来购买其所需数据信息。

（二）数据要素参与市场分配的机制

数据要素的市场化配置机制一方面由市场供求决定，符合市场经济的一般规律，另一方面又有其专属特点，具体如下：

1. 数据双边网络效应的竞争机制

数据生产与数据流通具有显著的外部性，数据生产者所得利润随着数据使用者的增多而快速增长，而数据使用者的效用也随着数据交易规模的扩大与平台用户使用者的增多而飞速提升，数据买卖双方互惠互利，双边网络效应较强（何爱平和徐艳，2021）。市场经济中，市场主体之间只有竞争与博弈的关系，不存在绝对权威。竞争机制有利于促进资源有效配置，使经济实现优胜劣汰，提高市场运作效率。数据要素市场中，双边网络为竞争机制的合理运行提供了合适的环境。但拥有数据优势的大型平台企业具有技术壁垒与资本优势，可以引进先进设备，获得超额利润，提高其市场竞争力，实现正反馈循环的累积效应。而小企业的市场竞争力相对较弱，为了谋求长期发展，它们往往倾向于依附大企业，将资本、劳动力、数据等优势资源向大型企业集聚，强化了规模效应。因此，数据要素市场具备垄断特征。在商业利润的驱动作用下，优先进入市场的企业可以凭借其要素禀赋优势，对后进入者设置进入壁垒，对数据使用者进行“大数据杀熟”，并采取捆绑销售等方式加深数据链条的垄断性特征。同时，优势竞争者提前就市场交易价格签订垄断协议，可以实现横向垄断，使竞争机制对数据要素的配置作用失灵。

2. 数据要素市场的供求机制

市场经济中，供给与需求的决策主体是微观企业与个人，由此形成宏观层面的供需总量与结构特征。由于微观主体在面对市场动态变化时的反应与决策可能不相同，因此宏观层面的经济往往出现波动。供求失衡状态下，供给方与需求方基于价格与竞争机制进行调整，形成供求机制，引导生产要素的合理流动。市场供求机制为数据要素合理配置提供了协调机制。数据要素与一般商品的不同点在于，数据要素前期生产时需要较高的研发投入资金，且技术要求较高，因此容易供给不足。而后期价格持续下降，供给量持续增加，引发供给过剩而需求不足。

3. 数据要素的价格决定机制

市场价格代表产品价值在市场中的实现水平，对数据流通方向发挥信号作用，完善的市场价格机制有利于传递有效的供求状况信息。数据产品的价格决定机制错综复杂且动态变化，符合马克思主义的价值规律。数据产品生产过程中所付出的劳动凝结成价值，并决定数据产品的价格，价格以价值为基础，但不完全等同价值，而是围绕价值上下波动。数据商品价格与一般商品不同的是，数据商品价格与价值的契合程度取决于使用价值与需求的拟合程度。同一数据产品所带给消费者的效用在不同的使用环境下具有较大差异。供给者以数据产品价值量为基础，并结合成本、市场竞争、生产成本、相关产品价格等影响因素，形成合适的数据要素价格。其价格区间为需求者的最高支付意愿与供给者的最低预期价格，并结合数据产品的需求量与所产生的效用，以及市场竞争状况和买卖双方的谈判方式，形成最终的数据要素市场价格。

三 数据要素参与市场分配的难点

当前我国的数据要素市场处于初步探索阶段，面临着一系列问题。

（一）数据产权界定模糊

市场配置生产要素的前提是产权明晰，而数据要素权属问题较为复杂，涉及生产者、使用者、加工者等多个利益主体，与所有权、使用权、管理权、交易权等多个客体（戚聿东和刘欢欢，2020）。现有法律难以明确划分数据要素权属的主体与客体。所以，数据要素的产权界定工作仍面临诸多问题。在产权界定尚不明晰的阶段，数据交易存在极大的困难，可采取的措施为先界定哪些数据要素可以交易，哪些数据要素不可以交易，而非模仿传统生产要素先确权才能交易的途径。虽然近年来随着《大数据使用条例》在一些城市陆续普及，但我国尚未形成系统的制度体系与完善的实践模式。

（二）缺乏基础性监督管理体制

监管体系与市场经济紧密相连，数据要素来源的合法性、数据信息的安全性、数据产品价格的合理性以及数据市场利益主体权益的合法性均需要完善的监督管理体系作为保障（万正艺，2021）。政府监督、行业自律、公众参与等多方位的监管体系是有效监管的前提。当前，由于技术、时间、资金等条件的限制，数据使用者难以完全决定其自身所产生数据的使用。企业平台作为收集用户数据的主体，具有计算、分析、清洗数据的各项职能，为用户提供各种中介服务，利益最大化是其经营目标，因此企业平台的自我监督难以保持其应有的中立性，还需要强有力的政府监管与市场监督。近年来，我国的大数据监督管理机构数量逐渐增多，但目前各部门的职能分工、具体的监管措施与惩处办法依然处于探索阶段。

（三）缺乏完备的市场秩序

数据要素合理流动与数据产品有序交易离不开稳固的市场竞争规则、合理的进入与退出准则、完善的交易秩序与监管措施。然而，当前配套设施难以跟上大数据经济突飞猛进的发展步伐，制度缺失与法律监管不到位使数据要素市场中不法现象频生，非法撷取用户信息、盗取商业机密、威胁国家数据主权等事件与日俱增，数据安全风险较大，严重干扰了市场秩序。

（四）数据产品价格难以确定

由于数据要素的成本与数据产品收益难以确切评估，且数据要素自身动态变化、效用敏感，使数据要素供需主体之间难以协调交易价格。而数据交易市场尚处于探索阶段，数据交易信息不对称问题严重，买卖双方信用体系难以构建，增加了合理市场价格的形成难度。近年来涌现了大量关于成本定价、博弈模型、消费者感知等各种定价策略的研究，学者对数据产品价格的形成过程进行了各种实证探讨、数理分析和情景模拟等。然而现有的定价方式大多参考历史价格，数据交易的发展历程较短，难以提供合理参考，且数据交易的定价因人而异，受个体主观因素影响较强，科学合理的定价机制并未出现。

四　数据要素参与市场分配的关键

市场决定生产要素报酬，不仅需要基于要素的供求关系，也需要根据不同要素的贡献程度。宏观层面上，生产要素在市场分配中的份额受其对经济发展的贡献度与重要性决定。大数据时代，数据成为重要的生产要素，对生产力的作用不容忽视，其在市场分配中所占份额逐渐增大。数据作为重要生产要素参与市场分配环节，有一些关键点需要注意。

（一）数据要素的产权问题

第一，数据可以根据其产生主体分为商业数据、政府数据以及个人数据。其中商业数据包括企业的商业秘密、技术专利等；政府数据一般作为公共资源向大众开放访问并公开使用；个人数据涉及用户的个人隐私，包括其财产权与隐私权。总体来说，不同数据要素的产权界定均面临着一些问题，且问题不尽相同。但数据产权并非一成不变，而是随着使用情境改变而动态变化，并具有新的产权属性，因此在数据要素交易之前对其产权提前界定较为困难，需要基于国内现实状况，参考国外有关数据产权界定的相关经验，以尊重用户隐私权、立足于数据要素市场贡献、保护用户合法权益与企业利益为基本原则，并根据数据要素类别来确定其产权属性。

第二，数据产品包含内容、收集、存储、管理以及分析五个方面，其中数据内容是前提，数据收集、存储、管理与分析是处理数据以产生收益的重要保证，这些环节环环相扣，其中涉及众多参与人与利益主体，因此在对数据要素分配报酬时需要公平兼顾所有参与人的利益。对数据处理参与者的利益分配，可以根据技术要素市场分配的途径，如专利利润、技术入股等。对数据所有者的利益分配目前依然缺乏相关参考办法，需要进一步对其探索。同时，应当积极开拓各种商业模式，如数据资源开发、数据链建设、数据云储存、内容多样化使用等，由此形成系统的市场分配模式，以达到高效使用数据要素的目的。

第三，要认识到数据在本质上是一种国家资源，其最终目标是为国家的发展做贡献，为民生谋福祉，并非个人可以独占，因此国家需要在某种程度上对数据具有控制权，需要加强立法以保证数据被合理使用（袁志刚，2021）。

（二）数据要素的使用与保护问题

数据作为生产要素投入生产后，如何正确使用数据是提高生产效率的关键，但数据使用过程中容易发生权责矛盾，数据保护至关重要。

第一，个人数据隐私保护与数据要素深度挖掘使用的矛盾。随着大数据被平台企业广泛收集，个人数据容易被他人获取，用户逐渐失去了对其个人信息的控制权，但公众对数据安全和隐私保护的意识日渐提高，需要严格的法律法规来保护用户合法权益，并赋予用户个人数据支配权、知情权等。第二，数据共享与数据产权保护之间的矛盾。譬如，微软公司的 MS Celeb 数据库是全球最大的面部识别公开数据库，拥有大约 10 万人的面部数据，这些数据通过采集用户个人图像的方式获取，但并没有得到用户正式授权许可，且由于其存在用户隐私可能被窃取的风险，微软最终决定删除此数据库。目前，中国依然存在数据非法获得与违规交易的现象，严重影响了大数据产业的可持续发展，威胁到用户信息安全，数据监督管理体系需要进一步完善。

近年来，在全球范围内，数据产权与用户隐私保护逐渐被各国政府当局重视起来，中国在有关数据安全立法方面应当学习国外先进经验，促进数据要素参与全球治理与保护。一方面既要尊重与保护用户个人隐私，采用法律途径保护数据产权不受侵犯；另一方面又要深度挖掘数据要素，推动数据广泛共享，扩大公共数据合理的开放使用范围。同时应当推动中国数据监督管理体系向世界靠拢，提高我国在世界数据治理领域的话语权，积极融入国际数据产业链。

（三）数据要素的合理分类问题

数据是大数据时代重要的战略性生产要素，应当被合理利用与保护。并非所有数据均可参与到市场收入分配环节，还应当基于其特征属性科学分类。譬如，根据数据要素的敏感程度进行分类，属于国家安全层面的高度敏感数据，需要强化保护措施并控制其进入市场分配环节。

公共物品指的是具有非排他性与非竞争性的物品，如空气、法律法规等；私人物品指的是具有排他性与竞争性的物品，如私人财产；准公共物品则介于私人物品与公共物品之间，具备非竞争性和适度的排他性，或者具备非排他性和适度的非竞争性，如教育、医疗、高速公路等。根据公共物品、准公共物品以及私人物品的含义对数据要素进行定义，数据具有明显的非竞争性特征，其可以被多个用户重复利用，且其效用不会因使用者的使用而降低，反而会因为使用者规模扩大而提高使用价值。而数据的非排他性特点，容易对用户个人隐私产生不利影响，因此需要完善相关制度措施。如果法律难以完全保护用户隐私不受侵犯，则需要赋予个人数据一定的排他性。但这将在一定程度上对数据共享并充分投入生产环节造成限制，不利于数据的深度挖掘与广泛使用，妥善的解决方式是赋予个人数据有限的排他性，使其成为准公共物品。而不涉及个人隐私的数据如气候数据、土壤质量数据等可以作为公共物品被大众获取使用，不能被单个企业所占用。

（四）数据产品的交易机制问题

当前中国并未建立统一规范的数据产品交易市场，各地方数据产品交易市场独立存在，彼此之间未能形成统一的交易准则，且其数据记录、信息披露、注册标准等制度尚不完善。为了解决这些难题，需要做到以下几点。

第一，应当在中央政府的指导下建立统一规范的数据产品交易渠道，完善交易体系，实现不同数据产品交易市场之间的数据资源流通。

第二，政府提高公共数据的开放水平，完善共享机制，并鼓励不同产业与企业参与数据产品交易市场中去。

第三，对于数据质量严加监管，政府和企业都要参与到数据治理与数据考核机制中去，对质量不合格的数据及时剔除与更改，同时引进第三方评估渠道，保证数据质量的准确性（李政和周希禛，2020）。

第三节　数据要素的确权与管理

一　数据要素确权的产权理论基础

数据资产作为市场配置体系的重要组成部分，其确权问题一直是讨论焦点。对数据要素合理确权事关国内数据要素市场的健康发展，但当前国内数据要素的确权仍面临着诸多困境。原因如下：①由于经济政策的不确定性，在数据要素权属的划分时，经济主体难以预判到未来经济市场发展的每个方面，这给数据要素权属的认定和交易带来了极大的不稳定性。②在中国，数据作为生产要素的发展历程尚短，数据要素市场建设并不完善，因此数据要素交易体系的构建尚不成熟，难以对数据要素买卖双方的权责进行合理界定。③由于数据要素自身的非排他性、一致性与易复制性，数据交易双方容易处于信息不对等地位。例如，数据购买者在购买数据之前无法得知数据质量与真实价值，而数据所有者将自身拥有的数据出售给使用者之后，其自身难以完全控制数据要素的所有权，数据要素面临着被使用者不当使用或再出售的风险。可以看出，中国的数据要素合理确权任务仍任重而道远。

首先，数据要素的易复制性并非是指其易于加工，初始数据并不能当作生产要素使用，而经过加工的数据才具有使用价值。复制初始数据虽然简单，但对其进行存储、计算、分析与深度挖掘需要投入大量资源，数据只有经历过“要素化”的加工过程才能作为产生价值的生产要素投入使用。其次，数据的一致性并非是指数据要素价值的一致性，数据要素不像传统意义上的商品可以进行标准化定价交易。数据要素的使用离不开具体场景，不同运营主体所产生的数据源及其对数据处理与存储的方式差异较大，因此，数据要素市场建设需要基于已经要素化的数据资产特点与商家自身需求，而非针对未经加工的原始数据。最后，数据的非排他性也不等于成本为零。数据要素化过程中需要搭建数据平台，投入大量知识与资本，虽然某人使用数据并不影响他人对该数据的使用，但并不代表生产与加工该数据毫无成本，应该无偿共享，因此，数据要素确权是非常有必要的。

根据现代产权理论来分析数据要素化有利于更好地理解数据要素确权交易（李刚等，2021）。数据要素化的过程相当复杂，且具有较强的规模效应和范围效应，需要依托专业平台长期进行，并持续投入大量的人力与资金，这些依靠个人难以实现。具体而言，假设平台 1 与用户 2 签订了平台使用合同，他们分别进行专属性投资 a 与 b。而后用户 2 使用平台提供的各种服务并在平台留下痕迹，即原始数据，平台 1 经过一系列的数据传输、存储、分析等处理过程，使要素化过程后的数据再次投入数据交易过程，那么数据要素的产权应当归属于谁？显然，在这一要素化过程中，原始数据只有经过平台 1 的处理后才能产生使用价值，用户 2 虽然贡献了原始数据，但并不能够将数据要素化处理并投入生产使用。因此，对于数据要素的最终产出而言，平台 1 的边际贡献大于用户 2 的边际贡献，因此该数据要素的产权应当归属于平台 1。而在现实中的平台 1 与用户 2 往往是一对多的关系，且用户 2 容易在双方协商中处于劣势地位，平台 1 可能会为了追求更高的利润而损害用户 2 的利益，所以有必要采取用户隐私保护手段，但这种规制应当交由第三方进行公证规定与执行，从而避免数据要素的产权归属模糊。由于缺乏产权激励，投资积极性不足，以及受技术条件制约，当前数据要素的存储率并未满足生产投入的要素需求量，数据要素确权问题对数据要素市场运行机制意义重大。

二 数据要素的确权思路

关于数据要素的权属问题，目前有两种主流观点：一是由于数据均产生于数据主体的行为活动，个体参与社会活动便会留下相应的数据记录，其中也包含了大量的隐私数据。离开行为主体，数据资源便不复存在，考虑到对数据主体的隐私保护，数据要素的所有权理应归于其各自的行为主体。二是考虑到数据要素化过程离不开商业主体的投资，商业平台通过对数据资源进行存储、分析、计算等一系列过程，形成了具有使用价值的数据资产，因此数据要素的产权应当归企业所有（熊巧琴和汤珂，2021）。这两种观点的判断依据不同，前者基于数据来源与用户隐私；而后者基于市场运作方式。产权是对社会基本权利所做的制度安排，由于大数据交易市场普遍面临的信息不对称性与不确定性风险，引致了大数据交易费用。科斯第二定律认为，如果交易费用大于零，不同的产权界定所导致的资源配置效率是不同的。企业经营以利润最大化为目的，通过合理配置资源可以提高其经济效益。数据要素的产权界定无疑决定着数据企业的资源配置效率，从而影响数据产业的发展前景。

各种平台上产生的数据需要明确界定其权属归于用户还是平台企业。但是不同的平台应用情景导致数据要素产权具有差异性，用户与平台企业分别在何种程度上具备对数据要素衍生的权利更是因具体情况不同而不同，因此目前尚不存在一个统一的标准对所有情景下的数据产权进行明确划分与界定（余圣琪，2021）。单就数据要素的特征而言，数据要素的非竞争性与无限复制的特点，使其在市场流通过程中极易被其他使用者随意复制与加工，而数据溯源成本高且周期长，并且数据生产者与数据占有者何者为数据所有方也一直争议不断。个人用户在使用平台过程中产生的数据是企业争取垄断利润的主要资源，学者有从价值创造视角出发，认为数据要素产权配置当属平台企业，有从逻辑链条考虑，认为个人用户作为数据要素产生的源头，理应具备数据产权，也有学者认为数据作为一种特殊生产要素，其权属界定本就为一个悖论。

为了避免数据资源权属界定不明所可能引致的后果，学者主要从三方面探索解决数据要素的确权难题（彭辉，2022）：一是重点关注财产权，规定二元权利结构。当数据产生环节主导市场时，数据产权应当归属用户所有；而当数据加工和使用环节主导市场时，数据产权应当归平台企业所有。法学研究同时考虑了数据用益权问题，提出同时承认数据所有权与数据用益权的二元权利，即数据产生者具有数据要素所有权，数据处理者具有数据要素的用益权，这一理论相对完善，然而在具体操作过程却存在种种困难，譬如用户与数据平台各占多少要素份额、用户提供多少数据、平台分给用户多少收益等诸多问题。二是构建新的确权机制，要素所有权这一提法适合竞争性物品，而数据这种非竞争性物品更适合数据接入权。因为用户与平台进行数据权属交易的谈判并不常见，而平台企业向用户申请数据使用许可权限更为普遍，但是这种做法会导致平台过度收集用户数据的问题，平台向用户的申请大大超越了其提供的数据许可。三是将数据要素市场视作共享经济市场，将数据视为公共物品。由于共享经济是接入经济的一种典型形态，那么可将使用数据要素看成取得其接入权，然而其前提是数据由市场参与者所共享，这显然是不可能实现的。

总的来说，数据确权主要是基于数据基本属性的研究，以此为根本来讨论数据要素衍生的权利与收益在用户和平台之间如何公平分配。虽然这一思路并不完全保证能够产生一个标准化的数据确权框架，反而有必要对不同的数据要素使用情景进行具体分析，这将会增加数据市场的交易成本。因此，数据分级授权机制为这种困境找到了一个突破口。基于用户使用平台所产生的各种数据痕迹，在用户与平台之间形成不同级别的授权协议，便于平台基于这些授权协议使用数据要素开展不同的生产活动。由此，数据平台无须投入精力考虑其使用数据资源的复杂权属问题，可以直接通过市场化的授权协议来合理使用数据要素。再者，数据要素分级制度有利于完善要素市场，从根本上解决数据产权确定问题，便于数据要素流通与交易，提高数据市场效率。

三　数据要素的授权分级机制

政府对数据要素市场分级授权，需要明确规定，严加执行，如果平台企业按照政府分级授权要求合法经营，则应当准予其从业许可，如果平台企业违反政府关于数据分级授权的相关规定，则应对其实施相应的惩罚措施。如何对平台企业进行具体的分级授权，需要设计一个完善的数据要素市场分级授权机制，有力约束平台企业的经营行为。完整的标准化分级数据授权体系可以根据数据权属的内容而划分不同的授权级别（曾铮和王磊，2021）。其中，①Level 0：拒绝授权，用户完全不授权所有数据。②Level 1：最小授权。用户仅授权满足自身所需服务的数据的用益权，且这些数据只能用于为用户提供满足自身所需的数字服务。③Level 2：条件授权。在 Level 1 的基础上，用户同意收集这些数据的个人或组织可以基于所收集的数据辅助算法改进，提升其所需数字服务的质量。④Level 3：部分授权。在 Level 2 的基础上，用户授权满足自身所需数字服务以外的数据的用益权，且同意收集这些数据的个人或者组织可以基于所收集的数据辅助算法改进，提升其所需数字服务的质量（授权支撑交易）。⑤Level 4：高级授权。在 Level 3 的基础上，用户同意收集这些数据的个人或组织可以基于所收集的数据再加工，转让出售并用于研发数据产品或提供隐私计算服务等商业盈利活动。⑥Level 5：完全授权。在 Level4 的基础上，用户同意收集这些数据的个人或组织可以交易所收集到的数据。

四　数据要素确权的关键点

数据要素的确权不单单是判定数据资产归谁所有，在数据市场上，数据生产要素的相关权利归属问题不仅涉及用户与平台企业，更是涉及用户与政府、平台企业与平台企业、平台企业与非平台企业、平台企业与政府等诸多关系（王伟玲等，2021）。譬如，平台企业之间存在着数据撷取、数据竞争、交易壁垒等问题，如果数据要素只归属于某一方单独所有，不利于市场资源的有效配置。而如果数据资源可以完全公开从而被所有市场主体利用时，便容易产生“搭便车”现象，导致生产过程中缺失的数据要素得不到及时地提供与处理。因此数据确权是优化数据资源配置、提高数据资源效率的基础性条件。市场经济中，数据生产要素存在私人所有的可能性与合理性，数据要素灵活流转离不开数据要素确权这一前提。

如果数据要素产权模糊，企业和个人的数据容易被窃取和滥用，这将对企业和个人造成极大的损失，且对数据资源被盗取而造成的自身利益损失进行维权比较困难，一是由于相关法律保障尚不完善。二是由于大多数数据难以满足商业机密的维权等级。而且数据维权也会造成司法资源的损失，因此，从整个社会福利来看，依靠反垄断法、反不正当竞争法等途径进行维权，即便事后补救成功，依然也产生了一定的沉没成本，具有极大的被动性（陈希，2021）。事前明晰产权界定更能提高资源配置效率。

明确数据产权并不绝对指把数据产权归属于平台企业，合理公正的数据确权机制可以有效防止平台企业使用数据资源的垄断行为。虽然数据确权割断了用户免费获取数据的渠道，使数据要素不能在市场上自由流通使用。但免费获取数据的用户会对其他使用者产生负外部性，导致其他用户获取数据要素的成本增加。在完善的产权制度下，数据要素有序流通能够降低每个用户获得数据的成本，避免数据垄断。相反，如果数据产权制度模糊，企业将会投入大量的成本用于维护其自身数据安全，数字技术推广与数据要素社会化进程将会受到严重干扰，用户自身的数据隐私也会面临巨大风险。在理想的数据产权制度下，用户的个人隐私受到强有力的保护，贡献原始数据的用户也会得到一定的报酬。由于数据要素供给增加，降低了企业的生产成本与交易成本，企业更有动力去进行数字技术创新，继续生产高质量的数据产品。而政府也可以向广大用户公开和共享数据资源，扩大公众获取数据的渠道。

数据确权不仅仅是数据要素的占有权与使用权的归属问题，更涉及了各个产权主体如何具体分享数据要素所产生的红利的问题。而更困难的是，即使从理论角度对各方权益划分做出明确规定，然而在具体实践中也难以如理论规定那样操作。具体而言，制度安排可能不是矛盾焦点，数字技术的发展能否达到制度安排所能实施的程度，即数字技术发展水平是否与制度安排合理实施相配套，这或许是数据要素确权所面临的关键点。

第四节　数据产品的定价和交易

一　数据产品的定价

（一）数据要素定价机制理论基础

中央提出按要素贡献参与报酬分配的机制，有利于数据要素价值衡量，为完善数据要素市场定价机制明确了方向。数据产品的定价问题是数据要素市场化配置的核心，对数据市场交易具有基础导向作用。当前的数据要素市场发展依然停留在初步阶段，数据产品种类繁多，数据动态变化明显，数据规模庞大，数据质量参差不齐，数据更新不及时，数据价值评估困难，而传统价格理论难以完全解决数据产品的定价问题，为了对数据产品的价值合理评估使其充分地发挥市场功能，需要改进传统的定价模式。但不同的数据要素的产生方式、获取手段、自然和社会属性、使用价值、经济特征、外在表现等各方面均有可能不相同，现阶段难以形成一套标准化的交易定价体系。

市场价格机制包含了“市场决定价格”的价格形成机制与“市场在资源配置中起决定性作用”的价格作用机制。基于市场贡献的数据要素定价体系，经历了“价值形成—价格发现—竞价交易”的历程。当数据要素的价值确定之后，基于应用场景，可以对数据产品进行定价激励，在竞争市场中形成均衡价格。与期货市场的竞价定价方式不同，数据要素的价格形成更依托于价值评估与价格调节（欧阳日辉和杜青青，2022）。一方面，基于价值评估模型对数据要素价值进行量化处理，发现数据产品价格。另一方面，基于具体情景与数据要素的市场贡献，充分反映市场供求关系。所以，价值形成是数据要素市场交易的理论基础，竞价交易是数据要素均衡价格得以形成的激励过程，价格发现环节是数据要素价值形成与数据产品市场竞价交易的桥梁，对数据资产有效配置至关重要。

（二）数据要素资产化

数据要素资产化是实现数据价值的关键，数据要素经历了资源化、商品化再到最终的资产化过程，其实就是数据产品的价值发现过程。数据产品进入市场后，经过流通与使用，创造出独特的价值，为个人或企业带来预期回报，并推动社会进步。数据产品本身并不会独立地创造价值，而是在商品化并进入生产、分配、流通与消费各个环节后，同时结合其他生产要素如劳动、资本、土地、技术等通过互补、替代、赋能等方式更有效率地参与价值创造过程。具体而言，在生产环节，数据产品通过替代或赋能传统生产要素，协同企业生产，降低生产成本，提高产品质量，改善生产效率。在分配环节，数据链与资金链、人才链等相结合，极大地突破地域和产业的制约，将不同环节的产业链相互融合，打破了行业壁垒的制约，大大提高了资源配置效率。在流通阶段，数据平台链接了数据产品的储存、供给、分配、结算的全方位通道，极大地提高了人与人、人与物以及物与物之间的交流深度与广度，精准匹配市场供给与需求，实现了“点对点”营销模式，推动规模经济过渡到范围经济。虽然企业所积累的业务数据并不能全部用于交易，但其可以作为生产要素投入到企业生产与经营中去，也可以作为企业资产用于企业之间数据共享与战略合作中，进而提高企业的市场竞争力。

（三）数据产品价格决定机制

数据要素经过标准化处理，作为商品流通在数据交易市场中，除了自身所能提供的使用价值之外，其所在的市场结构与交易成本也是价格决定的主要影响因素（熊巧琴和汤珂，2021）。市场结构由买卖双方的供求关系决定，取决于数据产品的交易模式，成本则是数据产品价格的底线，而市场结构与交易成本均受数字技术的影响。由于数据产品的消费过程因消费主体的主观感受而有所差别，需求者对其所购买的数据产品所付出的成本与所享受的效应进行比较，从而形成对该产品的主观评价。需求者对数据产品的意愿支付价格包含了消费者的偏好水平、数据产品的成本、平台的服务水平等，并综合体现了数据产品的市场价值、服务价值以及特殊使用价值。因此，根据客户感知价值来决定数据产品价格是一个有效的价格决定方式。随着生产方式的智能化与规模化，消费模式多样化与定制化，消费者体验在商家价格制定战略中所占比重增加。与此同时，市场结构也会影响数据产品的价格决定机制，双边市场或者多边市场结构也会对数据产品的市场价格产生影响。各种交易中介如经纪人、交易所等都是搭建数据产品供需双方的桥梁，基于市场结构与网络链接，高效精准匹配数据交易的买卖双方，数据交易中介之间也呈现出不同规模的合作与竞争关系，从而实现理想的数据产品价格决定模型。同时，买卖双方或将采取一对一的直接交易模式，或将采取以中介为连接点的间接交易方式，不同的交易方式成本不同，因此市场结构也会对数据产品定价模型产生重要影响。

二 数据产品的交易难题

（一）交易生态

数据交易的外部难点可以立足于交易过程来分析（侯郭垒，2020）。交易前，数据权属存在争议且不确定性较强，且交易数据的合规性容易被质疑，这是由于数据的信息属性使之与实体商品不同，数据交易前买方并不了解该数据资产的详细信息，而一旦了解数据信息，又不需要继续购买数据信息了，因此数据交易无法实现“一手交钱，一手交货”。由于数据交易过程中信息不公开，买卖双方均面临着不同程度的信息不对称问题，因此出现摩擦时追溯责任是相当困难的，这便是数据交易所存在的天然脆弱性。交易中，数据传输具有安全性问题，容易在数据传输过程中遭遇泄露，或者被交易平台所攫取。这是由数据的无限复制性特征所导致，且复制数据要素的边际成本较低，这导致数据容易产生黑市交易、平台攫取数据等现象。譬如，A 将数据出售给 B，而 B 在黑市上将其购买的数据转卖给 C，那么 A 就失去了对数据的控制，难以对数据不法交易或者数据改写进行防范。又譬如数据交易往往在平台进行，如果平台将其攫取的数据用于出售，也将导致数据被滥用。这些都是数据的可复制性所导致的数据交易安全的脆弱性。为避免这种情况的发生，数据产权方可在数据传输过程中采取加密措施，并且保证数据交易平台无法得到数据。交易后，存在数据送达和争议解决问题，以及买方未经卖方许可，转卖、倒卖其所购买的数据导致买卖双方发生矛盾。这一方面是由于上述中数据的不确定性所导致，即数据购买前买方难以得知数据的全部信息，存在买卖双方的信息不对称难题；另一方面是由于数据的可整合性和非标准化特征所导致，即同一个数据集在经过拆分、组合、调整后就可以形成不同的数据集（数据产品），这使得数据交易容易产生争议且难以取证，譬如数据卖方将某时点的数据丢失，由此影响买方的使用，但这种争议难以提供证据进而进行过失判定。

因此，数据交易中的不信任难题大于实体商品。譬如，卖方担心交易后对数据失去控制权，买方未经许可而转卖或者倒卖其购买的数据；买方担心数据不是其预期的，甚至所购得的数据是不合法的；监管方（交易所）担心买卖双方交易的数据是否含有非法内容，如隐私、商业秘密或者国家机密；另外，法规政策、制度建设等不完善也会导致数据交易监管出现困难。

（二）数据特点

数据交易难题的内因主要由数据自身特点导致。

第一，数据产权的界定问题。一般而言，在进行任何商品的交易时，都要明晰交易商品的产权问题，即该商品的所有权属于谁，哪些权属是可以交易的。而数据交易过程各参与方容易缺乏对数据产权的统一认知，如某参与人并不具备某种数据商品的产权却出售了此数据，那么该交易将存在极大的交易风险。因此，数据产权模糊是数据交易困难的主要内因之一。

第二，数据的信息属性会导致数据交易中出现“信息悖论”难题，即数据购买之前买方难以完全了解所要购买的数据商品的所有信息，一旦其得知将要购买的数据商品的所有信息，便不会再出资购买，卖方利益将会受损。因此“信息悖论”问题也在一定程度上降低了买卖双方进行数据交易的动机。

第三，数据的可复制性将会导致买方抑或第三方平台截留、复制并未经原卖方允许而私自出售的行为，且由于数据的非竞争性，同一数据产品难以限制其边际使用者数量增多，从而无法像普通商品那样在交易市场上保护其所有权。

第四，数据并非标准产品，与传统的金融产品不同，数据产品具有较强的异质性，不同的数据产品可能是完全不同的，即数据具有衍生性、多样性，对某个数据产品做细微修改便会使其成为新的数据产品，因此数据交易场所不同于传统的股票、期货交易所，拍卖模式难以适用，数据交易所的价格发现功能较弱，集中竞价困难。但是数据交易所具有强大的追溯功能，可以将数据商品及其价格进行记录，这也是数据交易所与传统交易所的不同之处（冯科，2022）。

（三）解决数据交易难题

为了能够使数据像商品一样交易，解决数据交易难题，需要解决几个核心技术问题。

第一，解决数据交易的可追溯性，通过记录数据交易来防止黑市交易、保护义务衍生。数据类似于知识产权，数据交易保护方式可参考知识产权维护模式，如当一项专利技术研发成功并未上市，但有人已经商用该知识产权并且未经专利所有人许可，专利所有人便可通过法律途径维护权益，数据也是如此，一旦卖方数据未经所有者许可被商用，卖方便可根据数据交易所记录的数据交易情况进行维权，使数据非法使用者承认数据来源。同时，将数据保护义务衍生化，即 A 将数据卖给 B 后，二者签订协约保护其所交易的数据产品，并在数据交易所进行登记。

第二，保证交易所无法看见数据，对数据产品进行加密处理，以防止交易平台攫取数据并私自买卖，保护数据产品在交易过程中的安全性。

第三，实现“一手交钱，一手交货”，虽然数据难以如同一般商品那般真正地做到一手交钱，一手交货，但是如果数据产品在后续使用中被验证出现问题，可以根据数据可追溯性的交易记录，最终判定需要卖方还是买方应该对数据质量问题承担责任，以此解决数据交易争议。

第四，解决争议时，需要多方介入齐力解决交易难题，防止一方偏私或者证据不足，提高数据交易争议解决的效率与公正。

第五，监管解决方案，譬如采用新一代监管沙箱，界定一个交易范围，包容审慎管理在“盒子”里的交易机构，并防止将问题扩散到“盒子”之外（梅宏等，2022）。在可控范围内实行容错纠错机制，并由监管部门对运行过程进行全过程监管，以保证测试的安全性并作出最终的评价。

一方面，作为进行数据要素交易的数据聚合平台应当在参照既有立法和标准的基础上，建立数据安全分级分类管理制度。数据聚合平台应当保证自身的数据分析加工活动和数据服务交易行为合法性和安全性，对涉及个人信息和用户隐私的数据需要取得用户的合法授权或进行匿名化处理。对于政府数据（公共数据）开放平台而言，更应当加强数据安全保护，防止数据泄露引发大规模社会安全问题。另一方面，应当要求作为下游主体的数据需求方具备保障数据安全的能力。相较于所有权移转的交易模式，数据服务因为不涉及原始数据的转移，实际上在安全性方面已经存在比较优势。但从数据要素流通规则的角度出发，数据聚合服务平台基于自身一对多的特殊地位，仍应当关注和把控数据交易和流动过程中可能存在的安全隐患，并将下游数据接收方是否具备保障数据隐私和安全审查的能力，作为是否达成数据服务交易的一项关键考量因素（商希雪和韩海庭，2022）。

综上所述，数据交易的基本解决方案主要是指政策层面厘清以下几点，具体如下：①首先明确规定什么数据可以交易，什么数据不可以交易，这需要政府制定数据产品技术标准。其次制定大数据安全标准，进行数据“脱敏”，根据不同行业标准，动态化、情景化、结构化地将数据中涉及的敏感字段去除。最后对数据制定分类分级的隐私保护标准（陈舟等，2022）。②明确交易卖方，由于数据权属界定不清是数据要素化的主要障碍，因此核心问题是数据权属界定，合理界定数据权属关系是扫除数据要素化障碍的有效途径。譬如，数据内容的所有者具有信息所有权，而数据的收集（加工）者具有物理占用权（用益数权）。③明确交易的是数据的何种权属，如交易的是使用权还是占有权，大多数情况下数据的使用权交易比例较大，而占用权交易比例较小。④明确数据持有者（交易买方）的责任与义务。一是按照持有者权属（使用权等）进行保护，即场景公正。二是要遵循保护义务衍生原则，即可追溯原则，保护义务衍生。三是防止数据泄露，如安全管理，事先预防、事中危机解决措施、事后补救措施等。⑤规定交易场所，明确交易规则，做好交易记录，提供交易证据，提供撮合服务和发现价格。

三　数据要素流动的微观情景

（一）数据自留

当数据卖方同样是数据资产的消费者时，数据卖方没有动机主动共享数据，但选择数据交易或自留使用则受到买卖双方风险偏好程度的影响（熊巧琴和汤珂，2021）。假设一个将数据资产金融化的场景，卖方将数据产品加工为数据基金进行销售。如果卖方是风险厌恶者，则卖方倾向于只销售数据基金，而不在二级市场中和数据买方进一步竞争。当数据无法被二次销售（如数据时效性较强）且数据持有者是风险中性时，其不会销售数据产品，而是倾向自留使用以减少竞争。当数据持有者是风险厌恶者而其他数据交易买方是风险中性时，则持有者倾向于销售数据产品以平衡风险分摊和竞争加强的影响，而不是自留使用。否则，数据持有者将选择销售数据和自留数据参与后续竞争的混合策略。

如果数据产品持有者既销售数据又使用数据（与数据产品买方存在竞争），此时主动共享数据资产违背理性原则。假设在一个古诺竞争、需求不确定、没有数据资产供应商的基准经济模型中，此时数据共享能促进企业更好地适应消费者的需求，从而改善消费者剩余和社会总福利。但是，企业竞争使分享数据后企业利润减少，因此数据资产的

“主动共享”对于企业来说是一个“囚徒困境”，局中人的上策都是不共享自身拥有的数据资产（梅宏，2022）。

（二）数据共享

数据主体主动共享数据的场景较少。在古诺竞争和需求确定的伯川德竞争中，只有企业面临的市场需求不相关、市场需求信号完美或者存在战略互补时，企业才会共享信息。在需求不确定的伯川德竞争中，只有当数据共享后，所有企业知晓其他企业和自身利润函数之后的策略相关性有利于自身利润，企业才会共享数据。此外，对具有公共基础设施、公共价值性质的数据和主体，或者对伦理、安全等有高要求以致法律限制交易的数据，各区域、各行业之间进行共享相关数据才是首选。为了解决数据孤岛问题，可以推行联邦学习等分布式机器学习方案，在符合政府法规与保护用户隐私的前提下，使不同用户共同使用现有数据，实现数据资源“共同富裕”（张荣佳，2014）。

（三）数据交易

数据交易按照应用场景可分为营销、风险规避和人员搜索三大类。其中营销是指运用数据列表和数据追加集等对消费人群进行分割、匹配、定位、营销分析和消费预测。风险规避主要应用于个人和机构等进行信用等级构建和诈骗检测。人力资源数据则多用于人员搜索应用场景。尽管不同数据交易的应用场景、具体的交易机制可能有所不同，但数据交易卖方策略的核心思想主要是差异化产品和价格，或只选择部分买方进行交易，其核心在于区分买方异质性，真实反映买方的效用。如果交易方的风险容忍度不同而卖方可以完全歧视，卖方倾向于对风险容忍度更高的买方收取更高的价格；如果卖方不能实现完全歧视，则会选择二级或三级价格歧视，促使买方自我选择。根据卖方对数据资产加工整合的精细程度，数据交易可分为直接交易和间接交易（熊巧琴和汤珂，2021）。直接交易指卖方直接提供未经加工的原始数据，如消费者的年龄、收入等数据，这是大多数潜在客户开发公司和一些金融数据销售公司采用的方式。间接交易指的是卖方通过对数据的整合再加工形成一定程度的标准品或数据资产组合。直接交易和间接交易都可以实现价格歧视。

四 数据要素交易模式

数据要素交易根据市场不同有不同的交易模式。在数据要素一级市场中，可建立分级授权交易模式；在数据要素二级市场中，适合建立分布式场外交易模式和交易中心模式，使两种交易模式并存；在数据要素三级市场中，应当建立分布式场外交易模式、数据交易中心和数据平台模式（梁继，2021）。

其中，数据平台是当前所普遍采取的重点交易模式，一个数据平台中往往有多个数据主体进行联合交易和计算，可以通过隐私计算等技术手段实现大规模联合计算生产相应的数据产品。目前，国内的数据平台交易模式主要有交易中介模式、数据产品交易模式、大数据分析结果交易模式（朱晓峰等，2021）。交易中介模式指的是数据平台只作为数据交易的通道，而不具备数据存储与数据处理职能。数据产品交易模式一方面指根据数据买方需求，基于众包、爬虫等数据获取途径采集相应数据，并经过整理打包提供给数据需求方；另一方面指数据平台之间进行合作，对数据收集、处理，形成数据产品并出售。大数据分析结果交易模式指的是数据平台根据买方需求对数据进行清洗、建模、分析等处理后再出售，而不只对基础数据进行交易。

五 数据交易平台

目前中国的数据交易平台建设并不成熟，需要遵循数据要素流通与数据产品交易的一般路径规划数据交易平台建设（张可法，2022）。一是建立健全数据要素制度体系，明确数据确权制度，规范数据要素流通途径，安全治理数据市场交易，严格监管数据安全，合理分配数据要素市场收益。二是丰富数据要素的供给体系，加快数据生产要素的市场流通，提升数据资源配置效率，优化区域数据资源结构，加强“东数西算”工程建设，大力开展长三角、粤港澳大湾区等发达地区的数据要素共享工程，优化西部地区数据算法，使西部地区的算力资源强有力地支持东部地区大数据的运算。三是打造数据要素创新体系，既要保护用户隐私，合法挖掘并使用数据，注重数据安全计算，通过技术手段避免数据要素确权难题，同时鼓励龙头企业开展数据挖掘示范试点建设，充分利用其所储备的庞大数据库资源，带动多源数据开发，基于行业特征提高数据要素自动化处理水平，增强数据安全性。

第五章

数字经济下的资源配置与平台经济

在前面几个章节中，我们对数字经济背景下产生的经济新特征和经济新要素有了一定的了解，那么新的经济形态到底给经济运行带来了怎样的变化呢？它是否影响了原有的经济运行规律呢？本章我们就来解释数字经济下的资源配置产生了怎样的变化，新产生的平台经济又有着什么样的特点，对原有经济造成了怎样的冲击与改变。

第一节　数字经济下的资源配置

数字经济下的资源配置得到了优化。微观层面数字经济能够降成本、促创新；中观层面数字经济能提升产业效能；宏观层面数字经济为经济全球化提供了新的动力。新的生产要素与原有生产要素之间的相互影响使生产要素资源配置机制得到了改变。学者从多个角度论证了数字经济对资源配置效率的提升作用。

一　数字经济下的资源配置机制

（一）数字经济优化资源配置机制

资源是稀缺的，对于任何一个经济体来说，都要在一定的范围内将其所能利用的各种资源要素进行合理分配，从而使各种资源要素发挥的价值达到最优。合理的资源配置能够节约大量的人力、物力与财力，带来社会经济效益的增加，而不合理的资源配置会造成社会资源的巨大浪费。随着社会和经济的发展，人们对各种资源要素的需求量与日俱增，然而大多数资源是有限的、不能再生的，不合理的资源配置会损害整个社会的福利水平。经济发展的一项重要任务便成为如何耗费最少的资源要素，生产出最优最适用的商品和劳务，获得最大的经济效益。资源配置的方式包括计划配置方式与市场配置方式。计划配置方式对于从整体上协调经济发展与集中力量办大事效果显著，但配额计划使市场变得消极被动，容易造成资源浪费。市场配置方式要求企业在商业利益最大化目标驱使下根据市场上供求关系的变化与产品价格的信息及时调整经营策略，市场从企业间的竞争中可以实现生产要素的合理配置，西方经济学中用“看不见的手”描述了市场配置资源的机制。完全竞争市场中价格自由地反映供求关系的变化，在价格机制、供求机制和竞争机制的相互作用下，生产者和消费者做出各自最优的决策。根据市场上价格的自然变动，资源自发地向着使用效率最高的方面流动，从而达到资源的有效配置。但在现实世界中，市场中充满着信息不完全不充分的情况，生产者和消费者通过自己掌握的不完全信息，无法做出纯粹理性的决策，导致市场存在资源短缺、资源浪费、资源错配等扭曲的资源配置情况。随着新一代信息技术的发展，数字经济时代来临，生产者和消费者拥有了更为完备的信息，“看得见的手”逐渐发挥了配置资源的基础作用。数字技术使人类社会的生产、消费和分配方式发生重大改变，数字经济与实体经济深度融合，极大地优化了资源配置效率。譬如，数字经济发展热潮中涌现出的平台经济大幅度减少了生产者与消费者之间信息不对称情况。平台企业掌握着供求双方大量数据，通过平台将生产者和消费者进行在线匹配，直接交流，在一定程度上解决了生产者和消费者信息不完全的问题（裴长洪等，2018），提升了资源利用效率。平台经济不仅使信息传递成本、交易成本、物流成本降低，而且降低了一些具有创新性的小微企业进入市场的难度，使市场机制可以更好地发挥作用，带动了整个社会福利的增加。

从微观层面看，数字经济优化资源配置机制是通过两个方面实现的。

第一，数字经济的发展能够降低企业搜寻、生产和交易成本，提高信息匹配准确率，减少信息不对称带来的资源浪费，进而提高交易效率，扩大交易规模，提升资源配置效率（于世海等，2022）。互联网的快速发展使信息的传输、处理更加迅捷，人与人之间的交流突破了时空限制，缓解了市场配置资源方式中企业获得信息的不完备问题。对生产者而言，企业能从更加公开透明的市场上获得更充足的供求信息。当企业拥有了更完备的决策信息，便能更大限度地获取到价格低廉的原材料与劳动力，学习优势企业的先进技术和经验，因此企业的生产成本降低，生产效率提高。利用互联网信息平台，企业间的交流与合作变得更多，生产企业能够快速精准地在平台上搜寻到符合标准的交易对象，及时与其进行沟通交流，突破了原有地理空间限制，企业的搜寻成本降低。企业间交易过程中遇到的各种问题能够使用更便捷的方式解决，企业的交易成本降低，交易效率显著提高。对消费者而言，消费者通过互联网平台可选择的商品范围在地理上和种类上均得到了扩大，更多物美价廉的商品和服务给消费者带来了更大的效用水平。供求关系得到更高效的匹配，企业也更容易了解消费者的需求，从而进行针对性的研发生产，提供更个性化的产品和服务。总的来说，数字经济的发展使企业降低了生产成本和研发风险，提高了生产效率，扩大了盈利空间，使消费者丰富了选择多样性，增加了整体效用水平。

第二，数字经济的发展能够改善企业科技创新的外部环境，提高企业科技创新的动力。一是中国科技创新的重要参与主体是企业，企业的创新活动具有高投入、高风险的特征。数字技术的发展使企业能够获取更完备的外部风险信息，减少了企业科技创新活动的外部风险。数字技术赋能使创新的外部环境得到改善，刺激了企业的创新活动，为企业技术创新提供了新动力。二是数据信息知识和技术具有外溢性、共享性等特点，能够让企业突破时空障碍在全球范围内学习新技术和新知识，比如落后企业可以学习和模仿先进企业在技术创新、管理制度等方面的经验，提高自身技术创新水平和管理技能，实现技术进步。三是互联网行业的发展扩大了市场交易规模，高度互通的网络资源提高了企业的价值创造和竞争优势，加剧了企业间的竞争力度，加快了技术和产品的更新速度。随着数字经济的高速发展，以需求为导向的市场发展模式正在形成，企业需通过加强技术创新才能提高在产品市场中的竞争力，比如数字金融的发展刺激了创新创业的活跃度，数字化赋能促进了企业技术创新，创造出更高的商业价值。同时，技术进步的渗透性特征会逐渐改变生产投入要素的种类和比例（丛屹和俞伯阳，2020），打破传统要素市场的束缚，重构资源配置的方式。

数字技术的运用为企业发展提供了新的动力，促使企业生产结构转型，重新进行资源整合和配置，促使生产过程向高效率生产转变，提升了企业资源利用效能。从中观层面看，数字经济的发展能够提高企业生产效率，增加产业生产效能，促进产业价值提升；另外，数字经济能够提升供应链上下游匹配效率，降低供应链协作成本。具体来说，一是在数字技术的驱动下，传统经济的数字化转型和产业结构升级不断加快，产业关联效应推动传统产业向高技术产业转型，技术赋能提高企业的生产效率，从而优化了产业间的资源配置。二是数字经济具有高渗透性和高协同性等特征。产业融合效应加快了数字经济与实体经济的深度融合，数字经济与传统农业、工业以及服务业融合创新发展，传统产业的生产方式被改变，生产者间的协同效率显著提高。三是数字化网络供应平台提高了供应链生产端企业间的匹配效率，促进分工协作，并建立多方共同监督的有效管理机制，从而提高了供应链效率，降低了供应链协作成本（杨文溥，2021）。

从宏观层面看，数字经济时代，经济全球化具有新的驱动力。相较于工业化时代的资本要素与劳动力要素，数据要素蕴含的溢出效应更高。数字技术不仅提升了数字化资源载体的利用效率，降低了跨国公司的沟通协作成本，也为经济资源提供了更多智能化的发展方向（温军等，2020）。人与信息的对话已在互联网出现后转变为人与数据的对话，并在将来发展成为数据与数据的对话。此时，全球资源利用的关键影响因素是最新最有效的数据资源，宏观经济体对数据权的掌握至关重要。凭借数字基础设施更新迭代与数字技术不断创新，宏观经济体可以掌控全球性数据流形成针对全球资源配置的鸟瞰效应，实现全球资源更高效地利用与整合，进而优化全球资源配置。

（二）数字经济重塑生产要素配置机制

数字经济时代，依托大数据、人工智能、云计算、区块链及元宇宙等新技术形态，要素供给和要素需求领域产生了新的变化。如图 5-1 所示，数据成为一种新的生产要素，通信技术的发展扩大了数据要素的新供给和新需求，重构了生产要素体系。数字技术有效嵌入传统的生产要素资本、劳动力和技术中，使传统生产要素的质量和效率得到提高，传统的要素资源配置得到优化升级。数据要素与传统生产要素的深入融合使各要素的边际报酬增长速率比内生增长理论中的情况更高，对经济增长产生放大、叠加和倍增效应，从而改变投入产出关系。

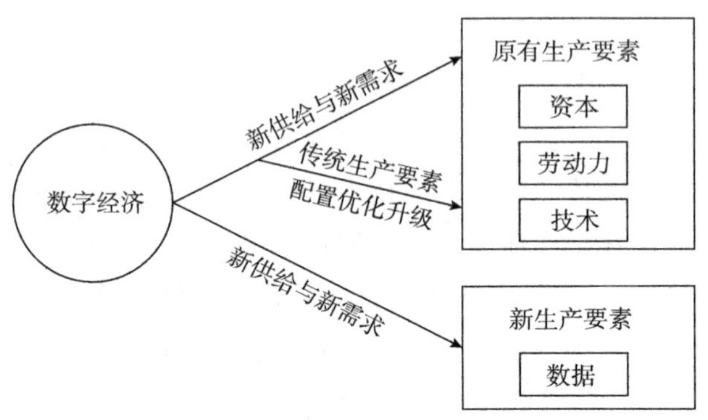

图 5-1　数字经济重塑生产资源配置机制

数字经济产生了数据要素的新需求和新供给。中国信通院发布的《中国数字经济发展白皮书（2021）》中显示，2020 年中国数字经济同比增长 9.7%，规模由 2005 年的 2.6 万亿元扩张到 2020 年的 39.2 万亿元。数字经济规模增速飞快，呈现出蓬勃生机与活力态势，这表明数据要素的需求与供给在总量和速度上同样得到大幅增加。传统产业的数字化升级与数字科技产业的发展使数字产品和数据信息传输服务需求激增，数据要素的供给规模随着新一代信息技术崛起而快速扩张，并形成庞大的数据资产。由于数据具有可复制性、边际成本递减的特征，数字劳动创造的数据信息越多，可供深度挖掘和分析应用的场景就越多，数据价值就会不断提升。同时，数字经济扩大了数据要素的使用范围和应用场景，有利于实现更多数据信息和数据商品创造，为整个社会经济体系提供更加规范、有效的数据要素供给（武宵旭和任保平，2022）。数字经济时代，厂商可以利用数据要素资源将传统经济下难以发现的潜在需求挖掘出来，聚集闲置资源，实现要素资源的增量扩张。在商品供求的中间环节，数字技术能够减少由于信息不完全而导致的资源错配与扭曲，厂商可以在大数据与人工智能的帮助下确定产量和价格，用算法配置资源，更好地实现现有资源的优化配置。

数字经济增加了资本要素的新供给和新需求。利用平台的长尾效应，将数字技术融入传统投融资渠道中，能发掘出更多潜在的投融资需求。通过网络第三方的信用借贷、信用支付等渠道，能够整合大量闲散资金，为整个经济系统提供更多的资本要素供给，中小企业获取资金的渠道更丰富。资本要素的新供给打破了原有的时空约束，挖掘出更多的潜在客户，改善了以商业银行为主的投融资体系效率。随着互联网金融的创新，消费者可选择的投资种类花样繁多，互联网货币基金余额宝、零钱通等为小额零散资金提供了投资渠道，如在支付宝上买股票、基金与理财成为年轻人的新型理财方式，增添了资本要素的新需求。如此，数字金融的发展加快了整个社会资金的流动速度，大幅度拓宽了金融服务的范围；数字金融简便、灵活、安全的特性保证了交易双方的利益，激发出更多潜在的新供给和新需求。

数字经济增加了劳动力要素的新需求和新供给。一是数字技术催生了一大批渗透在生活各方面的平台型企业，与实体经济相互融合从而带动传统企业的发展，生产端的上下游、流通端和消费服务端产生了大量就业岗位，赋予劳动者更多就业机会，有效地吸纳了闲置劳动力资源。传统经济下的雇佣关系和就业模式发生了改变，创造了劳动力要素的新需求。二是随着5G和工业互联网的快速成长，生产具备了自动化与智能化的特征，大量传统工农业岗位消失，这些劳动力一部分通过技能培训等成为高素质劳动力资源，另一部分转移到第三产业成为新的劳动力要素供给，推动我国产业结构的优化。三是数字经济时代人们获取信息渠道增多，就业岗位匹配难度降低，劳动者信息搜寻成本减少，摩擦性失业与结构性失业的存量减少，劳动力要素供给提高。

数字经济增加了技术要素的新供给和新需求。在农业和工业经济时代，技术推动经济发展主要体现在劳动工具的机械化和自动化。依托新一代信息技术数字经济迅猛发展，在互联网基础上升级形成一种跨领域的技术融合平台。数字基础设施建设持续升级，各行业数字平台不断涌现，在客观上为知识聚集与技术迭代提供了更多可能性。据中国信息通信研究院报告，围绕人工智能、量子信息科学、先进通信网络（5G）等关键领域的技术创新生态不断发展，技术要素供给的数量和质量进一步提高，促进从智能大数据到人工智能的过渡，“人与数据对话”逐渐转变为“数据与数据对话”。这些技术的更新迭代会产生更强的规模经济效应和范围经济效应，会降低企业技术服务购买成本，催生大量技术要素需求。

在数字经济背景下，传统生产要素与数据要素融合，助力传统生产要素配置效率提升。互联网平台打破了传统经济下的垂直型组织结构，凭借平台经济的网络外部性形成规模经济和范围经济，并通过精准识别降低了传统要素市场中搜寻与匹配的交易成本。更快的信息扩散速度加强了多元主体协作，有效降低了传统要素市场资源错配程度，提高了资本、劳动力与技术的资源配置效率。依托平台，企业与劳动者只需要通过网络信息传输就能实现价值交换，劳动力要素资源得到直接配置。数字经济的多边市场、长尾效应等特征有利于资本、劳动力与技术等传统要素资源向个性化、定制化转变，增加了零碎细小但规模总量庞大的要素需求和供给。另外，传统金融组织向数字金融转变，可以便捷地为消费者提供应用于生产经营和生活消费的综合金融解决方案。劳动者与企业借助互联网平台选择提供劳动力与灵活就业岗位，就业方式弹性化，零工经济成为推动新就业形态的重要力量，社会整体劳动力资源配置效率得到提高。总之，数字经济不仅在一定程度上弱化了某些产业的技术门槛和技术垄断，而且借助机器学习促使技术要素配置向智能化转变，改善了技术要素配置效率。

二　数字经济下的资源配置效率

（一）资源配置效率的测算

Hsieh 和 Klenow 认为资源错配会降低总的全要素生产率（TFP），为了说明资源错配对总生产率的影响，他们构建了基于异质性企业的垄断竞争模型，提出用全要素生产率价值（TFPR）的离散程度来衡量资源配置效率，并使用了中国、印度与美国的制造业微观数据估计了各国由资源错配导致的宏观生产效率损失，这种测算资源配置效率的方法被学术界广泛应用（Hsieh and Klenow，2009）。沿用 HK 思路，中国学者结合中国工业企业数据库再次测算了中国的资源配置状况（邵宜航等，2013）。随后一些学者提出了改进 HK 理论，更好地测量资源错配程度的方法。有些学者放松了规模报酬不变的假设，考虑到某个特定资源的配置情况，以资本和劳动的边际产出价值的离散程度来衡量资源配置效率（龚关和胡关亮，2013）。有些学者将能源纳入研究框架，拓宽了资源配置的要素边界（陈诗一和陈登科，2017）。还有学者将资源配置朝着微观化方向推进，提出了资源配置效率的结构估计框架（尹恒和李世刚，2019）。基于篇幅限制，本书中仅对 Hsieh 和 Klenow 提出的资源误置模型作简单介绍（Hsieh and Klenow，2009）。

Hsieh 和 Klenow（2009）构建了一个具有异质性企业的垄断竞争模型，以说明资本与劳动力的错误配置如何降低全要素生产率。模型假定企业的生产规模报酬不变，存在一个完全竞争的最终产品市场，生产最终产品的代表性企业的生产函数是柯布—道格拉斯生产函数形式：

$$Y=\prod_{s=1}^{s}Y_s^{\theta_s}\text{，其中，}\sum_{s=1}^{s}\theta_s=1 \tag{5-1}$$

其中，最终产品以行业 s 的产出 Y_s 为投入要素。企业成本最小化条件如下：

$$C(Y)=\min\sum_{s=1}^{s}P_sY_S\text{，}st\text{：}\prod_{s=1}^{s}Y_s^{\theta_s}\geqslant Y \tag{5-2}$$

由最优决策下的一阶条件可得：$P_sY_s=\theta_sPY$。其中，P_s 为行业产品 Y_s 的价格，P 为最终产品的价格（以下标准化为 1）。行业产出 Y_s 是该行业所有 M_s 种产品 Y_{si} 的 CES 形式加总：

$$Y_s=\left(\sum_{i=1}^{M_s}Y_{si}^{\frac{\sigma-1}{\sigma}}\right)^{\frac{\sigma}{\sigma-1}} \tag{5-3}$$

每种产品都具有差异性，由具有垄断性的企业通过资本 K 和劳动 L 两种生产要素以 C-D 形式生产函数生产：

$$Y_{si}=A_{si}K_{si}^{\alpha_s}L_{si}^{1-\alpha_s} \tag{5-4}$$

其中，α_s 表示行业 s 的资本份额。在上述设定下，由各具差异的企业成本最小化问题的一阶条件可得：$Y_{si}=Y_sP_s^{\sigma}P_{si}^{-\sigma}$。其中，$P_{si}$ 为产品 Y_{si} 的价格，并满足 $P_s=(\sum_{i=1}^{M_s}P_{si}^{1-\sigma})^{\frac{1}{1-\sigma}}$。如 HK 设定，在这里考虑把同时影响资本和劳动的边际产出的扭曲定义为 $\tau_{Y_{si}}$，表示较高的交通等基础设施带来的成本；将影响资本相对于劳动的边际产出的扭曲定义为 $\tau_{K_{si}}$，表示较高的融资成本。则利润函数为：

$$\pi_{si}=(1-\tau_{Y_{si}})P_{si}Y_{si}-\omega L_{si}-(1+\tau_{K_{si}})RK_{si} \tag{5-5}$$

利用以上设定和结论，从企业、行业再到工业总体依次推算，可导出资源配置如下：

$$L_s = \sum_{i=1}^{M_s} L_{si} = L \frac{(1-\alpha_s)\theta_s \left[\sum_{i=1}^{M_s} \frac{P_{si}Y_{si}}{P_sY_s}(1-\tau_{Y_{si}}) \right]}{\sum_{s'=1}^{S}(1-\alpha_{s'})\theta_{s'} \left[\sum_{i=1}^{M_{s'}} \frac{P_{s'i}Y_{s'i}}{P_{s'}Y_{s'}}(1-\tau_{Y_{s'i}}) \right]} \tag{5-6}$$

$$K_s = \sum_{i=1}^{M_s} K_{si} = K \frac{\alpha_s\theta_s \left[\sum_{i=1}^{M_s} \frac{(1-\tau_{Y_{si}})P_{si}Y_{si}}{(1+\tau_{K_{si}})P_sY_s} \right]}{\sum_{s'=1}^{S}\alpha_{s'}\theta_{s'} \left[\sum_{i=1}^{M_{s'}} \frac{(1-\tau_{Y_{s'i}})P_{s'i}Y_{s'i}}{(1+\tau_{K_{s'i}})P_{s'}Y_{s'}} \right]} \tag{5-7}$$

其中，L 和 K 分别代表劳动和资本的总供应量。

遵循之前的做法（Foster et al.，2008），HK 将行业 s 中 i 企业收入生产率（考虑价格因素的实际生产中的 TFP）定义如下，以衡量企业实际产出的效率：

$$TFPR_{si} \triangleq P_{si}A_{si} = \frac{P_{si}Y_{si}}{K_{si}^{\alpha_s}(\omega L_{si})^{1-\alpha_s}} \tag{5-8}$$

这里，$A_{si} = \frac{Y_{si}}{K_{si}^{\alpha_s}(\omega L_{si})^{1-\alpha_s}}$。在明确了 TFPR 的前提下，我们可以计算出行业 s 在实际生产中的全要素生产率如下：

$$TFP_s = \left[\sum_{i=1}^{M_s} \left(A_{si} \cdot \frac{\overline{TFPR_s}}{TFPR_{si}}\right)^{\sigma-1} \right]^{\frac{1}{\sigma-1}} \tag{5-9}$$

其中，$\overline{TFPR_s}$ 是在行业 s 中资本和劳动的平均边际收益产品倒数的几何加权平均值的倒数，权重是企业 i 在行业 s 中的增加值的份额，具体形式为：

$$\overline{TFPR_s} = \left[\frac{R}{\alpha_s} \sum_{i=1}^{M_s} \left(\frac{1+\tau_{K_{si}}}{1-\tau_{Y_{si}}} \right) \cdot \left(\frac{P_{si}Y_{si}}{P_sY_s} \right) \right]^{\alpha_s} \left[\frac{1}{1-\alpha_s} \sum_{i=1}^{M_s} \left(\frac{1}{1-\tau_{Y_{si}}} \right) \left(\frac{P_{si}Y_{si}}{P_sY_s} \right) \right]^{1-\alpha_s} \tag{5-10}$$

如果边际产品在不同的企业间相等，即实现有效配置，则此时行业 s 有效配置下的全要素生产率为 $\overline{A_s} = \left(\sum_{i=1}^{M_s} A_{si}^{\sigma-1} \right)^{\frac{1}{\sigma-1}}$。进一步地，根据

各个行业的 TFP_s 和 $\overline{A_s}$ 的比率，再利用式（5-1）的 C-D 加总形式，可以导出经济总体的实际生产率 TFP 与有效配置下的生产率 $TFP_{efficient}$ 之比为：

$$\frac{TFP}{TFP_{efficient}}=\prod_{i=1}^{s}\left[\sum_{i=1}^{M_s}\left(\frac{A_{si}}{\overline{A_s}}\frac{\overline{TFPR_s}}{TFPR_{si}}\right)^{\sigma-1}\right]^{\frac{\theta_s}{\sigma-1}} \tag{5-11}$$

如此，式（5-11）从全要素生产率的角度衡量了资源配置扭曲的程度，其值越小则表示资源配置扭曲越严重。而当 A 和 TFPR 服从联合对数正态分布时，式（5-11）有二阶近似解如下：

$$\frac{TFP}{TFP_{efficient}}=e^{-\frac{\sigma}{2}\left[\sum_{i=1}^{s}\theta_s var(\log TFPR_{si})\right]} \tag{5-12}$$

从式（5-12）中，可以看出行业的对数 TFPR 方差越大，总体的实际 TFP 偏离有效 TFP 越远，因此可以用行业的 TFPR 对数的方差或者标准差衡量资源扭曲的程度。此外，式（5-12）还显示要素替代弹性 σ 、行业份额 θ_s 分布对资源配置效率也存在重要影响。

（二）数字经济下的资源配置效率

改善资源配置效率既是加速构建新的经济发展格局的需要，又是推动经济高质量发展的重要动力。国内外学者用实际数据证实了数字经济对资源配置效率的促进作用。

第一，数字经济对企业资源配置效率研究。中国制造业企业的资源配置情况用改进的 HK 测算方法进行研究，发现数字经济发展水平能够提升制造业的资源配置效率，且对中西部地区制造业资源配置提升效果十分显著（韦庄禹，2022）。更多的学者论证了数字经济对于改善我国西部地区资源错配情况作用比较大（于世海等，2022）。数字经济对我国旅游企业全要素生产率的促进具有空间扩散效应，通过改善市场环境促进了东部和中部地区旅行社和旅游企业全要素生产率的增长（Tang，2023）。数字金融显著提高了商业银行全要素生产率，可以通过减少风险承担对全要素生产率产生正向影响，数字金融对国有商业银行效率的影响不显著，但对非国有商业银行效率的影响显著（Wu et al.，2023）。

第二，数字经济对生产要素的配置效率研究。数字经济通过提升生产要素配置效率进而推动服务业结构升级，但数字创新对产业的影响并不是很大（戴魁早等，2023）。数字经济可以通过就业灵活化和就业平台化来提升劳动力资源配置效率（周祎庆等，2022）。进一步地，丛屹和俞伯阳认为数字经济提高了我国劳动力资源配置效率，且对于东部地区与北方地区的影响最为显著（丛屹和俞伯阳，2020）。

第三，数字经济与全要素生产率之间的关系研究。数字经济指数与全要素生产率之间的关系符合倒“U”形函数特征，目前数字产业发展是全要素生产率增长最重要的创新驱动因素（Pan et al.，2022）。数字经济区域发展面临不平衡、不充分的问题，华东地区数字产业基础设施先进，物质资源和人才储备丰富，而中西部地区的数字经济发展还比较滞后。数字经济能够提升企业的全要素生产率，且提升作用在非国有企业和中高技术制造业企业中影响更大（蔡延泽等，2022）。

第四，数字经济对环境效率的影响研究。数字经济对生态效率的提高有明显的正效应，并且这种效应对东部的影响最大（何维达等，2022）。数字经济水平对环境效率有显著的促进作用且存在明显的空间溢出效应，数字经济对电子商务的正向促进呈现自东向西递增的趋势，技术进步可以与数字经济形成协同效应共同促进环境效率的发展（Hao et al.，2023）。

第二节　平台经济的特征与结构

平台经济具有新的特征，与传统经济下买家、卖家二元主体不同，它存在多边利益主体。同一平台网络下用户数量越多其发展空间就越大，从而具有规模经济与范围经济的特征。平台经济的特征决定了它具有网状结构与非中性的价格结构，根据平台运行功能的不同存在典型的互联网平台类型，包括生产、生活、公共服务平台；科技创新、批发零售、金融和数字媒体平台等。

一　平台经济的内涵

基于数字技术和信息网络的发展，人们对海量数据信息传输、处理的能力不断增强，社会经济活动中生产、分配、交换和消费四个环节产生的大量信息可以便捷地在网络中上传、共享和交流。数字化基础设施的不断完善带来了数字平台的发展，从而涌现出了一系列平台型企业，这些企业将供求双方用户用数字平台联系起来，通过其提供和运营的平台进行商业行为交互。这种基于平台的新型企业组织方式和商业模式叫作平台经济，平台经济也可以被视为基于数字技术的社会生产和再生产过程中利用互联网进行资源配置的新经济形态。

在实际的平台形态中存在多种类型。从平台的开放度来看，可以分为开放型平台与封闭型平台。根据平台型企业的成长周期可以将平台划分为萌芽型平台、成长型平台、成熟型平台以及衰退型平台（陈应龙，2014）。根据平台用户的类型可将平台分为联络型平台、交易型平台和信息型平台（陈宏民和胥莉，2007）。根据平台的竞争程度可以分为垄断性平台、竞争性平台与竞争瓶颈性平台（Armstrong，2006）。尽管平台的划分标准多种多样，但实际上离不开交易支付与信息互动这两大基本业务特征，在市场中平台型企业广泛存在于金融、软件、零售、社交娱乐等行业之中。

二　平台经济的特征

（一）双边/多边市场

不同于传统商业模式下厂商决定商品价格、消费者被动接受的单边市场，平台经济通过数字平台将商家、消费者联系在一起，使双方都能参与其中，形成双边市场。平台经济随着数字技术发展渗透到生产生活的方方面面，形成了一种多边利益主体共存的多边市场。比如，消费者在网络上成功购买并收到一件商品，其过程中关联到的经济活动主体不仅有厂商，还有物流公司、保险公司、金融公司等多个企业为消费者提供服务。平台上的众多利益主体有着明确的分工，通过平台的运营聚集了大量社会资源和交易行为，使参与各方受益，达到平台价值与多边利益主体效用的最大化。

（二）网络外部性

网络外部性是指用户在平台上消费商品或服务的过程中，与其所处同一网络的用户数量越大，用户的效用就越大。梅特卡夫定律揭示了网络价值的大小取决于用户数量的多少。平台经济下的网络外部性是由于平台用户相互依赖而产生的边际收益递增。消费者效用取决于同一平台上商家的数量和其他消费者的数量，也就是说平台上某一边用户的效用既取决于同边用户的数量，又取决于另一边或多边用户的数量（阳镇，

2018）。因此，平台经济非常容易实现迅速扩张，用户规模成为平台型企业的重要追求。如果某领域已经存在一家或几家企业占据了大部分的市场份额，其他企业的进入门槛就会变得非常高昂。

（三）规模经济

由于交易双方使用数字平台时不受时间、空间的限制，平台经济存在规模经济效应。通常来说，一个领域内最先出现的一家或几家企业，人们先入为主的心理导致对其印象深刻。再加上企业本身拥有的技术及营销优势，会使这些企业在创建初期积累大量用户，进而维持比较大的市场份额。在网络外部性的影响下，更多的供应商和用户将选择使用这个平台。同时数字技术有着边际成本递减的特征，平台企业的产品或服务不受规模成本的约束，因此平台企业拥有的客户群体越广泛、扩张的规模越大，收益便会随企业规模的增大而递增，即平台型企业具有规模经济效应。

（四）范围经济

范围经济是指企业通过扩大经营范围，增加产品种类，生产两种或两种以上的产品而引起的单位成本的降低。由于平台经济具有网络外部性的特征，市场规模较大的企业往往会利用其规模优势进行跨界经营。消费者可选择的平台非常多，但同一功能类型下往往只会频繁使用一两个平台。这是由于用户对新软件学习、使用习惯更改的转移成本比较高，对区别不显著的同一功能类型服务感知不明显。用户习惯了某一平台的服务后会产生依赖性，导致平台型企业的跨行业经营成本降低，因此平台企业更愿意尝试跨行业经营。当平台企业产品类型不再单一时，平台经济的垄断特性就不再局限于某一行业，而是呈现出凭借自身用户数量维持下的更为复杂形态。比如大型平台企业一个账号多平台通用的现象就印证了平台经济的范围经济特征。

三　平台经济的结构

（一）平台经济的基本结构

平台经济的结构主要由供给方、需求方、平台运营方和支撑方四个主体组成（见图 5-2）。供给方主要指实体经济中提供原材料、中间产品、最终商品或服务的企业及个人。需求方是指接收原材料、中间产品、最终商品或服务的企业或个人。支撑方涉及一个或多个可以提供附加商品或服务的企业或个人，保障线上交易顺利进行，如物流、保险、支付系统等。平台运营方是指利用互联网、大数据、云计算等信息通信技术搭建出的线上交易或信息交流平台。各参与方不需要实地见面就可以凭借信用规则或平台背书等进行线上交易，此类平台运营方也叫作平台型企业。

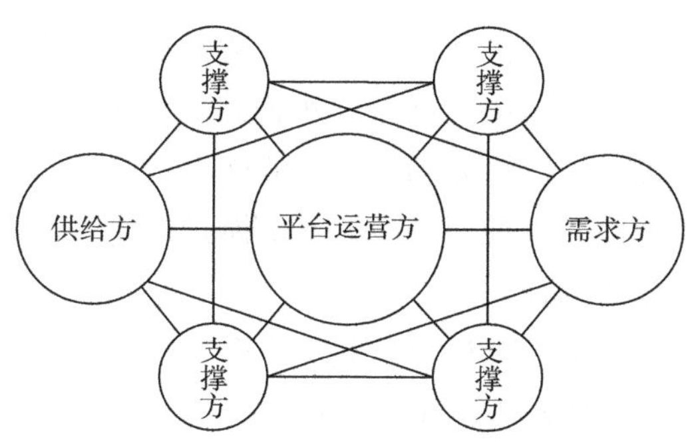

图 5-2 平台经济结构

（二）平台经济的价格结构

任何经济模式的终极目的是获得商业利润，包括平台经济。为了保证获得利润，经营者会对其所供应的商品或服务进行收费，标准是高于提供商品或服务的边际成本。在一般情况下，经营者收取的价格应超过所提供产品或服务的边际成本方可确保获取利润。然而，平台的定价往往与边际成本定价法则不一致，平台对于不同使用者收取的费用并不是根据其提供商品或服务的边际成本确定。由于不同用户的价格敏感性不同，平台为得到网络外部性优势，对一些使用者采取低价或零价格的方式，对另一些使用者采取远高于边际成本的价格来收费。

第一，平台面对的用户群体，其主要差异在于对价格的敏感度。因为平台发展需要较大规模的用户群体，对价格敏感度较高的消费者，同一商品或服务的价格越低其购买或使用行为概率越大。因此可以通过低价的或免费的方式来快速扩大和保持他们的用户数量，从而使其他的使用者也参与进来，进而产生积极的双向和多边的影响。对价格感受不敏锐的消费者，就可以以远高于边际成本进行定价，使经营者获取收益。

这种非中性的价格结构在互联网应用推广、新产品推行等经济活动中已变得十分常见。

第二，平台为了获取双边或多边的用户群体，最快速、便捷的方法就是先使大部分用户聚集起来，再利用规模优势将其他利益主体如供应商、广告商等高质量群体吸引进来。此方式可以将用户优势转变为谈判筹码，从而使平台方在经营活动中能获取更多利益。在这种情况下，平台也可以为消费者带来更多利益，如廉价甚至是免费的商品。从而平台得以快速建立一个庞大的用户网络，进而将其他的利益主体拉入其中，并在一定程度上提高了供给方和支撑方的成本支出，但降低了平台为吸收用户而支付的费用。这种不平衡的定价模式是建立双边或多边用户网络的一种行之有效的途径。

第三，基于价格结构理论研究数字平台定价可以发现，传统经济的价格结构建立在分析供给与需求均衡的各种情况上。在数字经济生态和虚拟数字世界背景以及双边或多边的网络外部性特性背景下，平台经济面对的是一个多层次的非中性价格结构。这种非中性价格结构建立在平台双边或多边市场、网络外部性、规模经济和范围经济等特征基础上，对其分析至少包括多方利益主体（张玉卓，2021）。如果价格结构是中性的，那么市场双边的价格调整对经济行为的结果没有影响。相反，如果价格结构是非中性的，平台会向用户收取较少费用，向另一边的经济活动主体收取更多费用，以此提高平台的商业利润。

四　数字经济下的典型互联网平台

（一）互联网生产服务平台

互联网生产服务平台是指专门为生产提供第三方服务的互联网平台企业，包括工业互联网平台、互联网大宗商品交易平台、互联网货物运输平台等。传统工业信息技术已经逐渐无法满足制造业数字化、网络化、智能化的需求，所以基于海量数据的采集、汇聚和分析逐渐形成了支撑制造业资源互通互联、流程优化、弹性供给、资源配置优化的工业互联网平台。比如，工业云平台结合了云计算、大数据及人工智能等新兴技术，相对传统模式在数据价值和技术架构方面均有大量的提升。工业互联网平台使用算法模型与深度数据分析的大数据应用，连接上下游，实现全产业链协同，凭借范围小、服务细的特性，实现跨专业协同研发，加快了技术迭代。基于《工业互联网创新发展行动计划（2021—2023 年）》，新时期对新型基础设施、融合应用成效、技术创新能力、产业发展生态、安全保障能力有了更高的要求，工业互联网新型基础设施建设需要量质并进，新模式、新业态大范围推广，实现产业综合实力显著提升。此外，互联网大宗商品交易与货物运输平台整合了行业内资源要素，促进了行业供应链服务体系创新，形成了一站式大宗商品交易与货运服务。

（二）互联网生活服务平台

互联网生活服务平台是指专门为居民生活提供第三方服务的互联网平台企业，包括互联网销售平台、互联网约车服务平台、在线旅游经营服务平台、互联网体育平台、互联网教育平台、互联网社交平台等。广义上的生活服务行业十分广泛，它包含人们日常生活中吃、穿、用、住、行等方方面面，如餐饮、娱乐、招聘求职、租房买房、旅游出行等生活相关的活动都属于这类服务的范畴。智库网经社发布的 2021 年中国电子商务百强榜中，生活服务类企业占到 45 家，占整个电子商务企业数量的比例接近一半。表 5-1 给出了 2021 年互联网生活服务平台中的代表性公司。

表 5-1　　2021 年互联网生活服务平台中的代表性公司

公司	行业	市值/估值（亿元）	所在地
美团点评	综合服务	11283.57	北京
滴滴	交通出行	1608.33	北京
京东健康	大健康	1605.05	北京
贝壳找房	在线住宿	1532.21	北京
猿辅导	K12 教育	1000.00	北京
携程	在线旅游	994.26	上海
BOSS 直聘	在线招聘	923.33	深圳
阿里健康	在线医疗	726.89	香港
作业帮	K12 教育	700.00	北京
猎聘	在线招聘	631.64	上海

（三）互联网科技创新平台

互联网科技创新平台是指专门为科技创新、创业等提供第三方服务的互联网平台企业，包括网络众创平台、网络众包平台、网络众扶平台、技术创新网络平台、科技成果网络推广平台、知识产权交易平台、开源社区平台等。科技创新平台凭借专业的科研能力研发共性技术、提供专业化智库服务、促进科创成果孵化、辐射带动相关产业链的发展，能够打通产学研通道，培育工业互联网相关的核心技术、解决方案与人才高地，赋能产业数字化转型，成为技术研发与应用实践的组织、规划与落实平台，推动了工业互联网产业链的创新发展。

（四）互联网公共服务平台

互联网公共服务平台是指专门为公共事务提供第三方服务的互联网平台企业，它以大数据、云计算、人工智能等底层技术为支撑，重点在于将数据进行共享，将服务进行整合，以“平台+应用+服务”的总体设计思路来建设的新型公共服务和管理模式。可以通过集聚政府和社会资源建设统一开放共享的公共服务平台，凭借跨部门、跨区域、跨层级的平台优势有效解决“数据烟囱”“信息孤岛”等现象，将统一的身份认证体系与政府内部的移动互联公众服务规范体系相结合，建设一站式服务。平台利用多种终端渠道，集合各类办事服务应用，将公共服务的各项功能与应用安排在线上，实现了足不出户就能办理多种政务服务。这类平台具体包括互联网政务平台、互联网公共安全服务平台、互联网环境保护平台、互联网数据平台等。

（五）互联网批发零售平台

在互联网批发零售平台中，批发商可以通过互联网电子商务平台开展商品批发活动，零售商可以通过电子商务平台开展商品零售活动。随着互联网经济的不断发展，新的零售方式已经出现并飞速发展，且被很多的消费者和商家所接受。狭义的互联网批发零售是指通过网络渠道进行商品的交易活动，包括实物商品交易及虚拟商品交易。而广义的互联网批发零售将零售电商定义为一种业态，包含平台、商家、品牌、用户、服务商等。商业模式有许多不同类型，主要包括企业与消费者之间的电子商务（Business to Consumer，B2C）、企业与企业之间的电子商务（Business to Business，B2B）、消费者与消费者之间的电子商务

（Consumer to Consumer，C2C）、线下商务与互联网之间的电子商务（Online to Offline，O2O）等。据智库网经社发布的2021年中国电子商务百强榜显示，数字零售公司达到32家，总值达46073.06亿元。比如，阿里巴巴市值21257.54亿元、京东市值6978.14亿元、拼多多市值4750.41亿元，另外的代表性公司有小米集团、快手、小红书、车好多、兴盛优选、苏宁易购、唯品会等，如表5-2所示。

表5-2 2021年互联网批发零售平台中的代表性公司

公司	行业	市值/估值（亿元）	所在地
阿里巴巴	综合电商	21257.54	杭州
京东	综合电商	6978.14	北京
拼多多	综合电商	4750.41	上海
小米集团	3C电商	3861.76	北京
快手	综合电商	2479.11	北京
小红书	社交电商	1300.00	上海
车好多	汽车电商	650.00	北京
兴盛优选	社区电商	450.00	长沙
苏宁易购	综合电商	383.60	南京
唯品会	综合电商	364.18	广州

（六）互联网金融平台

互联网金融平台是指依法成立，借助互联网技术和信息通信技术，为传统的金融机构与互联网企业之间资金融通、支付、投资和信息中介服务的金融业务提供服务的平台。比如，网络借贷平台在服务小微企业方面有着独特的优势，小微企业以个人名义能够通过中介获得融资、直接进行借贷，既方便快捷，又有效地利用了社会闲散资本，同时机构通过网络平台的交易能有效地降低服务成本，符合小微企业低成本的需求。互联网金融平台的细分领域中，有许多不同类型的金融公司，其中的代表性互联网金融企业分别是阿里巴巴、腾讯、苏宁云商、百度集团、中国平安、京东集团、万达集团、乐视网、国美集团和小米。其中阿里巴巴代表性互联网金融平台——蚂蚁金服，注册地位于浙江，致力于打造开放的生态系统，为小微企业和个人消费者提供普惠金融服务，

B 轮融资完成后最新估值达到了 600 亿美元。百度集团的代表性互联网金融平台——度小满金融，成立于北京，业务架构主要包括消费金融、钱包支付、互联网证券、互联网银行、互联网保险等多个板块，基本上覆盖了金融服务的大部分领域。京东集团旗下的京东金融，注册地位于北京，致力于为个人和企业用户提供金融服务，已经形成了分布于支付、小额信贷、理财、众筹、保险、供应链金融等多领域的布局，A 轮融资完成后估值达到了 466.5 亿元。可以看出，互联网金融平台正处于蓬勃发展中，为数字经济的发展添砖加瓦。

（七）数字媒体平台

数字媒体平台是指由数字技术支持，进行内容编辑加工并通过网络传播数字媒体产品的平台。数字媒体平台的表现形式十分复杂，相对于传统媒体来说，更具有视觉冲击力和互动性，包括半封闭式媒体平台、短信息平台、开放式推荐媒体平台、视频式平台、问答平台等。半封闭式媒体平台，如微信公众号，内容传播主要依靠关注的粉丝用户的浏览，传播范围有一定的局限性；短信息平台如微博、朋友圈等，能够利用人们短暂碎片化的时间提供少量内容发布和阅读，优质的信息也会得到推荐；开放式推荐媒体平台，如今日头条、搜狐、网易自媒体等，平台具有比较合理的推荐机制，并使用各种奖励来鼓励原创；视频式平台分为长视频平台和短视频平台，长视频平台主要提供影视作品，如爱奇艺、优酷、腾讯视频等，短视频平台主要为原创作者创作视频提供场地，如抖音、快手、火山小视频等，一些还会给予优质原创内容奖励；问答平台如百度知道、知乎、悟空问答等，通过植入广告推广等获得收益，优质回答者能从平台上获得收入。

第三节　平台经济垄断

平台经济网络外部性、规模经济和范围经济的特征，很容易使平台经济的市场结构逐渐发展为（寡头）垄断的情况，以下称平台经济垄断市场结构为“新型垄断”。根据梅特卡夫法则，数字平台的价值随着用户数量的增长而不断增大，导致平台更容易获得行业垄断地位，产生强者愈强的“马太效应”。当某家平台企业掌握了其所在行业的用户与数据优势时，再凭借其本身具有的产品优势，容易形成“赢者通吃”局面。垄断平台企业除了在其本身行业内收购、并购和打击创新型初创公司以外，还能够跨市场跨行业形成垄断的平台生态体系，在一定程度上阻碍了行业内技术创新，对消费者福利、社会福利和良性市场竞争环境产生不好的影响，诱发市场失灵。但是，平台经济中的垄断又不同于传统经济下的垄断，其相关市场的界定、竞争行为的划分等都不能照搬原有理论。有学者认为市场集中度的提高带来消费者福利提升（Chandra and Collard-Wexler，2009），平台的市场优势地位不能持续稳定存在（Cabral，2011），平台的差异化与平台的多归属性阻碍平台走向实质垄断（尹振涛等，2022）。因此，怎样规范能使数字平台得到有效治理的同时防止资本无序扩张是非常重要的问题。

一　平台经济与“新型垄断”

（一）是否是市场行为的更优解

以亚当·斯密为代表的古典经济理论认为竞争能够实现资源配置的优化和社会福利的最大化，马歇尔意识到垄断性因素存在于所有的竞争性市场中，随后垄断竞争理论的发展让人们意识到完全竞争市场实际上是不存在的。20 世纪 60—80 年代的芝加哥学派则认为优胜劣汰是市场自由发挥的最优结果，垄断反而拥有更高的效率和更低的成本。之后鲍莫尔提出可竞争市场理论并认为兼并行为能够提高资源配置效率。从市场结构理论的发展过程可以看出，垄断逐渐地不再被盲目排斥，而是认为可以利用其优势使资源配置效率得到提高。数字经济时代下，互联网的存在弱化了企业的进入壁垒（巨荣良，2003），中小型平台企业在技术水平上也不会受到较大限制。虽然平台经济的特征会使其市场集中度较高，但是需求的多样化（傅瑜等，2014）与个性化能够给小企业一定的喘息空间，产品方向的创新能突破原有的市场结构，使垄断现象较易受到冲击。寡头平台企业是否会行使其垄断特权来得到垄断利益呢？目前对这一问题的回答没有统一的答案。一种观点认为由于竞争手段的多样化，寡头平台企业为了保持用户增长量和用户黏性，不会行使其垄断特权（张丽芳和张清辨，2006），反而会借助成本优势让渡利益给消费者使其本身在竞争中获取胜利。比如淘宝、京东和拼多多三大电商巨头平台在“618”“双十一”等大促中，通过平台联合商家行使低利润策略让利给消费者使得总成交额增大。但也出现了许多行使垄断特权的现象，如“大数据杀熟”、“猎杀式并购”、滥用数据等危害市场秩序的行为。怎样利用好市场自发行为产生的垄断优势，在国际竞争中保持竞争力，同时也尽可能规避其带来的一系列侵害消费者权益、扰乱市场竞争秩序等问题成为研究的热点。

（二）对福利和技术创新的影响

随着互联网企业在规模与数量上不断扩大，“新型垄断”对福利和技术创新的影响效应是正是负，各学者态度不一。有些学者认为，平台经济产生的“新型垄断”是有益的，表现在平台之间的相互兼容（尚秀芬和陈宏民，2009）、允许用户多归属行为（Choi，2010）为用户使用提供了方便，可以提高社会福利。同时，“新型垄断”可以推动技术进步，促进行业内的有效竞争，避免相应的福利损失（冯丽和李海舰，2003）。互联网产业的创新会使竞争更激烈，而这个竞争是具有高效率的，有利于技术创新的同时提高了消费者福利，即“越垄断越创新”（Gilbert and Newbery，1982；杜传忠，2006；Schumpeter，2013）。也有一些学者持相反观点，认为“新型垄断”对社会福利和技术创新具有不利影响，具体表现在平台企业独占数据资源，形成数据壁垒，阻碍竞争对手对数据的获取和利用（叶明和黎业明，2021）。同时，数据的滥用会产生价格歧视与隐私危机，对消费者带来十分不利的影响（McIntosh，2019）。互联网企业为了获取超额垄断利润，会减少不利于公司的有效性改进，损害消费者福利。平台的无序扩张也损害了市场竞争秩序，降低了消费者福利和社会福利。另外，平台经济也可能出现为垄断产生的寻租行为，易产生腐败现象（Teachout，2018）。

（三）“新型垄断”下的市场竞争

平台企业往往会在一开始采取远低于成本价的策略来获取用户数量，之后通过技术升级与持续创新来得到用户黏性。在形成垄断态势后，由于其进入壁垒比传统垄断的进入壁垒要低，且各行业的垄断巨头不局限于行业内，跨行业竞争更加普遍，“新型垄断”下的市场竞争会更加激烈。传统垄断中，想要颠覆某个垄断厂商需要庞大的初始投入或是极高的政治成本获取牌照等。而“新型垄断”中，技术壁垒并不十分庞大，行业外的企业很容易凭借其原有声望进行跨行业新业务拓展。

同时由于技术的迅速迭代导致的“熊彼特式创新”可以使更多中小企业跟随创新浪潮涌现出来。比如4G时代涌现的直播短视频等已经极大地改变了人们的生活方式，像字节跳动这样的企业也随着4G技术的普及逐渐发展为行业巨头。“新型垄断”下，产品创新种类更加丰富，竞争态势异常激烈。比如共享单车市场中，缔造了“无桩单车共享”模式的ofo小黄车，从2015年成立后累计向全球20个国家超过2亿的用户提供服务，但在激烈市场竞争中企业自身运营或盈利不足，最终于2018年逐渐落幕。共享单车市场潮起潮落后稳定持续经营的美团、青桔、哈啰这三家互联网企业，其背后是美团、滴滴、阿里这样的互联网巨头提供支撑。

二　平台经济的垄断行为

（一）价格差异化

平台型企业较传统企业拥有海量用户数据，能够用算法分析消费者的消费行为，因此其对商品进行定价时会采取价格差异化的定价策略。对消费者福利而言，大数据杀熟行为会使消费者福利产生损失（赵传羽和丁预立，2022）。大数据杀熟的手段主要是针对平台的新老用户，采取不同定价行为。一方面会对新用户定价更低，而对老用户减少优惠或不提供优惠。另一方面平台企业根据算法对用户精准画像，在日常价格不敏感型消费者的商品搜索界面推荐价格更高的商品，以此损害消费者的福利。对公平竞争的市场环境而言，掠夺式定价策略会损害市场竞争行为。掠夺性定价是指企业以低于成本价格出售商品从而将竞争对手淘汰出市场，随后采取垄断价格获得垄断利润的行为。在大数据与算法的加持下，平台型企业采取掠夺式定价能够帮助其迅速占领大量市场份额。在用户数量就代表平台价值的现状下，资本较少的平台企业就会因无法持续竞争而退出市场。当市场上呈现一家独大或寡头趋势时，再提升价格获取垄断利润。同时，对于多边合作方，平台企业往往具有较高的议价权，隐形强迫第三方压缩其利润空间。平台型企业具有多方合作者，因此其可以凭借资本获客策略产生的用户数量优势，对其他合作方进行利益侵占从而获得价格优势，损害市场的有序健康发展。

（二）算法隐蔽合谋

大数据与算法的应用使不同商家与用户之间有可以快速地达成价格

合谋的基础，同时精准预测彼此的定价行为，并以此调整自己的价格策略。随着人工智能与机器学习的快速发展，算法对价格的合谋行为逐渐在没有人参与的情况下可以发生，经营者的主观意愿不影响算法的自行决策，算法合谋变得更加隐蔽。经济合作与发展组织（OECD）在2017年发布的报告中指出了监督算法、平行算法、信号算法、自我学习算法四种合谋算法类型。监督算法不仅对自动收集市场上各种企业的定价数据进行监督，还能与惩罚背离行为的算法进行合作，对产生价格偏离的企业行为进行报复，因此市场中的企业会自动地将价格定于普遍认可的协议价格。平行算法可以实施在价格自动反映市场条件变化时的平行行为。比如在互联网上预订酒店的价格会随着一系列影响因素而变化，算法可以自动根据预订人数、节假日调休规则、特定考试与周边活动等预测酒店的需求人数，从而各平台对酒店实施动态定价。平台之间的竞争在此时遵循着相似的定价规律而无须平台之间相互沟通。信号算法是竞争者之间意图采取涨价或降价行为时不主动与竞争者沟通，通过特定的信号使其他竞争者的算法自动接收，从而实施更为复杂的价格合谋行为。自我学习算法能够利用机器学习和深度学习技术增强自身的预测能力，不需要人为意愿的影响便可自行根据利润最大化的目标进行合谋，对消费者权益产生更大的伤害。

（三）“二选一”行为

平台经济的多边市场特点决定了平台型企业不仅可以利用用户规模对合作方进行低价挟持，更为突出的是要求合作方进行“二选一”行为。2010年腾讯与奇虎360之争挟持用户“二选一”，已成为互联网领域垄断案例的标杆。如今平台企业往往对合作商家隐含“二选一”行为，限制在其平台商家的经营行为出现在其他平台，对违反的商家采取流量惩罚、搜索降权等多种措施。在滥用市场支配地位的情况下出现的“二选一”行为属于不正当竞争行为，损害了市场的公平竞争。虽然我国《反垄断法》等法律中明确规定了对互联网平台“二选一”行为的规制，但在实际遵循法律实施的过程中传统市场界定方法失灵（曾雄，2021），难以对违法行为直接判定。到现在还存在许多隐性的电商平台“二选一”、外卖平台“二选一”现象，损害了竞争机制的发挥，损害消费者福利与社会福利。

（四）扼杀式并购

扼杀式并购是指市场上较大的平台企业为了消灭可能对其具有潜在竞争威胁的初创企业，巩固自身在行业内的垄断地位所进行的并购行为。但这些初创企业市场的落脚点，往往与大型平台企业的目标市场具有较小重合或没有重合，这种并购行为更多出现在跨界融合。较大的平台企业在并购过初创企业后，对于互补性商品与服务可以通过叠加优势抢占市场份额。出于保护自身主营业务的原因，对于竞争性的商品与服务的后续开发可以使用规则重塑等手段，使初创企业的业务逐渐消亡退出市场。2018—2020 年全球四家互联网巨头的并购中约有 60%项目在并购一年后下架（Gautier and Lamesch，2021）。这种支付潜在竞争对手合理定价以延长自身被取代周期的商业并购策略不仅损害了市场上新产品和服务的生命线，更是严重打击了市场上的可竞争性，阻碍了初创企业对于增加消费者福利的颠覆式创新（王伟，2022），威胁可持续创新的营商环境，产生创新赛道垄断的风险。

三　平台经济的反垄断监管

（一）反垄断监管理论

1. 创新反垄断监管理念

坚持包容创新审慎干预的监管理念。在数字化时代，科技与业务模式的变革需要政策制定者与管理者对数字市场的竞争动态、平台运作方式以及它们与传统经济的不同之处有着深刻的认识。反垄断法出台的重点并不是针对垄断平台企业的垄断地位，而是在于其破坏了公平竞争的市场环境。反垄断法不仅能够保护竞争者，更重要的是保护稳定有序的市场竞争环境。对于部分行业中少数平台公司一家独大的情况以及对相关案例的评价，要采取宽容、谨慎的态度，尤其要注意其对优胜劣汰的市场机制和创新激励机制的冲击。在面临某些被怀疑是垄断但有利于动态竞争和消费者福祉的数字平台时，执法人员可以优先考虑采用监管谦逊的理念。在无法抉择的情况下，应当考虑最能容忍、最宽容的底线规则，以保证创新的收益和创造的驱动力。同时尽可能地降低垄断平台企业对其他企业正常运营与运营方式的破坏，并防止其扭曲健康的市场竞争机制。当然，这并不意味着监管者会无视那些市场上已经出现的反竞争行为的公司。反垄断政策和反垄断执法一直是解决市场失灵、有效遏制平台公司反竞争行为的有效手段。数字平台的扩展不仅代表新的经济引擎，它也有许多负面的外部因素和潜在的危险。反垄断执法部门的职责是确保拥有垄断或市场优势的平台企业不会违背竞争规则，而在执法过程中也不能妨碍平台的创新。决策者和执法人员还应该尽可能地了解更多的数字市场动态信息，以帮助消费者和平台使用者获取更加精确的信息，避免规制俘获或者监管套利。

反垄断的监管目标应建立在激励创新的基础上。对平台经济进行监管时，必须从创新要素入手。特别是在“完善国家创新体系，加快建设科技强国”的大背景下，应该更加重视反垄断法在促进创新方面的作用。2022 年 6 月 25 日修改的《中华人民共和国反垄断法》中，保护市场公平竞争的阐述中增加了“鼓励创新”的政策主张。针对平台企业的垄断监管问题，应考虑“数据驱动的透明性和问责制的开放创新”原则。建立和实施关于事后透明性的相关规定，可有力地补充甚至代替传统以建立事前准入规则为主的监管方式，降低政策干预的成本和惰性并鼓励创新。

2. 完善反垄断监管规则

数字平台多边市场、网络外部性、规模经济与范围经济的特征与传统经济相比有许多不同之处。而以传统经济为基础建立的相关法律法规，则呈现出许多不匹配性，法律的具体适用中出现了模糊不清的地带。必须对现有的法律法规缺陷之处进行完善，才能更好地发展平台经济，有序迸发其经济活动的活力。目前，平台经济在反垄断法律法规方面产生的问题主要集中在相关市场界定、市场支配地位认定、正当合理性抗辩等几个方面。

数字平台在多边市场上的经营管理具有跨行业服务的特性，给相关市场界定带来了麻烦。数字媒体、搜索引擎、社交休闲等行业的数字平台大多采取“免费”的方式来获取新用户。随着数字技术与通信技术的发展，产品更新迭代的速度非常快，新的商业模式层出不穷。整个市场呈现高速运行且产品种类繁多的发展态势，使产品或服务的边界变得模糊，传统以价格、质量、类别等维度的服务评价体系难以适用。这就要求在对平台企业反垄断执法时，不能单纯依赖静态的、传统的分析指标，要更加关注市场的进入壁垒或可竞争程度。适当少用结构性指标和成本加成指标，更侧重对潜在竞争状况的分析，重视动态效率的抗辩机制。关于相关市场界定的方法，要结合盈利模式、消费者体验、社会福利损失等不同角度考虑，根据不同商业模式、产品特征等具体情况去选择、不断探索并完善更适用于多边市场的相关市场界定规则。出现某种商业行为损害消费者利益与社会福利时，可以考虑在相关市场界定模糊的情况下直接对其市场支配地位进行认定以保障反垄断监管的时效性。

（二）反垄断监管模式

1. 反垄断监管模式创新

传统反垄断监管模式的对象主要是基于自然垄断引发市场失灵的企业（唐要家，2021）。其使用的事后监管制度不仅无法弥补市场竞争及社会福利已遭受的损失，而且会使因法律法规未能及时更新而破坏市场公平竞争秩序的企业增多，助长钻法律漏洞的不良风气。与传统经济相比，平台经济表现出明显的动态变化，尤为突出的特征就是不确定性与不可预测性。若坚持事后执法的做法，不但会加大执行成本与失误的代价，而且很难及时有效地响应激励技术创新与维护公平竞争的时代需求。从国际实践的经验来看，加强更为灵活的事前管制，其重要性与事后执法不相上下。许多学者表示应从柔性的平台企业反垄断合规监管与预警性的市场调研着手，切实推进事前监管的落实。美国、欧盟、日本等国家或地区陆续出台了反垄断合规指引，中国也在 2022 年新修订的《中华人民共和国反垄断法》中对经营者行为提出了新的要求，包括垄断协议、滥用市场支配地位、经营者集中三个方面，为事前的平台企业反垄断合规监管提供了法律依据。但仍然需要进一步健全反垄断合规体系，及时评估企业业务合规性。预警性的市场调研可以采取定期与不定时结合的方式。对市场定期进行竞争力评估并发布报告，从评估中发现异常企业行为，并将动态的评估报告作为反垄断依据。对重点关注企业进行针对性的不定时调查，若发现有垄断意图的市场行为，注意收集证据留存。事前监管更应遵循“包容审慎”的理念，以激励为主调动企业参与合规与调研的积极性，达到更好的反垄断法实施效果。

2. 多元主体协同治理

数字平台的经济活动牵涉多方利益主体与比较复杂的规则条款，需要政府机构和各种非政府主体合作治理，内部治理与外部治理相结合，实现多元主体协同的反垄断治理格局。合作治理已在电商打假中得到普遍应用，平台根据大数据监控到的异常指标将假货线索上报到相关政府部门能够提高打假效率。有效的反垄断监管更需要政府与平台、消费者、商家、行业协会及公众紧密合作。具体体现在政府机构重视创新反垄断监管规则，与商家、行业协会、消费者保持双向联系，通过互动和反馈及时适当调整反垄断政策以免影响企业创新性，强化执法效能。政府引导平台企业合规经营，平台企业也要积极自查自纠，发现不当影响自主进行合规性调整。平台企业要主动遵守行业协会一系列的自律公约，如中国互联网协会发布的《中国互联网行业自律公约》《移动互联网环境下促进个人数据有序流动、合规共享自律公约》等，做到诚信为先。行业协会应遵守各地市场监管部门发布的《行业协会反垄断合规指引》，加强自律，引导本行业经营者合理竞争，不破坏公平的市场秩序。政府机构要完善反馈机制、强化监督渠道，畅通消费者和公众的投诉举报通道、商家的申诉渠道，鼓励商家和行业协会在调查中积极举证，保障多元主体监督的时效性，强化反垄断执法的透明性。

（三）反垄断监管效率

1. 应用前沿技术加强监管敏捷性

按部门分工的传统反垄断监管模式存在明显的滞后性，不能及时规制平台企业的不正当竞争行为。推进“互联网+监管”、“大数据+监管”与“人工智能+监管”的智慧监管模式建设，加强反垄断监管执法的敏捷性和灵活性已经成为提升监管效能的重要方法。随着数字技术的快速迭代更新，监管机构要应用前沿科学技术为反垄断监管数字赋能，从大数据到人工智能，前沿技术能为反垄断执法过程的敏锐感知、信息处理和精准施策提供强有力的技术支持。监管机构设置一系列破坏市场公平竞争行为的特征阈值，利用人工智能依托智慧城市系统感知到的前端资源实时监测记录异常信息。人工智能可以自发处理海量信息对风险快速响应，通过算法与训练得出临时解决方案并动态调整。监管机构应用前沿技术能够提升垄断风险的预测能力并实施前瞻性的监管措施。可以借鉴欧盟等经验，创设临时性竞争干预工具，在确认违法前直接禁止平台的某些行为。采取前置监管应对扼杀式并购现象，对平台企业的并购行为严格审查并及时回应，可以为初创企业提供自由发展的空间。

2. 利用人才资源提高反垄断监管效能

与国外相比，我国的执法人员数量相对较少。可以考虑增强对反垄断机构的重视程度，扩大反垄断机构工作人员队伍，引进经济、技术、法律等方面的专家以丰富执法队伍。由于平台经济中存在的垄断问题比较复杂，全国各地的执法水平不一致，很容易产生不同程度的执法尺度与地方保护主义，影响到执法的公平性。为了形成联合执法，对齐执法标准，国家市场监督管理总局和各省级市场监管部门应当就中国的平台经济监管模式进行探讨，建立一个畅通的协调与沟通机制。尤其是在案件线索、适用法律、调查经验等方面交流协作，这对调动当地执法力量具有积极影响。

如何快速积累反垄断执法人员的专业素养与办案经验是非常重要的一个问题。2020 年全国共查结的 15 个垄断协议案件，只有 12 个省级反垄断执法机构参与其中，而且当地执法部门所涉及的案件数量相对较少、业务水平相对较低。要想打击这种垄断行为，就必须要有法律、经济学、网络技术等方面的专业知识。要想提升执法队伍的综合素质，就必须改革执法队伍，强化基层执法队伍建设。

3. 运用分类监管增强反垄断执法精准性

随着数字与通信技术的发展商业模式不断创新，数字平台企业种类繁多。国家市场监督管理总局在 2021 年 10 月发布《互联网平台分类分级指南（征求意见稿）》中，根据平台的连接属性及功能属性，将平台企业分为六类。国家统计局也在同年 6 月发布了《数字经济及其核心产业统计分类（2021）》，从数据统计上明确了互联网平台的五种类型。实施反垄断监管时，要充分利用平台企业的分类依据，对其功能不同、发展阶段不同及所属行业不同的平台企业实行差异化监管，实现精准施策。具体来说，一方面进行克制性干预，观察但不决策，使行业发展富有生机。实施对象包括市场上创新动力强、有利于促进创新的经济活动，或是促进行业竞争促使生产效率提高的竞争行为，或是规模较小、仍在成长发育期的潜力企业。另一方面对相对明确、潜在危害较大的反竞争行为重点关注。比如，上述所言的“二选一”行为、价格差异化、扼杀式并购、算法隐蔽合谋等滥用市场支配地位的行为应密切关注。落实互联网平台企业的主体责任，及时查处明显限制竞争侵害用户权益的案件，增加反垄断法的威慑能力，在另一种程度上增强了事前监管的效能。

第六章

数字经济下的企业理论

数字经济时代，在互联网、人工智能、区块链等数字技术的创新发展下，传统企业呈现空心化、网络化等发展特征，介于企业与产业之间的平台生态系统、社群等新型组织形式的出现改变了企业的生产经营模式。同时，生产力和生产关系的变革推动企业的发展模式、组织结构、资本结构发生相应的改变，原有的理论范式无法准确解释数字化企业或传统企业中的诸多行为，本章分别从企业产权理论和企业治理理论两方面入手，阐明数字经济时代下的企业理论特征。

第一节　数字经济下企业的产权结构

以互联网、人工智能、云计算为代表的数字技术发展推动经济主体生产模式的革新，数据作为新生产要素渗透到企业生产运营中，改变了企业的组织模式和运营逻辑。社会资源的可数字化改变了企业的资产形态，数字经济的快速发展对传统企业产权理论产生重大冲击。本部分第一节从传统企业产权内涵出发，从数字技术基础、资源稀缺、数据资产等方面阐述数字经济对传统企业产权的冲击，企业产权关注重点将从以所有权转向使用权为中心的分析范式。第二节从产权角度概述数字化企业的产权结构新发展。工业革命推动生产力的创新变革，也极大地改变企业资源要素配比模式和资本结构，根据数字经济的技术特点，本节提出以智力密集型企业为代表的新型企业产权结构。

一 数字经济下企业产权的新内涵

（一）产权内涵的演变

1. 产权理论的启蒙

古典经济学家为证实资本主义私有财产制度的合理性，十分重视私有产权及其产权制度的研究。哲学家、经济学家约翰·洛克认为，国家的存在是为了保护私人财产，财产权优先于国家主权而存在。在洛克观点中的财产权不仅包括私人拥有的财产，还包含生命、自由的权利。亚当·斯密在其著作《国民财富的性质和原因的研究》中的主要观点是建立在严格的私有制度之上的，他认为一个好的经济制度才能做到鼓励每个人去创造财富。在土地非私有的社会，消耗的劳动数量决定生产品的价值。在实行土地私有制后，商品价值不仅来源于劳动，同样来源于资本和土地。斯密认为，土地所有权和资本所有权的拥有者，同样具备参与生产品收益分配的权利。古典经济学派对产权理论的启蒙作用主要表现为以下两点：一是正如斯密所言："只要不违反公正的法律，那么人人都具有完全的自由以自己的方式追求自己的利益"（斯密，1776），"剥夺我们已经拥有的东西，比让我们得不到该得到的东西更严重，因此，侵犯财产，比仅仅撕毁契约罪恶更大"（斯密，1759）。即在公平的法律制度下，每个人的财产都应受到排他性保护。二是人是自利的，为了追求更多的财产收益，微观个体会以利益最大化为目标将生产资料投入市场，如果私有产权越明晰，竞争越充分，资源配置就会更有效。此时的产权倾向于财产权属性，企业产权尚处于模糊状态。

新古典学派则将稀缺资源的有效配置作为研究重点，将产权及产权制度作为研究的既定前提，将参与经济的所有行为主体均当作拥有绝对的产权。

2. 企业产权理论的形成

奈特从信息的角度区分风险和不确定性，并和产权联系起来，认为在生产组织内部，做出如何生产及确定产量的决策要比生产本身更重要，所以参与生产和经营的人一定要具有较高的管理能力（奈特，1921）。但世界上只有极少数人是风险偏好者，因此大部分人在企业家保证自己收益的前提下，愿意将自己对不确定性的控制权交到企业家手中，企业由此诞生。此时企业的存在可以理解为企业家和员工之间追求风险重新分担所带来的收益。康芒斯（2013）提出，经济活动是以所有权为基础的，如果不取得合法的控制权，就无法生产和消费；财产的意义不是物质本身，而是使用和处理该物质的权利。企业诞生的本身可以看作是一种代理行为，这种企业代理的核心是基于专业性的财产管理权，其中这种财产管理权对资源配置以及经济绩效的作用尤为凸显。康芒斯对产权理论的研究明确界定企业产权的必要性，为现代产权理论奠定了基础。

随着新制度经济学的兴起，阿尔钦、德姆塞茨等一批学者通过对产权作用机理的研究分析，建立产权分析的基本框架并开始应用于企业理论的研究，越来越多的学者开始关注企业产权问题，企业产权理论成为企业理论分析研究的重要部分。

3. 企业产权理论的发展

产权，从法律的角度而言是指以合法财产为载体而呈现的所有权利，财产所有权是指所有权人依法对自己的财产享有占有、使用、收益和处分的权力。比较而言，产权还包括与财产所有权有关的财产权。这种财产权是所有权部分权能与所有人发生分离的基础上产生的，是指非所有人在所有人财产上享有、占有、使用以及在一定程度上依法享有收益或处分的权利。在企业理论中，企业产权是建立在企业各种财产基础之上的权利，包括所有权、经营权、收益权及让渡权等。科斯在《社会成本问题》中对产权也有相关的表述："人们通常认为，商人得到和使用的是实物（一亩土地或一吨化肥），而不是行使一定（实在）行为的权利。我们会说，某人拥有土地，并把它当作生产要素，但土地所有者实际上所拥有的是实施一定行为的权利。"

产权界定是市场交易的基本前提。在科斯之后关于企业产权理论的发展可以归为以德姆塞茨、阿尔钦为代表的基于完全契约假设下的"旧企业产权理论"和以哈特、莫尔为代表的基于不完全契约假设下的"新企业产权理论"。旧企业产权理论将产权定义为："为自己或他人受益或受损的权利"，是附着于实物或劳务上面的权利束，主要包括作为剩余索取者的权利、观察投入行为的权利、作为各种投入合同公认的中心权利、增减团队成员的权利、出售这些用于界定古典的企业所有权的权利（德姆塞茨，1999），产权的定义侧重体现企业的生产性质，认为

“企业的本质就是团队生产”，其中企业所有者和雇主处于契约中心地位，拥有剩余索取权。新企业产权理论则将产权定义为实物或非人力资源[①]的所有权，资产所有者的权利是能够排他性地使用自己的资产，在企业产权中强调剩余控制权的重要性，剩余控制权归资产所有者所有（伯利和米恩斯，2005）。

企业产权是基于企业财产下的各种权利。不同学派切入点不同而产生不同理论分支，但现代企业产权理论中产权往往分析的是资产所有者的权利，工业经济时期资产往往以实物的形式表达，故以资产所有者的权利为分析内容，而非所有者的行为。同时，以往的理论均以所有权为重心，忽略了使用权的重要性。随着生产要素的变革以及数据要素独有特征的出现，不可避免地要重新区分行为和行为权利，以所有权为中心的传统分析范式已不再适用，需要建立新的理论范式。

（二）企业产权的新解释

1. 产权与数字技术基础

从技术基础的角度看，在数字经济时代，数字技术不断革新、企业组织结构不断升级，以所有权为分析重点的企业产权理论的解释能力被现实束缚，故产生一种从围绕所有权转向围绕使用权分析的研究趋势。互联网大数据技术大力发展，生产力和生产关系发生变革，处于技术前沿的互联网学者在探究新技术对经济带来的影响时，将深层技术发展带来的交易模式和内容的改变总结为五大特征（凯利，2016）：①减物质化和服务化。数字经济时代，“产品即服务”的趋势越发明显。其中最具代表性的产品当属软件，软件供应商通过互联网以租赁的方式向客户提供“虚拟服务”——软件来满足用户需求，例如“基础架构即服务”和“平台即服务”的商业模式[②]，产品服务化意味客户只拥有使用产品的权利，不具备所有权伴生的排他性、控制性和责任类等特权。②按需

① 其中，非人力资产可以指建筑、机器、存货等有形资产，也可指合同、专利、客户信息等无形资产。

② 基础架构即服务是一种新型商业模式，企业通过互联网以即用即付的方式向消费者提供计算、存储和网络资源等 IT 基础设施。购买者可以使用应用程序和 IT 系统所需的资源，负责部署、维护和支持应用程序，产品提供商负责维护物理基础设施。平台即服务这种商业模式不需要下载或安装 IT 基础设施，可以通过因特网发送操作系统和享受相关服务，用户可以将私人电脑上的资源放置在网络云上，也可将其称之为“云件”。

使用的即时性。即时性的特征是活动时效性强，在一定时间内从外部环境收集信息并且能及时做出回应。需求和使用即时性表明在精准匹配技术的推广下，长期拥有但不常使用的观念将会发生转变，更加注重需求的及时满足和实现。短期使用代替长期拥有成为数字经济时代消费者需求新特征，共享经济成为新常态。③去中心化。数字技术打破时间和空间的壁垒，使物质信息快速流动起来，中心化的结构特征逐渐被替代，为了保证整体的移动，更加强调在分散化结构中各节点间的快速流动性，交易过程中物质所有权的归属和界定变得模糊。④平台协同发展。在市场中或在企业内，平台协作成为一种新组织方式，平台中各主体以共享为前提，相互依存，参与平台的某一产品（主体）的成功建立在其他主体共同协作之上。正是平台内各主体间相互协作共同进步的特性，所有权会被打压，使用权成为交易关注的重点。⑤云端。通过云端强大的计算能力和数据储备能力，用于日常工作生活的智能设备成为对接云端的一个窗口，一切操作均在动态云端完成。新一代信息技术不断更新换代使云端系统越发强大，人工智能及其他云技术通过云端不断渗入人们的生活中，工作和娱乐生活将会更多地摆脱个人所有权的孤岛，走向云中的共享世界。

从数字技术作为传递媒介的商品交易角度来看，数字技术改变了市场交易的成本构成，以互联网为代表的信息传输技术大幅降低了大容量信息传递的成本，与地理位置紧密相关的传统通信成本和运输成本对交易活动的影响程度不断弱化。数字技术打破了时间空间的载体限制，由数字技术构造的交易平台可以形成虚拟市场，商品交易不再局限于所有权的让渡。数字信息产品本身是没有实体的无形产品，只能通过互联网交易平台的形式提供给买家，此时交易的并非该产品的所有权，而是部分使用权，卖方将产品卖给一位买家后，仍然可以将该产品出售给其他买家，商品的使用价值并未完全过渡给单一买家。

从数字技术作为消费途径的角度看，人们为满足个人需求购买的数字信息产品，以数据和编码的形式存在于和互联网连接的终端设备中。低成本或零成本复制的产品特征导致不同的消费者可以同时独立使用该产品而互不影响，产品消费不具备独占性（裴长洪等，2018）。数字技术使产品交换以及产品消费的侧重点从所有权转向使用权。

2. 产权与资源稀缺

对于农业经济和工业经济来说，物质资源不仅是有形的，而且具备有限性和稀缺性，资源所有者对于资源的使用往往具有排他性，经济活动表现为对资源的竞争占有。所以，以所有权为主导的传统经济学理论符合工业经济时代发展特征，注重对占有资源的经济效益的分析，并未过多关注因资源占有产生的成本问题。注重占有的经济形态下会出现一种现象：部分产品在交易过后使用率极低。从社会整体资源配置的角度而言，占有资源虽然可以通过资源利用产生价值，但也要为保管、维护、修理、更新资源付出精力和时间。占有却不使用会导致资源闲置和浪费的不经济现象，同样会带来经济负担。如果能突破资源稀缺带来的排他性问题，达到不占有但可以使用，就整个社会而言，可以省去上述一系列成本和支出（张弛和张曙光，2019）。

数字经济下网络技术和大数据的发展突破了资源稀缺性这一重要前提。一方面，无论自然或社会中有形或无形资源都能获得数字符号表达的形式，摆脱资源实物的形态限制，在互联网平台的普及下，人们对数据符号资源的收集使用便捷自由。另一方面，正如第四章所说，相较于有形、排他性的物质资源，数据资源可以无限复制使用，具有高固定成本和低边际成本的特征，得益于网络技术的发展，平台参与门槛降低，使类似 App 类的数据应用活跃在经济活动中。传统工业企业是将重心放在固定资产投资和生产制造环节，数字化企业在创造产品价值时大大减弱固定资产投资的驱动作用，以价值链中的技术研发和资源共享为主导。资源稀缺性前提的改变淡化了所有权的作用，将使用权放在经济活动的中心地位，符合经济学成本收益原理，拓展了经济活动的价值和意义。

3. 产权与数据资产

在传统的产权结构中，基于实物资产构造的产权结构所有权和使用权是捆绑在一起的，无须特别区分和界定。数据作为数字经济时代新加入的生产要素，不同于传统生产要素。

在企业层面，数据要素的开发利用是实现企业价值最大化的有效路径之一。无序且未经加工的数据作为原始材料，经过存储、处理等工序参与社会生产经营活动中，可以为数据所有者（企业或个人）以及使用者（分享或使用）带来经济效益，如此，经过加工处理的数据便转变为企业的数据资产。随着基础物理技术的不断更新换代，硅晶体技术不断突破发展，数据的储存拓展能力爆发式提升，在摩尔定理的作用下，计算机处理数据的效率呈指数增长。此时，企业能够利用大数据技术收集海量数据，通过数字化技术对数据信息进行追踪、筛选、处理，并将处理过后的数据作为企业生产、经营、决策的依据，为企业提供大量数据资产。即使利用同一组数据，不同企业根据需求提取的有效信息也会不同，此时企业对数据并非以占有为目的，利用数字化技术对数据进行深度加工进而演变成为企业资产从而创造价值才是主要目标。

从资产价值创造路径来看，数字化企业与传统企业有本质上的不同，传统企业凭借企业内部资源创造商品价值，参与价值链经济活动以单向为主导，即商品或服务在供应链自上而下向同一方向流动，最终传递到消费者手中，价值转移是单向的；数字化企业依靠外部海量数据和自身数字加工技术，利用数据资产以连接和分享的方式创造价值，在经济活动中形成多经济主体的多边交流，强调大规模协同作用，产品或服务的价值不仅来自企业，消费者可与企业共同创造价值，价值转移是多向的。

数据资产的大规模使用会改变企业规模经济的实现方式。数字资产具备低边际成本、无损耗、易复制等特点，且数据资产的产生主体不再局限于企业，消费者是企业数据资产的重要来源。相较于将大量资源融为一体的大型传统企业，平台企业凭借数字技术以高效、低成本的点对点连接方式将各类不同但又相关联的用户群体以数据的形式置于同一平台，此时企业不仅可以从供给端通过技术创新等方式实现规模经济，也可以从需求端实现非线性的规模增长。以阿里巴巴为例，该企业虽然通过更新软件、优化平台的方式获取盈利，但其市值能跻身前列的价值优势主要在于其庞大的用户群体。2022 年，阿里巴巴创建的网络平台里活跃用户量已经达到 13.1 亿[①]。以数据和数字技术构建出来的生态平台没有时间空间和物质的束缚，企业可以利用数据要素通过共享这一传播途径获得资产价值，规模效率大幅提升，从而平台企业迅速崛起，在

① 数据来自《阿里巴巴财政年度报告》。

全球市场上获得一席之地。以 2022 年 11 月 15 日的收盘价为准，世界范围内平台企业前十名的总市值超过十大跨国企业，且十大平台企业平均创立时间比十大跨国企业的成立时间缩减约 2/3，如表 6-1 所示。由此可见，平台企业能够更加高效拓展企业的规模经济，打破价值增长幅度限制和增长上限。

表 6-1　　全球十大平台企业和十大跨国企业对比

平台企业	市值（亿美元）	成立时间（年份）	跨国企业	市值（亿美元）	成立时间（年份）
苹果（APPLE INC）	23780	1976	沙特阿美（SAUDI ARABIAN OI）	19750	1988
微软（MICROSOFT CORP）	18130	1975	伯克希尔（BERKSHIRE HATHAWAY）	6853.5	1956
谷歌（ALPHABET INC-A）	12440	2015	特斯拉（TESLA INC）	6050.8	2003
亚马逊（AMAZON. COM INC）	10140	1995	联合健康（UNITEDHEALTH GRP）	4856.7	1974
英伟达（NVIDIA CORP）	4088.2	1993	埃克森美孚（EXXON MOBIL CORP）	4694.8	1882
腾讯（TENCENT）	3243.1	1998	强生（JOHNSON&JOHNSON）	4520.6	1886
脸书（FACEBOOK INC-A）	3051.4	2004	维萨（VISA INC）	4387.7	2007
阿里巴巴（ALIBABA GRP-ADR）	1954.6	1999	摩根大通（JPMORGAN CHASE）	3968.3	1799
奈飞（NETFLIX INC）	1367.5	1997	沃尔玛（WALMART INC）	3814.3	1962
美团（MEITUAN）	1235.9	2010	台积电（TSMC）	3803.7	1987

注：Alphabet（Alphabet Inc）于 2015 年 10 月 2 日成立，是由原来的 Google 公司（成立于 1998 年 9 月）组织分割而来，并继承了 Google 公司的上市公司地位以及股票代号。

企业资产的产权特点因新的生产要素数据的加入而发生转变。现代产权制度认为企业内部资产专用性由技术专用性决定，这种逻辑致使企业产权理论将重点放在企业所有权上。威廉姆森提出专用性资产，这类资产一旦调整使用方式或者更换使用对象便会造成使用价值的损失，与交易方签订契约开展经济活动时，传统企业将资产专用性作为企业内部的竞争优势。按传统产权性质划分，企业中专用性资产一般指的是物质资产，交易物质资产是以交易所有权来收费的，且卖方仅能和一个买方进行交易，资产只能交易一次。企业往往通过提高配套产品的资产专用性，降低不同企业类似产品的兼容性，以此来实现稳固交易活动增加客户黏性的目的。然而，数字经济下企业竞争优势来源发生改变，从内部差异化的资产水平转为企业外不同协作网络平台、体系之间的竞争。企业想要发展壮大，首先要开放平台体系，扩大体系内部的成员数量，且为吸引更多用户加入，需要提高企业产品的兼容性。利用大数据通过互联网搭建的数字平台本质上是“通用目的技术”催生的“通用性资产”，降低了企业的资产专用性。且企业与数据资产相关的经济活动不再是以所有权为主，而是以交易使用权来收费，同一组数据资产可以重复多次交易（如PAAS、SAAS，均租用软件技术的使用权，收费以使用情况为标准）。资产专用性理论在解释新一轮技术革命下出现的合作博弈的企业关系中存在一定的局限性。传统产权理论主张通过产权私有化明确产权边界，以此规避经济外部性。但数据资产凭借其特有的通用性属性，具有拉动企业间共同协作的作用，鼓励协同共生创造更大价值，此时数据资产的使用表现为外部性，且该外部性是经济的，属于企业内生的，与原有产权理论不同。

数据要素产生的数据资产的产权特点表现为所有权和使用权的分离（姜奇平，2021）。数据资产来源不仅包括企业内部的管理生产过程，还包括消费者、潜在用户的消费和浏览过程等，此时从产权的视角，企业仅能作为一部分数据资产的所有者和部分数据资产的使用者。所以，讨论重点需要从注重数据所有者的“四权”（所有权、使用权、收益权、管理权）转向使用者的“四权”，即使用者（企业）对数据的所有权，使用者对数据（对没有所有权的数据）的使用权，使用者对数据（利用数据提供服务获得的数据）的收益权，和使用者针对数据的管理权。从传统注重分析所有者“四权”的模式分析企业数据资产时可以发现，工人在使用数据要素相关的生产资料时，从传统权属看工人并非数据的所有者，自然谈不上拥有所有权和使用权。而在衍生的使用者

“四权”中，工人具备使用者的使用权（即非所有者的使用权）。在企业产权理论的演化过程中，因技术变革引进了数据这一生产要素，产权的划分及研究重点从所有权转向使用权，而企业从所有者角色转变为使用者角色。

传统经济市场中，物品交易是以交换物品所有权为主，即所有权是交换的实质。在数字经济时代，互联网环境下的信息交流、技术革新使得交易模式转变，对市场规则产生影响。服务、共享是数字技术发展的产物，对传统产权观念提出了挑战。数字经济并未否定所有权的重要作用，但新技术革命带来的数据要素将使用权从所有权中剥离，在大数据赋能企业生产过程中，数据所有者和数据使用者以契约或合约的方式协调权益分配比例，即根据所有者和使用者的收益权的分成比例来确定剩余的分配。此时使用权和所有权的分离在分享剩余上就表现为拥有者与非拥有者的剩余权利分配，一个重要特征是非所有者也可参与其中。

总之，数字经济下，企业产权理论研究重点从以所有权为中心转向以使用权为中心。譬如，研究资产使用者在企业经济活动中的作用，以及如何通过激励和合作等手段创造更大的共生价值等。

（三）数字经济下的企业性质

数字经济下企业产权的分析重心从所有权转向使用权。基于此，企业性质也发生改变，例如企业的本质、企业的边界以及企业的内部流程和组织结构发生改变。

数字化企业是拥有共生能力的创新主体，突破了传统企业边界限制。传统企业理论将企业视为交易主体，用交易目的解释企业的行为活动，将经济活动的交易费用作为企业与市场划分的依据，规模扩张极限由外部市场交易成本和内部管理协调成本共同决定。在以使用权为中心的数字经济时代，企业的重点不再凸显交易主体的作用地位，而是强调各主体的协同共生。充分利用各主体资源的性能特点，将资源有效匹配和连接，使之能在相互依赖的共享生态经济系统中实现价值最大化成为企业的最终目标。企业的活动中心转变为对使用资源的整合匹配，强调的是企业的使用目的。大数据、互联网等数字技术以及相关产业的出现使交易市场中的交易费用越来越低，当低于组织内部的协调成本时，企业会通过提高核心技术或者设计能力，利用平台加盟、参股等形式加入产供销整体协作的网络平台实现数据资产来源最大化，再利用数字技术将声音、图片等一切有用信息处理为二进制数字模块，重新编程处理，通过核心数字技术利用具有同质性的数据资产来实现不同目标。数字化企业的规模扩张不再受到内部管理成本和协调成本的约束，可以通过完善内部沟通管理的网络协同系统控制企业协调管理成本、缩小企业内部管理边界。脱去内部成本束缚的企业，其规模的扩张速度远超传统工业企业，企业的外部边界（对外界的影响和控制边界）将突破传统企业的规模极限。

在新的技术驱动下，企业内部管理结构和组织流程发生变化，企业的决策权、经营权、监督权的分配方式也会发生转变。现代公司制企业的委托代理模式可简单概括为：决策权由董事会掌握，经营权委托给经理人，监督权由董事会派选的监事会掌握。在使用权为中心的发展趋势中，所有者会逐渐放权、交权，将董事会和经理层的授权权利交给使用者，最终的理想企业管理结构为：使用者投票选出董事和董事会成员，总经理由董事会在董事中选聘，监督权归所有者，以此来达到真正的三权分立，相互制衡，形成一种全新的治理结构。同时在新的管理架构中，收益权也将重新分配，收益权不再仅仅归属于企业所有者，使用者即全体员工都将参与利润的分配。企业依旧以追求价值最大化为目标，但追求利润最大化除资本所有者外，还有决策者和经营者，新的企业产权结构将会诞生。

二　数字经济下企业的产权结构

（一）企业产权结构的变革历程

企业产权结构是为了避免企业内部各要素所有者在生产协作经营等经济活动中的偷懒或“搭便车”行为而存在的。企业产权理论关注重心从剩余索取权转向不完备契约下的剩余控制权，最后落脚到企业内剩余索取权和剩余控制权的相互匹配。剩余索取权指财产权中对资本剩余的索取权利，即对利润的索取权，剩余控制权指在原契约中未规定部分的决策权利。企业产权结构的本质就是对剩余索取权和剩余控制权进行合理分配，借助产权结构的安排来解决企业内部激励问题和经营机制的选择问题。不同生产方式和组织模式的企业依据自身资产、经营模式特点，将部分剩余索取权分配给监督人员以达到激励目的，以此实现企业价值最大化。

企业的资本结构是产权结构安排的重要依据。在工业经济时代初期，一些以加工业为主的企业属于劳动密集型企业，依靠廉价劳动力生产加工产品，劳动力本身的低水平同质性导致劳动成果无法凸显个人的资本价值，生产率仅作为衡量总体平均指标的一种方式。缺乏异质性的人力资本无须过多的前期个人投资，充足的劳动力使企业雇佣或解雇劳动者无需过高成本。作为无形资本，人力劳动无法作为企业风险抵押物参与企业的投融资，劳动者本身也不愿意承担风险，更多的是将企业视为他们的谋生场所和躲避市场竞争的“保护伞”。企业家拥有的固定资产属于专用性资产，损耗慢，使用周期长，固定资产所有者要承担更多的投资风险。另外，企业家指挥决策在生产过程中起到至关重要的作用，并且从技术角度更具备监督优势。因此，劳动密集型企业的剩余索取权和剩余控制权均归企业家所有（经营者所有），简称为“L”形结构。

19 世纪 80 年代以后，伴随生产力发展和技术突破性创新，出现了资本密集型企业。这类企业具备一定生产能力后，企业边界向上下游拓展，将企业上游供应和下游分销的厂商纳入系统中，形成一条完整生产链，有助于减少市场经济活动的交易成本，企业利用具备的关键性资源——物质资本可以实现规模经济和范围经济，从而获取比较优势。企业一体化扩张减少了中间产品的交易环节，中间产品的市场规模减小，与之配套的劳动力需求不断降低，人力资本的价值通过依附在物质资本上才能体现，物质资本在创造价值中起到不可替代的作用。企业开始采用一种以工作职能来划分部门的垂直一体化结构。资本所有者通过控制实物资本便能对企业内部的重要资源进行管理和控制。所有者为方便管理企业经济活动，凭借实物资本具备可让渡的特性，可以将企业经营权分配给高级管理人员管理各个部门，管理层参与剩余控制权的分配以达到激励效果，以此构建高度集权、对员工控制力极强的产权模式。

20 世纪 50 年代以后，企业逐步发展为以技术密集型和资金密集型为主的资本结构。企业内部技术含量提高，对具备较高知识水平与技能的技术人员的需求加大。企业技术密集程度与企业技术设备紧密相关，需要投入大量资金，因此技术密集型企业往往也是资金密集型企业，少数人的资金投入无法满足企业的规模需求，“M”型结构的股份制企业因需产生。企业不再受到有限股东的限制，企业注册资本分解为小面值股票，企业所有人可以出售股份但不影响企业运行。股份公司具有独立的法人资格，缔结契约时其主体作用更加简洁明显。股权分散化使股份制企业的所有权不再局限于极少数人所有，此时企业产权结构的重要特点为企业所有权与经营权分离。上市公司的社会公众持股将企业所有权趋于分散，公众的财富共同构成企业运用和支配的资本投入。企业所有者经营权淡化，所有者拥有的股权是投资资本的符号凭证，不具备实际支配权，而经营权从所有者权利中分离出来，归属到企业经营者的手中。

第四次工业革命中，智力密集型企业出现。智力资本的概念由斯图尔特提出，由信息和知识驱动的“新经济”导致了企业对智力资本（IC）的兴趣增加，企业员工成为推动企业经济长期可持续增长的价值创造者。智力资本也可描述为公司的市场价值与其替代资产之间的差额，是员工为企业创造价值提供的知识、技能的总和。智力密集型企业主要是以智力、知识、技术、信息、技能为核心生产要素，将技术和劳动力有机结合，共同作用创造更大价值。数字经济时代，企业的智力资本价值不断提升。计算机智能化可代替简单劳动力工作，对企业生产流程进行了全方面的渗透，这将引导企业重视和提升企业的智力资本水平，智力资本成为企业产权结构的关注重点。数字技术推动企业程序性业务决策自动化，带动企业家及人力资本实现由低层次到高层次的动态结构变化。伴随技术结构升级，人力资本结构高级化发展的过程形成企业的智力资本，对企业科技创新水平有较大提升作用。复杂的非程序化业务需要复杂劳动力操作，数字技术可以将企业人力从重复程序化的常规工作中释放出来，转向对非程序化业务的研究探索。由于智力资本对企业的价值创造具有显著推动作用，因此从资本结构来看，智力资本的占比逐渐增大，财务资本占比将会下降。

（二）数字经济下企业产权结构的新特点

数字经济下，企业的目标是追求价值最大化，智力资本是名副其实的价值创造源泉，成为推动企业资产高效运转、创造利润提高价值的驱动器。数字技术作为智力资本的代表，打破了时间、空间对交易的约束，扩大了交易范围，降低了企业间的交易成本。但数字技术的更新速度逐步加快，随着用户需求快速更迭以及技术更新周期不断缩短，市场中不确定性加剧，对企业创新能力需求日益提高。为适应数字经济的发展要求，面对技术创新所带来的巨大风险，企业需要具备分散风险的能力。企业产权结构既要分散风险，又要具备多元化的结构特点来扩大企业融资渠道。在此背景下，能够分散高风险的有限合伙制和双重股权制产权结构较契合数字经济下企业发展的要求，开始大范围流行。以下简要介绍这两种制度特点：

有限合伙制，从设计机制来看是非常有利于高风险投资的组织形式。在二元责任制度下，普通合伙人（General Partner，GP）承担无限责任，有限合伙人（Limited Partner，LP）以货币、实物、知识产权、土地使用权或者其他非劳务资产的财产权利作价出资，承担有限责任。有限合伙制下，通过向投资方提供股权的激励方式，可以提高投资方的积极性，并维护企业控股权的稳定性。有限合伙制实现了技术、资本和管理的高效组合，能够有效降低出资者的风险，扩大数字企业的融资渠道。

双重股权制度是基于持股等级的差异分配投票权的制度，能够保护企业创始人的权益。传统企业“一股一票”的股权制度很难满足技术变革后的企业需求。在机器设备主导的生产方式下，物理资本稀缺性决定企业中股东至上的大股东主导结构，而数字经济时代，颠覆性创新和替代式竞争成为经济活动常态，企业的创新发展需要初创团队的创新能力和趋势洞察能力。企业价值创造从物质资本转向人力资本，创始股东团队不仅有创新能力还具备巨大的关系资本，是数字化企业保持长期可持续发展的重要因素。除此之外，数据作为新的生产要素，其所有权分布于消费者、企业员工和社会各界，若仍以所有权作为产权结构的衡量标准，企业的产权结构将会复杂化，不利于企业未来发展。因此，数字化企业的产权结构关注重点应放在数据资产的控制权，且控制权应尽可能放在掌握核心技术的创始团队或运用数据要素产生企业价值的人员手中。如何有效地提高创始团队在企业经营决策的话语权，使其在持有较少股份的情况下掌握公司的控制权是数字经济时代企业产权结构变化的关注重点，双重股权制度应运而生。

双重股权制度最明显的特征是同股不同权，一般股东实行一股一票制，但企业高层管理或创始团队享有一股数票的权利。拥有不同表决权的股票可以有效分离股东的投票权和收益权（分红权）。其优势在于：①企业可以通过实施双重股权制度，有效地避免以获取短期红利为目标的股东因缺乏专业管理知识做出干扰企业长远发展的决策。②双重股权制度可以有效地避免创始人团队在企业规模发展的过程中因为不断融资稀释其持有股权，最终丧失企业实际控制权。③双重股权制度可以很好地规避企业被恶意收购的风险。这种产权结构的深化是对管理决策团队话语权的有效维护，提高了智力资本的作用地位，确保数字化企业拥有源源不断的创新动力。

双重股权制度同样存在不足，一股多票制度促使控制权集中在创始人团队或高级管理层，容易导致投票决策活动流于形式。小股东借助累积投票权形成的表决权无法与大股东抗衡，中小股东的权益可能受到侵害。且企业决策战略规划过度依赖创始人团队，导致企业过度集权，专制行为依旧会出现。此时创始人团队的重大决策失误将会对企业声誉和企业未来发展产生较大的损害。

数字技术下企业资本结构发生改变，智力资本密集型企业可以依靠智力资本获得企业价值。信息的快速更迭致使数字企业发展充满不确定性，为降低投资风险，数字化企业可以通过有限合伙制扩大融资渠道。企业产权结构更加注重保护智力资本，为维护创始团队及核心数字技术研发人员的权益，可以推出同股不同权的双重股权制度。企业凭借对高素质、识别能力强的技术人才的保护，不断优化企业产权结构，从“谁拥有、谁控制、谁获益”向“谁创造、谁控制、谁获益”方向转变。

第二节　数字经济下企业的治理结构

数据要素的出现、新型技术的推广对企业的公司治理产生深远影响。本节首先从信息结构变革对企业组织结构的内在作用机制入手，根据数字经济特有的技术特征归纳数字技术对企业结构变革的影响。其次，着重阐述基于数字经济的新型契约模式——技术契约下公司治理的发展方向。最后，补充说明数字技术如何影响企业的治理结构效率，总结数字化企业治理机制的发展特点。

一 信息结构变革对公司治理的作用机理

美国著名的科学哲学家托马斯·库恩（Thomas S. Kuhn）提出“范式”和“范式转换”概念。从工业经济到数字经济，原有的理论基础和实践规范产生了根本性变化，企业想要继续生存发展，必然要进行范式转换，具体到微观企业，表现为企业的数字化转型。如果将工业经济与数字经济划分为两种经济发展范式，区分它们的本质对塑造企业数字化转型及未来发展具有深远影响。经济发展范式本质的变化可归结为：技术进步、资本结构、制度变革、贸易扩张等驱动因素下的信息结构变化和资源属性变化。

（一）信息结构的特征变革

信息结构泛指多人决策中有关信息的分布结构。在企业层面指的是企业收集、传递、处理、储存、检索和分析经济数据的机制和渠道。除目标函数和其余条件限制外，企业在动态决策和在分析对策问题时可依据的各类信息渠道和获取方式组成企业的信息结构。

在工业化历程中，工业化技术和工业经济基础共同构成工业化信息结构，虽然技术已经获得长足发展，但仍受限于当时落后的信息传递工具，加之思想的禁锢，技术在实际应用方面利用率较低，并未完全凸显技术在信息结构中的重要性，信息结构存在不及时、不连续、不细化和不完整的问题（肖静华，2020）。在工业经济后期，信息通信技术在一定程度上提高了企业获取、利用信息数据的能力，拓宽了信息技术的适用范围和应用深度，如企业客户关系管理、企业资源计划等，但对信息结构的影响仅停留在表面，借助技术应用提高信息利用率并未改变信息结构的本质特征。

以区块链、5G网络、大数据、物联网、人工智能等为代表的新型信息技术的出现和广泛使用，将从本质上改变信息结构。新型信息技术驱动企业突破时间、地域、组织部门的限制，企业收集、处理、传输和储存数据信息的能力获得显著性提高。企业可以即时了解、采集和存储一切联网信息，并且随时随地将信息上传至网云中，信息结构变得即时、连续、细化和完整。利用网状信息结构和共享信息平台，通信速度得到提高，企业实现内外部信息的实时沟通，提高了各方组织经营的协同能力，降低了信息沟通成本。动态、即时的交流也极大地促进了创新应用的开发，进而推动企业的创新绩效大幅度提升。

（二）企业组织规则变革

信息结构通过信息数据传输效率和信息完整度等因素影响企业的流程效率、协作能力和专业知识的获取能力（Lyytinen et al.，2016）。企业想要做出最合适的决策来实现价值最大化，相较于主观经验判断，通过获取的客观信息能做出更为理性的判断。因此，信息结构的特征将会作用于企业组织结构的选择，影响企业组织结构的特点。

信息结构的不及时、不连续、不细化和不完整特征致使企业决策的判断信息具备静态、时滞、不完备的特点，无法灵活地应对市场环境的变化，很难及时调整企业的资源配置。工业经济时期，企业注重运用精准的劳动分工提高生产效率和企业绩效，高度理性是企业实现利润最大化目标的重要手段。信息技术受限下，企业在管理决策时选择制定严格的规章制度，用量化指标衡量劳动者（员工）的工作能力，依靠考核的形式决定员工的岗位及去留。科层制是最具效率的组织制度，能够通过严格等级制度确保分工严密、有效进行。马克斯·韦伯将工业经济时期理性思维下企业组织结构概括为科层制组织结构。科层制组织结构的特征为：①企业利用权威、等级、流程、规章制度建立金字塔形等级制度，实现高度集权，用标准制度维护各层之间的秩序关系，管理制度有同一标准且不轻易改变。②企业以效率优先，以精准化分工为目标，将管理人员和员工培养成高度理性个体，在企业固定程序流程中充当操作既定任务的机械单元。③企业员工的一切能力偏好用量化指标来判断，以绩效考核判定员工工作水平的高低。此时企业组织的管理特征表现为层级式、机械式、封闭式、递进式。工业经济时代企业的组织管理结构更像无生命的机械式管理机制。

数字经济时代新一轮信息技术的发展，使得企业的信息结构打破时空的技术限制。在及时、完整、细化、连续的信息结构下，企业可以获取多方位的最新数据，并利用追踪信息的动态演变提高信息决策的深度和广度。伴随信息结构创新和经济发展从工业化转向信息化，科层制不再完全适用于企业的管理过程。企业对组织的协同沟通、经营效率等方面的需求推动组织制度创新和变革。在数字化环境下，各类组织形式如雨后春笋般涌现，如虚拟资质、网络组织、模块组织、平台组织、生态组织等。这些新型组织形式具有共同之处：优势十分凸显，可以依托互联网基础设施灵活运用信息技术提升组织价值；缺点也十分明显，就是相对松散的组织管理，这些新型组织形式会使机会主义行为有机可乘，目前仍缺乏对技术运用的制度约束。

这里使用肖静华和谢康（2020）梳理的组织概念，模仿计算机网络的特征，将数字经济时代企业组织制度称为网格制，网格制的组织结构是指数字化体系下组织通过网络化、扁平化、模块化、平台化等方式来协调资源配置，以实现组织生态系统的组织制度。数字经济下网格制的结构特征可总结为以下三点：

（1）网格制下企业的组织制度、组织形式、组织流程具有极高的灵活度，拥有极强的外界环境适应能力。新一代信息技术支持下，企业内信息交流效率和企业间的信息共享程度不断更新。开放性信息结构使企业管理者及时了解环境变动，快速对市场变化做出响应。信息流数字化使信息在企业内的高效流通能打破部门间隔阂，将各部门有机联系在一起，具体表现为横向职能部门的跨界入局和纵向部门间的融会贯通，相互配合，协作共赢。因此，区别于工业经济时期企业等级分明的治理规则，企业可以通过网格制平等共享的规则治理。每个部门就像网络中的节点，一线部门依据市场最新数据调整相关措施，各部门之间通过数据传输构建实时连接，卸下企业组织结构中臃肿的中间管理层，简化不必要的工作和决策审批流程。组织资源由高度集中转变为相对集中，高度集权转变为多中心权力结构。企业决策的多主体特点使企业不再使用单一标准化模板运营企业，自主决策在一定程度上提高了企业的抗风险能力。

（2）数字化信息结构催生的分层模块化架构下，多方主体的共同参与使规则呈现异构性，各方主体拥有自主决策的能力。企业管理层面会表现出管理边界模糊的不确定性特征。分层模块化体系结构利用数字技术设备、网络、服务和内容组成的耦合层来扩展组织模块化体系结构（Yoo et al.，2010）。例如，在企业生产过程中，分层模块化体系结构中的组件设计并不是来自给定产品的单一设计层次结构。相反，一个产品是通过协调异构层的组件集合共同生产，每个异构层都属于一个不同的设计层次结构，例如，谷歌地图由一系列内容（地图）和服务（如搜索、浏览、流量和导航）层组成，它们具有不同的组织模块接口（应用程序编程接口），最终呈现的商品是一个集合产品。模块化同样可用于企业组织结构的架构，基于网格制组织制度，企业可以有选择地、有针对性地对组织进行规范及治理。同样，分层模块化结构支撑的组织规则多样化和多主体赋能进一步激发企业组织的创新再生能力。从企业管理边界的角度分析，在异质性模块组合和自主决策的过程中产生的数据资源是企业发展创新的重要依据。在模块多样化组合的过程中，各生产要素的作用属性也会随着变化不断重组和聚合，表现出丰富、流动性强的资源属性。此时，企业的组织边界在资源变动、要素聚合、模块变动中既有扩张的概率，又有缩小的可能性，数字化企业的组织边界具有不确定性。

（3）网格制组织结构内的管理区域相互间联系紧密，团队结构取代层级结构，企业内雇佣与合作共享关系并存。平台企业前端团队的多主体决策与后端大平台决策共同作用，创新不再是专有部门的专业性任务，由此形成企业组织的多元化创新特征。数字化技术推动团队内部、团队间的直接沟通和信息交换，实现跨职能、跨部门的有效协作。技术赋能员工提升其获取信息的能力，不断提高自身技术水平，增强员工的工作效能，激发员工的自发创新能力。前端团队通过技术研发不断提高创新水平并注重与平台的协同创新发展，共同推动企业组织创新和模式创新。信息结构的变革引发市场结构的转变，新一轮的技术赋能体现在资源配置属性的转变，引发企业商业模式的创新，从工业经济时期以竞争、垄断和竞合为主要表现方式的市场结构，转变为借助生态平台共享和合作共赢的市场结构，为原本难以产生交流的不同行业搭建交流分享的渠道，推动企业战略性创新的发展。多渠道信息沟通同样可以激发企业组织的多样化创新能力，网格制组织制度结构生态中充满活力的生命体，各方协同作用，通过平等、多元的多主体自主创新，激发创新动力。

二 数字经济下技术契约的治理逻辑

（一）传统契约理论与技术信任

1. 传统契约理论的类型

传统契约理论将企业视为利益相关者之间缔结的契约集合。企业在建立合作关系时签订契约确保在之后的交易和合作中自身权益不受侵犯。作为企业组织内部及组织间常用的治理手段，契约不仅可以确保企业委托人和代理人能够在既定规范下各司其职，在信息不对称和不完备的不确定环境下契约机制还是规避合作伙伴机会主义行为的有效方式。但是因为企业委托人的预测能力存在局限性，相关的物品或劳动产生供给的契约期限越长，则实现的可能性就越小，一方违约的可能性越大。

基于契约双方委托代理人关系的复杂性和交易内容的多样性，可将现有契约类型分为正式契约、关系契约、心理契约和社会契约。

（1）正式契约（formal contracts）最明显的特征是执行具有强制性。因为契约双方最终目标不同，为了合理规避可预测的潜在风险，委托人在订立正式契约时，将对代理人的要求用一种可记录的指标数据作为衡量依据，如将代理人的努力和贡献程度与工作绩效挂钩，目的是当代理人出现违约或争议行为时，可利用约定好的行为指标作为判断是否违约的依据。正式契约的优点在于契约具备的强制性可以有效缩小合作面临的风险范围，同时以文书保留的正式契约对后续的合作具有参考价值，可以节省双方沟通时间和沟通效率。但是正式契约也存在不足之处：作为一次成型的契约机制，初始成本较低，但事前沟通签订的契约往往因为对未来的不确定性和人的有限理性使契约本身具备不完全性，并且在履行契约过程中无法实现动态监管，信息和行为的监控难度较大，监控成本较高。

（2）关系契约（relation contracts）没有强制性，类似人们在工作、交易等活动中形成的行为规范。威廉姆森在交易成本的治理机制的研究中指出，关系性契约是一种在不确定的复杂条件下能够保证较高的交易专用性、随着时间推移能够持续展开的交易契约。当交易过程中出现无法完全按照事前签订的正式契约履行的情况时，可以利用企业内一些非正式协议或者一些不成文的行为惯例（这些都属于关系契约）做出相应的调整和改变。关系契约在一定程度上弥补正式契约的不足。在企业内部的委托代理关系中，人的有限理性使企业绩效无法完全客观表达代理人能力，团队组织能力、领导能力、战略视野等企业家精神很难量化评估，此时关系契约可以弥补正式契约导致的激励扭曲，完善契约机制。关系契约常用于企业内部员工之间、上下级之间的任务分配、调岗晋升、止损决策等。关系契约也存在违约的风险和动机，例如委托人主观瞒报员工绩效等，若双方出现对结果存在认知偏差，关系契约因缺乏法律保护很难再执行下去。关系契约对结果的判定更多基于双方对主观绩效评价的认同程度来决定（Bullc，1987）。

（3）心理契约（psychological contracts）属于心理层面上的契约关系，对正式契约和关系契约起到补充作用。心理契约是在双方明确契约关系后，对对方付出与收获的一种无形期望。例如，员工希望公司在达成支付薪水等正式契约上已有的内容之外能够让员工在工作中感受到安全感。心理契约有三个特征：①以主观判断为主，不以明文形式表现。②具备动态的作用特征，随着主观感知而变化。③心理契约不受法律约束，个体主观感知往往存在差异，因此判断是否违背心理契约是由个体独自主观判断的。例如，委托人因客观原因对代理人进行职位调整或解聘，在代理人眼中该行为可能是以不正当手段伤害代理人的权益，违背了心理契约。企业治理过程中，员工对企业的忠心、热情以及个体或团队对企业的心理期望均属于心理契约。

（4）社会契约基于道德人的理论假设，是具备道德责任和义务的个体或组织向集体转让其全部自然权利以此来进入社会活动的契约总称（Donaldson and Dunfee，1994）。社会契约往往包含企业的道德义务，是基于信任、诚实而存在的，在一定程度上弥补经济人理性中自利假设的不足。

以上介绍的四种契约是传统契约理论的成果，各有优缺点，但相互间起到补充作用，能够解决传统企业的治理问题，避免事前、事中、事后的机会主义。在数字经济时代区块链等技术的发展，企业、消费者等经济主体对技术信息的依赖程度提高。传统的四种契约形式无法完全满足企业治理的需求，需要结合数字经济的技术特点进行创新和补充。

2. 数字经济下技术信任与企业治理

根据以上契约类型的分析，可以发现一个运行良好的市场秩序需要某种道德支持，信任是市场经济发展的基础。市场当中的信任是指个体对置信对象的行为是否符合自身期待的一种主观判断，企业的信誉、员工对管理层的信心和忠心、消费者对企业品牌的认可度都是信任的一种表达形式。即使是在正式契约中，双方若无足够的信任，再严谨的契约很可能仅以诉诸法律为结局。数字经济下新兴技术的发展为社会信任模式提供了新的内容和角度，在原本具备的人际信任和制度信任下增加技术信任。

数字经济时代以信息科技为基础、以网络技术为核心的新技术范式正在通过重塑物质基础和社会关系对经济活动及相应制度产生深远影响。技术信任是人们对数字技术基础设施能够推动交易合作成功的信念基础。起初的数字技术可以通过互联网技术的底层设计构造交易的多维度保护机制，用于解决电子商务引入过程中存在的安全性问题。随着作用范围逐步扩大，学者开始分析如何利用数字技术避免电子商务中存在的新型机会主义行为，发挥其独有的治理作用。

从技术视角而言，信息技术在分析、决策中表现出超越人性的客观特性，它的广泛运用克服了有限理性假设的缺憾。技术信任表现为人们出于对信息技术的功能性、可靠性、实用性的了解，感知到信息技术值得信任。信息技术通过大幅提高信息透明度、扩大信息传播范围的广度和深度，从而减少了信息不对称程度。利用区块链等技术存储的信息具有不可篡改的特点，提高了追溯信息的可靠性，可以对机会主义行为形成有效监督，提高监管精准度的同时降低管控成本。数字技术对企业层面乃至社会层面都存在治理价值，能推动电子商务、平台企业、企业供应链在协同发展的过程中广泛形成技术信任。目前将技术信任分为三级：一级是指对技术本身的信任（可靠性、客观性和有效性）。二级是指对技术用于治理过程的信任。三级是指技术信任与人际信任和传统信任的混合治理效应的信任。

3. 数字经济下新型治理问题

新技术范式的出现能有效规避原来就存在的机会主义行为，但与此同时衍生出新的机会主义行为，例如数字鸿沟导致的数字不对称、数字经济中的数据操控、算法黑箱等。此时技术的复杂性使经济主体的经验失灵，企业利用信息通信技术和网络平台进行交易活动的机会存在差异。治理数字化亦存在制度缺失的风险，即技术创新运用的更新迭代速度比约束创新技术作用范围和程度的规则制定的速度要更快，因此会形成技术发展和治理问题的差异。例如在平台企业如美团软件背后的北京三快科技有限公司，将参与美团外卖平台的外卖商家根据大众反馈设定评分，店家口碑数字化，为消费者选择提供客观公正的参考依据，但随着信息技术进一步发展，恶意刷单等技术上线，评分参考价值大幅下降。数字经济中的机会主义行为存在更高的技术隐蔽性和边界模糊性，此时传统制度和契约理论已经无法满足治理需求。

无论是社会还是企业层面的治理制度都与信息紧密相关，数字经济时代信息结构的转变必然会对传统治理机制进行变革或带来新的治理机制。互联网、区块链等数字技术不仅能提高信息透明度，还推动数据传送速度和传送空间迈上新阶梯，而且区块链等技术确保数据无法删改可溯源，对市场经济过程具有降本提效的作用价值和抑制机会主义的治理价值。数字技术可以贯穿市场中的所有经济活动，以此为基础的新制度安排能与原有制度相融合，并能达到更好的治理效果。因此，以信息技术为基础的新的治理思路和治理理论——技术契约应运而生。

（二）技术契约的概念及治理效应

1. 技术契约的概念内涵

技术契约从狭义而言，是指互联网等信息技术为规避契约不完全性带来的机会主义而形成的隐形规范（吴瑶等，2020）。在供应链协同管理过程中，平台企业与企业用户对技术基础设施及供应链信息系统的投资就是技术契约的一种形式，参与供应链信息技术系统的投资及运作的组织之间或企业之间就存在技术契约。技术契约既不是参与双方明确权责具有法律效用的正式契约，也不是行为惯例形成的关系契约，当然与心理层面的心理契约也存在很大差异，技术契约是企业内各团队组织或企业之间在系统协同过程中形成的、基于信息技术在参与经济活动的主体之间建立的新型契约类型。

从广义而言，技术契约主要凸显信息技术自身包含的治理特性。技术契约不局限于供应链系统中的协同合作，还可以扩展至各社会主体之间合作规则的治理应用。基于信任、预期收益和自我认知的价值主张等多维视角构建的工业互联网属于技术契约的一种表现形式，区块链、大数据、物联网等技术实现了人、机、物、系统的全面链接。数字技术将产业信息映射到工业互联网中，以数据形式表现的生产要素改变了产业的生产力与生产关系，推动了数字经济下的制度变迁。

与传统契约类型相比，技术契约具备技术嵌入性、过程透明性、时间颗粒性和边界模糊性的特征。技术契约是一种中立的以信息技术为基础的客观契约，技术在契约中扮演第三方的角色，参与到契约双方的博弈当中影响双方行为。技术契约在企业或社会层面都发挥了多重的治理机制，可以对正式契约、心理契约和关系契约形成有效的补充。一是技术契约可以利用区块链、智能规则设计等方式降低企业在履约过程中的执行费用和监管成本，极大地降低新型机会主义行为出现的可能性，以此补充正式契约的不足。二是它可以利用可视化的数据分析模型，将企业或用户的行为轨迹量化记录，将传统心理契约中看不见、摸不着的事前或事后承诺通过数据的形式客观表达出来，有利于降低主观认知偏差，通过提供第三方的客观监督机制拓展了对机会主义行为的抑制范围。三是技术契约可以将关系契约的执行过程数据化，通过数据验证契约内容，拓宽关系契约的适用面，提高关系契约的实施效率。

2. 技术契约的治理逻辑

数字经济下的技术契约是一种治理理论的创新，随着万物互联、资产数据化，数据成为新的生产要素参与到企业的生产分配中，在企业运营、管理、生产、跨组织合作过程中数据无处不在，同样信息技术可以随时随地作用于企业每个治理环节。此时，技术契约的治理逻辑与传统逻辑不同，不再是一次性、不易改变或事前事后时间点的单向选择，而是针对契约不完全采取的一种在契约履约过程中持续不断、动态、适应性调整的治理思路，强调契约执行过程中的信息透明及数据可追溯对合作结果的适应性控制。治理过程可以描述为：一是企业共同协作构建大数据网络平台实现数据共享，相关信息从由少数人掌握的状态转变为分权限“透明化”共享。二是企业利用共享信息建立灵活的风险反应机制，借助数字技术对供应链信息系统提供的大量信息进行处理识别，极大提高了信息透明度，避免了因信息不对称造成的风险损失，有助于交易活动中契约双方能够建立更牢固的信任。三是借助信息透明和数据可溯源特征，契约双方可以通过技术契约的信息结构选择事前和事后的监督方法，数字技术作为监督机制中的技术手段保留交易活动相关的数据信息，以此判断契约履行结果和指定新的阶段性的技术契约，循环往复。在循环过程中潜在不确定性用数字技术可视化表达出来，将不可描述的不确定事件转变为可描述的概率事件，从而对契约双方可能存在的机会主义行为进行针对性、适应性治理（陈吉栋，2019）。

区块链与智能合约

区块链的诞生使得智能合约成为可能。区块链具有去中心化、开放透明、安全可信的特点。这意味着用纯数学方法构建的信任关系，可以降低契约双方因主观因素带来的不确定性。智能合约的代码对用户是透明的，只要进入系统就能查到编译后的智能合约，进行核查、审计等工作。同样利用非对称密码学原理在区块链上的应用，使得数据拥有抵御外界攻击的强大算法支撑，保证区块链数据无法更改和伪造。

目前中国非常重视区块链技术的研发与应用，2021 年以前，中国区块链研究机构数量已经达到 114 家，从全球区块链技术来源地区来看，中国区块链申请量达到 15985 件，占全球总申请量的 84%，位居世界第一（资料来源：《中国区块链年度发展白皮书》）。

区块链应用案例

【案例一】2018 年 7 月，百度正式宣布推出基于区块链技术的原创图片服务平台“图腾”，在图腾中，作者把原创图片在“链上”进行登记，便可获得确权，根据区块链的不可篡改和溯源特性，实现作品可溯源、可转载、可监控。一旦发现有侵权行为，图腾会免费为作者维权。

【案例二】京东建立区块链防伪追溯平台，该平台记录商品从原产地到消费者全生命周期每个环节的重要数据，通过物联网和区块链技术，结合大数据处理能力，与监管部门、第三方机构和品牌商等联合打造防伪和全链条大数据分析相结合的防伪追溯开放平台。平台基于区块链技术，与联盟链成员共同维护安全透明的追溯信息，建立科技互信机制，保证数据的不可篡改和隐私保护性，实现全流程追溯。

数字经济下，消费者与平台企业之间往往是以技术契约为主，在交易过程中充分发挥技术信任的治理功能。企业利用二维码、区块链等数字技术实现企业生产流程、提供产品服务的可追溯性。技术契约同样能发挥监督职能，信息技术具备的可验证特性推动企业提升产品和服务的品质，增强企业对生产工艺的监管以及产品品质的管控，防止“逆向选择”和“劣币驱逐良币”的情况出现。消费者对平台基础设施和数据、技术客观性特征的主观信念产生技术信任，认为平台企业有能力与其沟通、交易和协作，从而保障经济活动的正常运行。

技术契约使企业内部的劳动关系得到更高效的发挥，有迹可循、客观公正的技术契约融入雇佣关系中的正式契约、关系契约和心理契约，使企业员工的权益得到保障。技术契约在一定程度上能预防企业管理层因主观经验导致不合理的人员变动。技术契约嵌入心理契约可表现为数字技术在心理契约的可视化运用，对员工起到更好的激励效果。管理者在做决策的过程中会提高对信息的重视程度，确保决策客观并可实施。能够收集记录数据的区块链等数字技术实现了企业运营的自动化监管模式，极大地减少企业组织内部的监管费用，省去为监督而设立的管理组织，简化了企业内部治理结构。技术契约及其与传统契约模式的组合运用有效地提高企业运营效率和治理能力。

同样，数字经济时代，企业依托技术契约创造出新型劳动关系，一方面依托于技术契约的治理价值，另一方面又推动技术契约治理价值的扩展和完善。传统的劳动关系以雇佣关系为主，而平台企业在网络协同作用下与服务供给方签订非雇佣关系的劳动契约，利用数字化系统进行自动监督服务提供方的劳动过程实现自动管理，借助技术契约对服务提供方可能存在的机会主义行为进行适应性治理。平台企业不再严格要求服务提供方归属、效力单一雇主，而是将重点放在对数据化劳动结果的分割。平台企业利用算法驱动的管理模块对劳动过程进行记录和管理，成为新型管理模式中的基本方式。消费者在购买产品或服务后，平台会将服务过程的可视化数据信息提供给消费者。平台和服务提供方依据信息技术可追溯特征制定数据化声誉，以此代替传统主观口碑成为消费者选择平台评价的第三方依据。

技术信任是数字经济时代企业治理的基础，从企业层面来讲，技术信任有助于平台企业新商业模式的发展。数字经济下的企业不再以单打独斗的方式谋求生存，技术联盟、平台加盟、特许权经营等企业联合组织不断出现，其治理模式不能简单依靠企业内“命令”式的规章制度或是依靠传统交易市场的竞价原则。在介于企业和产业间的新型混合组织形式中，规范的核心技术、较强的信息沟通能力、强大的网络资源共同推动联合组织内的企业实现共同发展，共享信息产生的知识交互、外溢效应能够促进企业商业模式的创新。技术信任是企业组织能够有效健康运行的关键，是网络平台共享信息价值最大化的决定性因素。因此，平台企业之间以及与服务提供方的合作除签订正式契约外，技术契约亦必不可少。

技术契约对企业治理提供创新性作用，传统企业数字化转型过程中技术契约的治理效应也十分凸显。在上文将技术契约与其他契约的对比中，基于技术契约特征，信息技术能够嵌入传统契约中，此时技术契约嵌入其他契约能够形成混合形式的治理互补性，带来的混合治理价值即资源配置效率的提高程度根据具体情景而定。同样延伸到经济运行当中，数字经济可以利用技术特性降低不完全契约程度，技术契约构成的治理机制推动企业治理制度的创新，是数字化企业开展经济活动的基础。

三 数字经济下企业治理结构新变化

新一代数字技术的发展驱动企业商业模式、竞争模式、资本结构的变革，将市场经济从传统的规模经济和范围经济延伸到网络经济和数字经济新领域。企业管理结构突破传统科层制的限制，形成以模块为特点的网格管理模式，为适应市场变革，市场活动也从原有的以竞争、竞合等方式转变为以合作、共享为特点的经济形态，实现多维的盈利方式。数字技术改变传统企业生存发展模式的同时，也转变了企业治理结构的主要矛盾。数字经济推动企业治理主体和治理模式发生改变，有助于重构数字化企业的治理结构。

（一）组织结构的变革效应

传统的科层制组织结构无法适应数字技术的更新换代速度，受层级管理的限制，技术导向型的企业无法发挥出其创新方面的主动性。员工间非正式的信息技术交流未能及时收集也不利于技术的自由流动。此时，以“灵活”为特征的企业“扁平化”治理方式作用凸显。在传统工业时代，个人被禁锢在企业大组织之中，消费、需求整齐划一。数字经济时代，信息技术发展将个体从企业组织中解放出来，员工与企业不再是简单的雇佣和被雇佣的关系，而是以合作共生关系推动企业发展。数字经济时代，企业内部的组织个体可以决定自己的个性化需求，每个掌握终端的个体与互联网连接就可以成为一个组织，无须外部指令，只需通过表达自身的个性化需求就可以推动系统的有序化，不再需要扩大其层级复杂的企业规模。企业将原有庞大臃肿的组织形态转变为若干灵活的小团队，使企业内部组织变得精巧紧凑，优化了企业的治理结构。管理者与被管理者之间的界限也逐渐模糊，趋向于无边界化。虚拟一体化组织形态使得企业与市场之间的界限也趋于模糊化，从而企业可以以低成本获得高速发展。另外，企业也可以利用网络平台与网络跨界创造更多具有自组织性质的企业治理结构中心，以满足以人权为本的企业治理的个性化需求。

（二）数字技术的内部治理效应

在信息不确定性的经济环境中，如何降低委托代理成本、维护股东权益是传统企业完善治理结构时关注的重点，学界曾提出以引入独立董事或者实施累积投票权的选举机制保护股东即资本所有者的利益。然而数字经济时代，以人工智能、大数据为代表的数字技术与金融的融合发展推动以普惠金融为代表的金融科技强势崛起，一改传统企业融资难的困境。普惠金融的广泛应用不仅拓宽企业融资渠道，还极大程度地降低融资成本，降低融资难度。此时金融资本稀缺性的降低有效缓解了企业对金融资本所有者的依赖，打破股东至上的企业治理原则。与此同时，数字化企业向智力密集型企业的转变，使得企业治理结构向拥有核心数字技术的创始人团队以及数字要素的使用者偏移。如何激励创始人团队、提高智力资本占比、提高企业创新资本投入成为企业内部治理的主要目标。数字化企业中创始团队不再局限于短期收益，而从长期视角规划企业发展战略，与股东形成专业分工的合作互补关系。资本结构的转变淡化了股东与以创业者为主体的管理层的矛盾和冲突，企业控制权从以股东为中心转向以核心技术掌握者为中心的配置形式，股权结构不断创新，委托代理也不再是提高企业治理效率的关注重点。高速的信息流动以及便捷沟通应用的产生降低了大股东与中小股东的信息不对称程度，网络会议、手机投票等技术的发展降低了中小股东参与公司治理的门槛，拓宽了监管企业发展的股东范围，强化了股东的监督职能，进一步完善了企业内部的治理机制。

（三）大数据的外部治理效应

大数据等数字技术大大拓展了信息传播范围，有效提高了信息透明度。但利用数字技术拓宽企业发展边界的同时，也将更多的市场主体纳入到企业的生产运营等经济活动中来。企业治理获得更多主体的关注，企业外部治理压力将大幅提升。以机构投资者为主的中介机构能够凭借自身专业化知识，可以通过人工智能等数据处理技术从企业披露的数据中获取专业化信息，提高了评估企业决策的精准程度。在社交媒体传播途径高速拓展和不断成熟的过程中，以微博、微信为代表的社交平台为企业治理提供了舆论监督机制，有效提高了网络监管效力。企业在披露信息时会获得大量的关注，此时企业治理的外部压力和监督效力大大提高，监督机制的即时性推动企业治理的动态发展。同样，大数据等数据技术的应用还能为监管部门监督企业行为提供技术支持。基于大数据和云计算技术形成的智能审计关系网络、基于区块链的分布式账簿推动审计工作朝着自动化方向发展，区块链的交易信息记录规则和难以篡改性使得企业一切舞弊行为尽收眼底，使审计业务发生颠覆性改变。数字经济时代，大数据等数字技术的发展推动了企业治理的主体呈现多样化特征，丰富了企业治理的监督主体，有效提高了企业治理效率。

第七章

数字经济下的产业组织理论

随着数字经济的发展，微观主体通过运用数字技术收集、加工、处理经济行为中的相关数据进行投资、生产、研发等方面的决策。多边平台、商业生态系统、在线社区等产业组织不断涌现，产业组织表现出基础模块微粒化、组织架构平台化、组织关系网络化和组织情景生态化的特征。产业组织模式逐渐从垂直整合架构转变为网络协同架构。产业组织之间合作和竞争模式发生了新的变化。本章从三个方面对数字经济下的产业组织理论进行论述。第一节是对数字经济下资源配置方式与产业组织新变化的分析。第二节分析数字经济下的产业组织新模式。深入挖掘网络协同架构内涵、特征及形成原因，分析网络协同架构内部主体协同发展的具体表现和最终目标。第三节是对主体之间竞争与垄断的分析。着重分析网络协同架构竞争力提升的途径，以及“分层式垄断竞争”的形成原因、表现格局和社会福利等。

第一节　数字经济下的产业组织变革

一　资源配置方式变革

工业经济背景下，通过市场和企业科层制进行资源配置的方式受到信息约束、认知约束等因素影响难以实现资源的有效配置（易宪容等，2020）。传统经济背景下，市场通过价格信号传递供求关系的信息，而微观主体易受到信息不对称、自身认知约束的影响，造成逆向选择、道德风险、机会主义等问题，使价格机制失效。中介组织可以在一定程度上减少市场风险，但增加了外部交易成本，造成资源配置的低效率。企业基于对自身能力的判断和内外部交易成本的均衡考虑决定其发展规模和边界，但过高的委托代理成本和组织的任务环境复杂程度的增加仍然会导致企业组织的低效率。

数字经济时代，智能化手段显著提高了资源配置效率。生产者通过大数据分析和人工智能技术来收集、加工和处理微观主体交易行为的相关数据时，就会产生由大数据、互联网和人工智能等相融合产生的资源配置模式，也被称为人工智能资源配置模式或大数据资源配置模式等（何大安，2021）。微观个体利用数字技术获取完备信息，以此克服信息约束；运用智能学习深化对事件真相及未来的深入了解，以此来克服人的行为选择的认知约束。此时，资源配置的时空范围得到极大程度的扩展，基于共享平台的平台型企业成为共享经济时代主要的资源配置组织，并通过互联网共享平台实现资源的聚合、分割以及开放（阳镇和许英杰，2019）。

互联网资源配置模式对劳动者、消费者、企业及产业发展具有深刻影响。基于劳动者角度，互联网与数字通信技术打破了原有劳动形式中时间和空间对于劳动者的壁垒，提高了劳动者的就业自由度和择业自由度，提高了劳动力资源配置效率（丛屹和俞伯阳，2020）。基于消费者角度，消费的线上与线下协同与跨时空消费改变了传统消费运行轨迹，消费者的消费时间配置与消费活动范围得到前所未有的重塑与延伸，基于所有权与使用权相互分离的租赁型消费成为共享平台下的主流消费模式（阳镇和许英杰，2019）。基于企业决策角度，数据驱动型决策是互联网资源配置模式在企业层面的具体表现形式。企业通过自动化数据分析来理解各种现象的原理、过程和技术，基于经验证据而非商业直觉来做出企业决策，提高了决策的科学性与准确性（徐翔等，2021）。基于产业发展角度，互联网资源配置模式为企业提供了更高质量和透明度的信息，间接降低了行业进入壁垒，使资源向高效率行业集中。传统行业中将出现大量跨界竞争者，在位企业的市场地位面临被颠覆的可能。在位优势的丧失会倒逼企业进行技术创新和商业模式迭代，加速产业发展（肖旭和戚聿东，2019；党琳等，2021）。较之于以价格波动和供求关系为调节手段的市场资源配置模式，人工智能资源配置模式突出了人类以新科技为手段来规划产品和服务数量的新格局（何大安，2021）。

二　产业组织变革

随着多边平台、商业生态系统、在线社区等产业组织的涌现，数字经济下的产业组织表现出基础模块微粒化、组织架构平台化、组织关系网络化和组织情景生态化的特征（魏江等，2021）。

产业组织基础模块微粒化是指价值创造主体由组织整体向组织团队甚至个体转变。平台经济的发展、企业和生产要素的数字化转型提升了组织团队和个体的生产要素可得性。同时，基础模块的微粒化更提升了组织边界的柔性，具有相似目标的组织团队和个体会自发集聚形成社群模式，弥补单一成员知识、技术、能力和资源的不足。

组织架构平台化是对原有科层制的替代，是产业基础从“被组织”向“自组织”的转变（赵振，2015）。平台化组织架构由稳定的核心模块和可变的外围模块构成，平台和模块、模块和模块之间通过标准化接口连接。借助于物联网、云计算、开源社区等新工业革命技术手段，可以实现各模块并行创新、降低任务分工复杂性，同时减少组织协调和调整的工作量。

依托数字连接带来的虚拟合作，以及数据采集、存储、分析和处理技术，不同模块之间实现成员（魏江等，2021）和信息（冯鹏程，2018）的共享，形成了网络化的组织关系。成员的共享能够实现数据互操作，数据互操作能够在更大范围内产生要素价值（王申等，2022），提高模块协作效率，提升需求侧在数据要素价值化溢出过程中的福利水平。信息共享能够降低企业内专业化分工所增加的组织管理费用，组织得以适应复杂的、信息密集的经济世界的需求。

组织情景生态化表现为产业组织由封闭系统逐渐向开放的生态化系统转变。企业拥有的独特的具有极大消费黏性的消费者被称为社群，社群是数字经济时代的异质性资源（罗珉和李亮宇，2015）和集体智慧的贡献者（王强等，2020）。任务的模块化和可分解性提高了企业对社群拥有可能适用于组织内部的独特知识的认识，促进了组织边界的开放化和模糊化（魏江等，2021）。此外，专业知识、地位、声誉等带来的非正式权威取代了职称晋升、薪资待遇等激励手段，在新组织内发挥协调整合的作用。

第二节 数字经济下的产业组织新模式

数字经济的发展使资源配置模式和产业组织特征发生了新的变化。人工智能资源配置模式对价格信号在资源配置中的调节作用产生了巨大冲击，产业组织表现出基础模块微粒化、组织架构平台化、组织关系网络化和组织情景生态化（魏江等，2021）的特征。在资源配置模式和产业组织特征变化的影响下，产业组织模式也逐渐从垂直整合架构转变为网络协同架构。

一 网络协同架构的内涵

产业组织的网络协同架构是指厂商利用互联网或物联网平台和运用数据智能化而追求协同效应的一种产业组织模式。“网络”包含了由产业链横向、纵向延伸形成的产品网络，由价值链扩展形成的价值供给网络，以及创新网络。“协同”关系存在于企业之间或产业之间，具体取决于参与主体嵌入网络的形式。本章借鉴 Beltagui 等（2020）对商业生态系统的论述构建网络协同架构，如图 7-1 所示。

产业链供应链是网络协同架构的核心链条，是价值链增值过程的外在表现和创新活动的产业平台。在数字技术驱动下，产业链供应链沿着纵向和横向两个方向延伸形成产品网络，数据、资本、劳动力等生产要素在产业链供应链各节点内部和上下游流动。产业链供应链纵向延伸是从上游原材料、能源基础、生产环节直接向下游中间产品以及产成品产业拓展或反向延伸的过程；横向延伸是在产业链的某个环节上向与之配套的关联产业延伸，通过业务拓展、横向并购、数字化融合等途径从事研发、设计、材料供应、营销、市场开拓等（余东华和李云汉，2021）。产业链供应链向纵向和横向的延伸增强了网络协同框架的韧性，同时数字技术的应用让互联互通的供求双方在信息沟通渠道上实现“时空错开，同步并联”（何大安，2018），进而推动生产要素的存量调整，抑制中心化组织对关键要素的垄断（戚聿东等，2020），实现生产要素的按需动态配置。在完备信息假设下，产业组织挖掘潜在信息和预测未来信息的能力进一步提升，能够运用计算机服务器对数据进行机器深度学习和强化学习来预判供求总量及其结构；当总供给和总需求能够

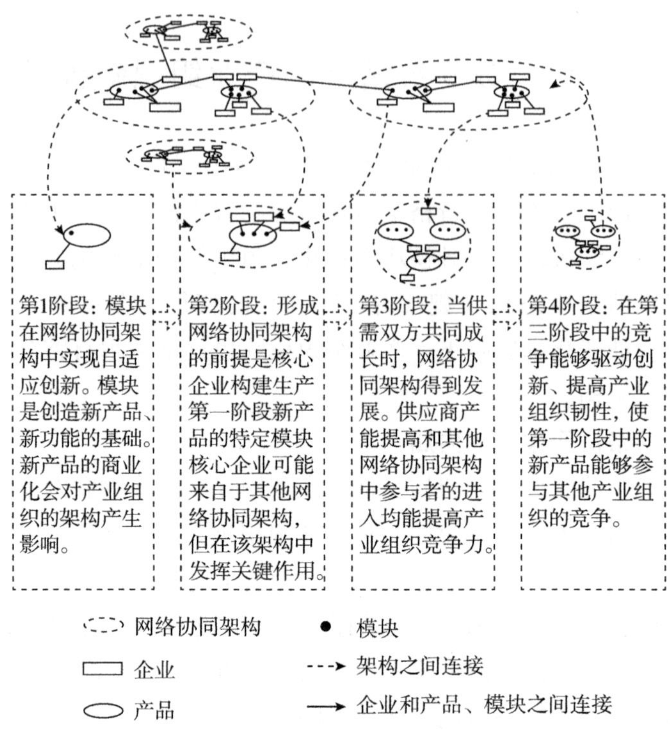

图 7-1　网络协同架构构成

得到预判，互联网配置资源机制将会成为资源配置的最优机制（何大安，2018）。

价值链增值是创新链和产业链供应链融合发展的最终目标。在数字经济背景下，消费者和生产者之间的边界变得模糊，消费者对产业的影响逐渐增强。围绕消费者使用价值的供给，企业之间互为外部支持，彼此提供互补资源。由于产业组织内部形成价值供给的生产性分工以技术能力作为必要条件，企业之间合作的重点不再仅仅局限于交易关系，而更多地体现为彼此之间相互赋能，即每个企业都作为独立主体，基于自身核心能力进行对外的价值输出，同时也会输入其他企业所供给的价值（戚聿东等，2020）。价值关系的跨界纵横交互进一步提高了商业合作基于复杂适应的网络特性，构建了遵循消费者主导逻辑的价值供给网络，为打造跨界复杂竞争优势孕育了强大势能（孙新波等，2022）。

创新链是创新知识、创新工艺、创新技术和创新要素的重要来源，是产业链延伸发展的核心动力，也是实现价值链跃迁和价值增值的基础（余东华和李云汉，2021）。创新资源的整合共赢是技术创新网络的核心特征。技术创新网络强调网络协同架构内成员之间的知识集聚与技术异化，注重多元跨界创新主体的频繁交流和创新环境的复杂多变，注重吸收外部创新思想、提升整体创新能力，从而获取生态优势，达到共同提升创新效益的双赢局面（解学梅等，2020）。

二 网络协同架构的形成

数据要素资源化是网络协同架构形成的基础。对数据原料进行初级加工，探索和开发原料的可用性和可收集性，将其转化为高质量数据，如同马克思所指出的“那些在原有形式上本来不能利用的物质，获得一种在新的生产中可以利用的形态”（马克思，2004），这一过程被称为数据要素资源化（李碧珍和吴芃梅，2021）。转化后的数据要素具有可复制性强、流量规模大、迭代速度快、复用价值高、无限增长和瞬时供给等禀赋特征，数据规模越大、维度越多、更新越快，数据边际价值越会成倍增加，从而能够打破传统要素有限供给的束缚（余东华和李云汉，2021），为网络协同架构形成提供要素支持。

数字技术智能化是网络协同架构形成和发展的重要驱动力。数字技术具有可编程性（可以对二进制信息进行再次处理）、可供性（有不同的应用场景）、同质性（可以将信息转换为二进制语言）等特征，使其能够向经济社会各个领域快速渗透（康瑾和陈凯华，2021），将人类、数据空间、物理世界相互融合形成三元系统，发挥数据对经济、社会、环境、资源等系统资源要素的聚集力和配置力。何大安认为高层级的人工智能技术有可能匹配客户的选择偏好、认知和效用期望等内蕴的能够左右产、供、销活动的相关数据，从而可以应对和处理投资经营的复杂场景和生态（何大安，2021）。正是基于人工智能具有这样的内生驱动基质，产业组织会演变成网络协同架构。

企业之间的竞合关系促进网络协同架构的动态演化。企业是网络协同架构中的重要参与者，受到自身资源条件、其他企业及网络协同架构的影响，会形成企业自身对网络协同架构和其他企业的影响和支配能力。企业以各类有利于推动组织学习的技术为依托，根据环境的重大变化而形成即时反馈、即时调整、持续变化的知识应用和知识探索（谢康等，2020）。企业之间存在既竞争又协作的关系，竞争会改变网络协同架构中原有的资源配置情况，及企业之间的均衡状态，为网络协同架构演化发展创造机遇；具有相同价值主张的企业之间通过协作，实现资源、信息等要素的共享，彼此赋能、合作创新，会推动网络协同架构向更高级层次演化。

组织边界柔性化是网络协同架构形成的内在动力。工业经济背景下，基于分工产生的企业组织边界十分清晰，数字技术的发展将企业与外部主体连接起来，打破知识生产部门和产品生产部门的界限，使组织边界呈现出柔性特点（康瑾和陈凯华，2021）。参与者以企业嵌入、产业链嵌入、产业集群嵌入等多种方式嵌入网络协同架构中，不同产业流程和不同行业之间实现横向融合和纵向嵌入，不同企业或工艺流程间实现多维耦合、资源共享和优化配置（余东华和李云汉，2021），上下游供应商、消费者和竞争对手共同参与到创新活动中，推动了网络协同架构的形成和发展。

数字经济背景下的环境、技术、市场制度、政策导向等因素也是推动网络协同架构形成的外在动力。数字经济与网络协同架构存在协同演化、彼此增强的关系。数字经济推动原有产业组织模式发生变革，催生了网络协同架构；网络协同架构促进数字经济的创新，扩大了数字经济规模。

三　网络协同架构的特征

开放性是网络协同架构的显著特征。一方面，开放性体现在允许规则异构性和多主体决策自主性。参与者以企业嵌入、产业链嵌入、产业集群嵌入等多种方式嵌入网络协同架构中，这使网络协同架构具有多样化的扩充和选择弹性，从而支撑起规则的异构性与多主体的自主决策，形成组织的创生能力或生成能力。另一方面，开放性表现为企业边界和产业边界的不确定性。在数字技术作用下，生产要素的属性特征发生改变，形成虚拟聚合与重组，资源属性逐渐表现为丰裕、共享和流动，具有高固定成本和低边际成本的特征。由此，企业边界呈现出扩张或收缩的不确定特征，使组织边界日益模糊而形成边界不确定的特征，如数字经济环境下组织的平台化扩张和组织的专业化聚焦并存（谢康等，

2020）。来自不同产业的参与者在网络协同架构中实现跨界合作，体现了产业层面的开放性。

产业组织中的参与者具有相互依赖性。网络协同架构中的不同主体，无论是领导企业还是跟随企业，无论是纵向链条上的组件供应商还是互补品生产商，无论是平台发起者还是平台参与者，它们作为生态系统中的价值共创者，其相互间的依赖性是制约生态系统价值创造的关键（韩炜和邓渝，2020）。

非契约安排，即主体间关系不必然采用契约来维系和约束。由于网络协同架构的开放性及参与者的自我选择特征，主体间关系治理往往是多种手段的混合，如知识产权、技术界面设计、平台治理、关系契约等（韩炜和邓渝，2020）。

四 主体协同关系

（一）协作创新

传统线性与链式创新范式逐渐被网络化创新颠覆，协同创新成为创造机会与突破资源约束的主流范式（解学梅，2015）。资源基础观（Resource Based View）认为，战略资源是企业竞争优势的主要来源，知识信息是关键的战略资源和创新要素。在面对复杂多变的市场需求时，公司需要花费大量时间精力跨越技术和组织边界，以期弥补内部知识缺口（Frenz，2009）。由于创新的资源和能力并不总是内嵌于企业内部，创新活动具有高度的复杂性和不确定性，企业可以通过协作减少这一限制（Das and Teng，2000；Nieto and Santamaría，2007）。同时，参与者之间的协作加强了相互的信任和信息交流的意愿（Liao et al.，2011），提高了参与者之间的协调程度。用户为企业提供专业知识和有效的问题解决方案同样加快了创新进程，而且更加充分地反馈了消费者需求信息、增加用户黏性（党琳等，2021），降低创新活动的不确定性。创新网络的构建不仅为企业开展创新活动所需外部知识获取提供有效的平台，而且为接近合作组织和知识整合提供了有效的保障机制。协同创新网络是创新网络的一个子集，比一般创新网络更有利于网络稳定，网络成员间信任与交流，以及成员间知识的溢出与共享。这种不断交互的过程促使成员间协同效应的产生，并形成螺旋式上升的过程（余维臻和余克艰，2018）。

在协同创新网络中，以集群核心供应链或者联盟为中心形成的企业群发挥着核心作用，政府、研究机构以及其他中介机构为协同创新提供政策激励和技术支撑，营造良好的外部环境（倪渊，2019）。核心企业位于企业群以及协作创新网络的中心位置，具有引领协同创新的合作能力。合作能力是指核心企业基于自身的战略目标和所处的创新环境（蒋石梅等，2015），在与合作伙伴相互信任的基础上发展起来的构建、管理、协调和控制网络关系的能力，这一能力是提升网络运行效率、引领协同创新的必要条件（倪渊，2019）。

合作能力源于核心企业企业家和高管层等个人的社会交往能力，包括声誉、沟通能力和关系网络等。起步阶段的核心企业能够以此吸引合作伙伴，并形成对双边关系的管理能力。随着合作关系的增加和协作创新经验的积累，核心企业的合作能力逐步提升，核心企业能够辨识和选择合作者、协调和管理参与者关系。不同的参与者在协作创新过程中扮演着不同的角色，所具备的资源和技术应具有兼容性和互补性。核心企业在对参与者进行辨别和选择时，需要避免因参与者贡献方式的重叠而产生的创新绩效损失；同时确保协作创新网络的完整性，针对用户特定需求，在不影响原有协作创新活动进行的情况下，仍然能够由相应参与者合作完成。参与者在各自领域贡献价值，并通过相互作用产生新的知识和需求，形成良性循环（Williamson and Meyer，2012）。

协同创新网络内部能否构建有效降低交易成本的运行机制，很大程度上取决于参与者相互依赖的程度及面临的风险。核心企业通常拥有关键且难以替代的知识、技术或资源，具备整合网络内部知识的能力。不对称信息往往是核心企业权力和竞争优势的重要来源，也可能是获取价值的关键，这一点在知识密集型企业中尤为显著。这要求核心企业或其他参与者开发有效的知识共享路径，带动参与者之间的共享学习行为。通过知识共享路径或机制，参与者能够了解需要交换的知识的数量和性质，有充足的机会相互学习、尝试联合活动，使知识交换更为有效（Williamson and Meyer，2012）。有效的知识共享路径和机制能够增强参与者之间的依赖程度，提高组织韧性和抗风险能力。

协同创新的价值最终由用户的支付意愿决定，核心企业对战略决策进行整合能够保障参与者拥有共同的战略目标（许治和黄菊霞，

2016）；制定并共享协同创新及创新系统未来发展的路线图能够有效降低参与者和潜在参与者对未来发展方向的不确定性，有利于参与者集中提供一系列连贯的产品和服务，避免削弱其投资能力和投资意愿。

在协作创新过程中，即使核心企业具有较强合作能力，但参与者面临的创新要素投入风险、道德风险、组织协同风险、资源共享风险、利益分配风险和市场风险等仍会造成协作创新效果偏离预期（吴卫红等，2021）。信息技术基于信息透明、信息共享和信息可追溯等特征，表现出与契约治理、关系治理互补的治理价值（肖静华和谢康，2010）。企业供应链信息系统投资及其运作，构成核心企业与成员企业之间的一种技术契约。在大数据、人工智能和区块链等新一代信息技术情境下，技术契约通过个体或集体行为轨迹的数据化、模型化和可视化，将心理契约的事前与事后承诺转变为数据化、模型化和可视化的过程，成为心理契约"可信赖"的第三方监督机制，从而扩大了对机会主义的抑制领域（吴瑶等，2020）。Briguglio 等提出了风险（risk）= 脆弱性（vulnerability）-韧性（resilience）的关系等式（Briguglio et al.，2009）。核心节点是协作创新网络形成和联结的关键结构（Franceschet，2011），与网络韧性密切相关（Reggiani，2013；谢永顺等，2020）。网络中节点连接越多，则抵抗能力、恢复能力越强；网络节点与其他节点的距离总和越短，重启创新联系的能力越强；网络节点资源越多，控制与转型的能力越强（徐维祥等，2022）。同时，协作创新网络抵御冲击的能力受到本地知识基础的正面影响。在数字要素和数字技术驱动下，产业集聚呈现出上下游企业主体以任务型合作为出发点，在网络信息空间上企业与企业之间、企业与消费者间的信息耦合度显著增强，它们在网络空间相聚并形成关联（王如玉等，2018）。协同创新网络中参与者之间距离总和缩短、资源增多，网络韧性随之增强。

（二）价值共创

从理论上讲，厂商之间行为互动的网络协同化是对厂商交易过程"知己知彼"的一种理论概括。从实践方面看，在产品和服务的供给量既定的情况下，如果大部分厂商投资经营能够实现较好的网络协同，他们对产品和服务的规划便能够相对准确地应对社会的有效需求（何大安，2021）。例如，在信息不对称条件下，生产者生产产品 M 的成本为 C，并利用信息溢价确定产品 M 的价格为 P1，超过自由竞争市场中的价格 P0，获得 P1—P0 的超额利润。用户对产品 M 的心理价格为 P2。在数字经济完备信息假设下，生产者依靠消息溢价获得的超额利润消失，用户剩余增加，增加值为生产者福利损失的部分，社会总福利不变（焦勇，2020）。数字经济发展减少了生产者与用户之间的信息不对称，带来了价值重塑，但没有实现对价值的创造。在产品和服务的供给量扩大的情况下，网络协同化会扩大产品和服务的需求端（何大安，2021），此时实现了价值创造。

情景一：

在 P0<P2<P1 的情境下，消除生产者与用户之间信息不对称，生产者在预期用户行为决策后降低产品价格，以较低价格达成交易，相较于前一种情况，实现了价值的创造。互联网技术使激增的个人数据、交易数据流动起来，实现生产者与用户、生产者与生产者之间的信息互通，平台企业有效地降低了包括寻找交易对象所需的搜寻成本、获取交易对象相关信息以及同交易对象沟通所产生的信息成本、签订合同的议价及后续监督成本等各种交易成本。高效的交易信息降低了供需缺口、提高了匹配效率，使生产者在预期用户行为决策后将产品价格降低至 P0，生产者获得 P0-C 的利润。此外，生产者可以依靠该业务积累的用户，低成本地开展多样化的业务，通过范围经济获取伴生利润。

情景二：

用户作为对产品和服务价值的评判者，通过互动、沟通参与到价值共创过程中。用户对于产品和服务的评价、建议能够消除时间空间错位造成的信息不对称、生产者与用户之间的信息不对称，帮助用户更好地利用自身和供应商的资源。当 P2<C 时，用户对产品 M 的心理价值低于产品的生产成本，即使在完备信息假设下，交易仍不能达成。从生产者角度看，数字技术提高了生产者与用户的连接效率和连接深度，通过智能载体了解用户需求的动态变化，甚至对潜在用户的消费需求进行预判，从而提升产品功能和服务价值，在产品孕育生成的初期实现产品与需求有效连接，提供更具个性化、针对性的产品和服务，使用户对产品

M 的心理价值提升至 P2*，当 P2*>C 时，实现价值共创。从用户角度看，用户在参与企业生产过程中发挥着整合企业资源、其他资源以及个人知识、技能、经验的作用。有研究表明，用户提供了更多的问题解决方案。基于社交媒体或人工智能的多种平台为生产者与用户互动交流提供了虚拟接触点，促进了价值共创。移动应用程序等人人互动平台（human-to-human platforms）是计算机化、技术化的接触点，能够调节或干预生产者与用户之间的互动、协作或交流。与人机互动平台（human-to-machine platforms）相比，人人互动平台具有更强的用户感知能力，易于构建互动伙伴的亲密关系。基于机器深度学习的人机互动平台能够相对自主地运作、自动调整其行动，以满足或抢占用户的需求，而不需要人类的干预或支持。在人机互动平台广泛使用的过程中，人工智能技术得到训练，使用户感知的亲密度和平台即时性逐步提高。这些平台的例子包括预测性短信/电子邮件、服务机器人（如机器人服务员/酒店接待员）、医疗机器人、智能个人助理（如 Watson）、自主或自动驾驶汽车，以及基于物联网的设备（如智能家居）等（Linda，2020）。生产者运用基于机器/深度学习的人机互动平台发掘用户的消费特征状况、改进生产产品的功能、提供定制化服务和个性化产品，进而提升产品功能和服务价值，使产品贴近用户需求，最终提升用户心理价值，实现价值共创。

情景三：

满足用户需求是网络协同架构中所有参与者的共同诉求，生产者之间的关系由竞争转变为协作。若没有达成共同的目的，那么损害的将是所有参与者的利益。在用户对产品 M 的心理价值低于产品的生产成本（P2<C）的情况下，网络协同架构中的参与者进行不同层次的开放协作、资源整合、信息交流，实现生产成本的下降。当生产成本小于用户对产品 M 的心理价值时，交易达成，网络协同架构实现了价值共创。在这一过程中，产业组织中各主体承担不同角色，主体间通过开放协作提高网络协同架构的创新能力并满足各主体的价值诉求。资源的跨组织整合是价值共创的重要前提，大企业通过与中小企业、初创企业的双向流动开放式创新帮扶创新主体成长发展，通过调动生态系统中的资源激发整个创新生态系统的创新活力；中小企业与初创企业通过双向流动开

放式创新获取短缺资源，实现自身创新目标；投资机构、运营商、政府机构等与大企业联合提供资源，支持中小企业和初创企业的创新（戴亦舒等，2018）。各主体通过开放、协作满足各自价值和生态系统整体目标，实现价值共创。

（三）产业相融

数字产业化和产业数字化是数字经济背景下产业融合发展的典型表现形式。数字产业化是数字技术广泛应用推动形成的新产业，包括软件与信息技术服务业、电子信息制造业、电信业、互联网行业等；产业数字化是数字技术应用于传统产业带来的生产数量增加和生产效率提升，包括新零售、互联网金融、智能制造等（王福涛等，2022）。两者存在相互促进的关系。从需求角度看，为用户提供个性化、智能化的产品或服务需要由多个制造业企业共同完成、由不同服务合作伙伴维护以及第三方运营，因此跨产业边界的智能解决方案至关重要（Kohtamäki et al.，2019）。

数字产业化提升了技术可达性和经济可行性，从而大幅度拓展了产业链组织分工边界。相比于传统经济中产业链整体空间分布受地理空间的限制，以大数据、物联网、云计算为代表的数字信息技术以高效率的信息计算和信息传递打破了生产要素流动的时空局限，降低了产业链组织分工对于地理空间邻近的依赖，使以追求知识溢出、规模经济、范围经济和规避交易成本为动机的地理空间形态集聚转化为以数据和信息实时交换为核心的网络虚拟集聚（李春发等，2020）。在网络协同架构下，资源的集中和分散是相对的和变动的，具有管理边界的可扩充性和可选择性、多层次的规则异构性、多主体的决策自主性以及多管理区域灵活组合的特征（肖静华，2020），各分工主体之间的信息共享和生产协同水平大幅提高，进而带动更大空间上的个体参与和组织分工，驱使产业链空间形态由“脑体合一”转向“脑体分离”。

信息技术的主导地位和信息通信产品零边际成本的特性降低了交易成本，进一步弱化了交易成本对产业链分工的制约。以制造业为例，交易成本可以分为组织成本和执行成本两部分。组织成本指为达成一项交易和事后监督该交易执行所花费的一系列成本，如时间成本、信息成本、签约成本等，网络多媒体、移动互联网等信息技术在复杂产业链组织网络中的应用便可使信息成本、时间成本、谈判成本等大幅降低。执行成本更偏向于指分工主体间为实现产品交换产生的那一部分成本，如劳动力成本、运输成本等，物联网、智能算法等数字新技术优化物流安排和智能流量管理，可以帮助实现运输效率的提高和运输成本的节约。数字新技术在产业链上的融入提高了分工主体间的信息交互效率，降低了产业链组织成本与执行成本。数字新技术的融入破除了交易成本对产业链分工的强制约作用，给予了资源要素广阔的流动空间，也使产业链分工边界几乎可以无限拓展（李春发等，2020）。

以制造业为例，产业与数字技术的跨界融合形成由制造环节向研发设计、营销服务两端延伸的全产业链条。一是完善上游产业链条。由制造环节向前延伸，加强创意开发、工业设计、技术研发、成果转化等环节，提高产品的科技含量。二是完善下游产业链条。由制造环节向后延伸，加强检测、评估、营销、服务以及废旧产品回收利用等环节，提高产品附加值（郑瑛琨，2020）。产业链上下游逐步完善的过程中包含了价值分配形态的重塑，分工环节内竞争企业将趋向于围绕核心企业或互联网平台形成具有高度协同效应的价值共同体。与研发设计和营销服务环节相比，在传统经济中处于价值链中间环节的装配制造环节价值增值最低，但标准化程度较高，其生产效率与价值创造受信息技术和生产工具水平的影响更为显著。所以数字经济的发展会缩小产业链上不同环节间的价值分配差距，“微笑曲线”整体将趋于平缓。数字化、系统化思维指导下的产业链解构和重构是为了进一步拓展制造业发展空间，实现智能制造、助推产业价值链升级。智能的核心是智能机器人和人类智慧共同组成的人机一体化智能系统，通过融合人工智能、物联网、自动化技术、现代传感技术等先进信息与制造技术，智能制造具有良好的信息深度自感知、智慧优化决策及精准控制自执行等功能，能够在自动化生产实践中不断积累知识数据并通过自主学习进行行为与决策优化。通过创新资源整合与创新动力变革，智能制造能够大幅破解产业链各环节创新“瓶颈”，促进企业核心研发能力、智能装备技术、制造链质量及供应链效率的提升，进而破除产业价值链“低端锁定”陷阱（李春发等，2020）。

第三节　数字经济下行为主体的竞争与垄断

一　网络协同架构的竞争模式

互联网带来了消费升级、生产变革和跨界竞争，不断增加的市场风险要求产业链上下游企业之间在网络空间中形成一种新的竞争协作型的关系网络（王如玉等，2018）。网络协同架构逐渐成为市场竞争的主体，对外部市场需求变化和不确定冲击做出快速反应。传统迂回分工的产业体系通过大数据平台形式实现了重构，专业化分工基础上的合作更为频繁紧密（Cunningham et al.，2018），创新不再是由单个企业独立完成，而是通过与网络内合作伙伴的互补性协作完成创新，并最终转化为具有商业价值的产品（Adner，2006）。在开放性的网络协同架构中，企业创新行为从封闭式的垂直整合逐渐向使用开放式的外部合同转变（Nambisan et al.，2011）。多元化的创新主体之间交流更加频繁、更注重吸收外部创新思想、提升创新能力，客观上提升了整体的创新绩效。

网络协同架构内参与者之间需要借助良好的沟通对话机制、畅通的信息获取渠道以及无缝对接的合作机制（张宝建等，2021），才能促进知识资源的有效共享与协作（解学梅等，2020）。产业组织内主体多样、要素多元、过程多变的特点增加了持续进行信息、知识、资源交互的难度。Lafont 等通过分析数字经济下合作行为与传统分工合作的差异，提出参与者应在构建对话渠道、获取资源、提高透明度等方面采取措施（Lafont et al.，2020）。一是企业之间需要建立对等的沟通模式，探讨共同问题并制定解决方案。二是有能力获取资源实现价值主张，保证创新合作过程能够更具问题导向，呈现更多需求拉动特征。三是通过提高透明度显著降低交易成本，具体体现在价值共创行为中的信息对称性，交易前的信息搜寻，交易时的价格谈判，交易后的契约履行均能够在网络协同架构内顺利完成。搭建数据链、构建价值创造载体、拓展商业空间是构建参与者之间对话机制、资源获取渠道的具体方法，是提高网络协同架构整体竞争力的有效途径。

（一）数据链的生成与应用

通过要素和资源的在线化，网络协同架构逐步实现数据的实时在线和共享，持续不间断地获取的数据成为驱动经济增长的“关键生产要素”。数据是将现有生产要素连接起来的桥梁型生产要素（谢康等，2020），能够联动不同组织、不同产业集群，在产业链动态形成和动态组团效应中具有关键作用（王建冬和童楠楠，2020）。数字技术实现了实体经济活动从物理空间向虚拟空间的投射，颠覆了传统数据流、信息流依附于物资流的局面，在数据与生产要素协同联动，以及联动不同组织、不同产业集群的基础上形成了数据流动的动态轨迹，即数据链。

数据与其他生产要素协同联动体现在数字对人才、技术、资本、管理等各方面生产要素流转的数字化智能化改造，数据化和智能化技术能够加速不同要素链条突破行业壁垒和空间约束实现成链、结盟、组团、入网，实现人才链、资金链、创新链上的不同主体、不同要素的动态联动，重构原有产业资源配置状态，构建智能化的网络协同架构（王建冬和童楠楠，2020）。例如，产业链上产品生产和交换的信息传递、要素流动过程以及消费者行为均以数据的形式连接起来，使产业链运转效率大幅提高（李春发等，2020）。

数据规范化以及网络节点处数据的有效衔接是保障数据链通畅的关键。一是结构化、规范化的数据更便于在参与者之间分享和利用。企业之间异质性资源组合与网络协同可以满足用户个性化需求，但单纯拥有异质资源不一定会形成合作资产，只有当异质化资源被有效整合、交换，才能体现为参与者创造收益的价值潜力（谢康等，2020）。对数据进行规范化处理使数据结构清晰和表述规范，便于后续的数据分析和处理。同时，数据规范化程度的提高，有助于消除支配地位企业造成的“锁定效应”（lock-in effects），也就越有利于竞争，但有时可能损伤数据主导企业的创新动力（于立和王建林，2020）。二是数据基础设施底层连接端口的标准化有助于打破产业链各环节数据流通壁垒，使得产业链系统集成效应得到显著增强（李春发等，2020）。强化部门之间、企业之间的数据协作是提升企业工作效率和创造新价值的重要手段。但现实中不同部门、企业之间的数据协作仍然存在很多问题（马文秀和高周川，2021）。例如，数据在研发机构和生产部门之间进行转换需要大量工作和时间。不同 IT 供应商提供的 IT 系统可能导致研发机构和生产部门的传达出现错误，以致两部门需要频繁商讨等。连接端口的标准化有助于网络内各节点之间的数据衔接和双向流通，对于增强供应链灵活性十分重要。如受到新冠疫情等不可预测情况的冲击，在数据统一和共享的前提下，企业能够灵活、快速接替疫情地区停工企业的生产工作，加强产业抗击不确定风险的能力，提高供应链韧性。三是需要跨越数字化转型水平差异催生出的“数字鸿沟”，连通“数字孤岛”。同一行业内部的企业在数字化转型方面的巨大差异也制约了数据要素在产业链上下游间的流动和分享，供应链的协同与集中缺乏必要的实现条件（党琳等，2021）。政府产业政策、对数字技术和基础设施的持续投入，能够凝聚企业入网、资源上链，但企业之间的数字化水平的差异是客观存在的，这需要网络协同架构内的核心企业具备筛选合作者的能力和集成治理的能力。

数据的流通缩短了网络协同架构内参与者之间距离的总和，增加企业协作机会、提高协作效率，降低网络内协同治理的难度，保障网络协同架构的可持续发展。数据沿数据链流动能够创造更多更好的数据，使数据要素价值得到更加充分的实现。数据有助于企业提高生产率，生产率提高使企业有能力增加投资、扩大规模，企业获取的数据数量和质量随之提高，形成企业内部的“数据反馈循环”（Farboodi et al.，2019）；消费终端数据量与现存数据空间规模间存在正向反馈关系（党琳等，2021），数据流转次数增加，附加交易主体标签增加（韩海庭，2020），数据来源和维度越丰富。多源数据有助于降低处理结果误差，多维数据有助于扩大分析视角，数据价值得到更充分的发挥（肖旭和戚聿东，2019）。

对于网络协同架构中的单个企业来说，数据价值的核心在于数据流动，以及由信息驱动的科学决策带来的社会财富增值（韩海庭，2020）。石油、煤炭等原材料通过萃取获得最终消费品，而数据作为生产要素在交易和流转中既充当最终消费品，也作为中间品创造着价值。微观主体的合理决策水平与可供挖掘的数据量和信息挖掘能力正相关。企业高度依赖数据分析结果的科学决策模式被称为“数据驱动型决策”（data-driven decision making）。这种决策模式逐步取代了依赖于管理者经验、直觉的决策模式，并且带来了 2005—2009 年美国企业 5%—6% 的生产率增长（Brynjolfsson et al.，2011）。多个业务决策的消费者剩余或超额利润之和为数字经济下的价值共创。

对于网络协同架构整体来说，需要在各个节点层面解决数字化合作、运营、供应、销售等微观连接问题，将企业网络整体数字化资源传输到网络节点末端，实现边缘与中枢系统的有效联结（孙国强等，2021），才能发挥出数据要素的多元共享性、跨界融合性和智能即时性（李海舰和赵丽，2021）等特性，并确保网络协同架构内的参与者能够预测和识别潜在的风险与机遇，提高参与者竞争优势。例如，供应链合作伙伴之间虚拟信息的共享决定着供应链的灵敏度。

日本在 2017 年 3 月提出了“互联工业”（Connected Industries）的概念（马文秀和高周川，2021）。“互联工业”旨在通过数据连接各种事物（如机器、技术和人员）来创造新的附加值并解决社会问题。“互联工业”既可以是工厂内部技术、流程、管理等的连接，也可以是同行业公司、合作伙伴、客户或市场等的对接，甚至可以拓展现有技术创新网络、发展模式在不同产业领域构建新兴产业结构，在不同行业背景下、不同业态里和 IT 化不同阶段中灵活应用（马文秀和高周川，2021）。

（二）价值创造载体的构建和扩建

数字平台（Digital Platform）是“能够使外部生产者和消费者进行价值创造交互的，包含服务和内容的一系列数字资源组合”（Constantinides et al.，2018）；数字基础设施（Digital Infrastucture）指“支持一个企业或者产业运行的基本的数字技术与组织结构以及相关的服务和设施”，从形式上是指“共享的、无界的、异质的、开放的以及演进的社会技术系统，包含多样性数字技术能力和用户的安装、运行和设计社区”（Tilson et al.，2010）。价值创造载体是具备上述数字基础设施功能的数字平台，是将数据链连接再聚合，通过数字技术对数据链进行整合、分析、加工、处理形成的数字资源组合。价值创造载体通过开放、共享的方式推动网络协同架构内参与者之间交互连接，为依赖随需而变的即时合作关系保证资源的精准高效配置（曹仰锋，2019）。在资源配置过程中，价值创造载体能够克服理性行为选择过程中的信息约束、认知约束（易宪容等，2020），跨越组织边界（刘洋等，2020）为参与者提供更多数据和程序。数字平台不属于任何一个产业部门，具有平台化、跨界运营、价值共创和产用融合等方面的横向分层特征（杨青峰和李晓华，2021），为网络协同架构的创新和发展提供更加适配的平台化支持。工业互联网是典型的数字平台，是面向制造业个性化、网络化和智能化发展需求的开放式、数据化和专业性的服务平台。通过把工业化的思维、能力、方法和模式与云计算、大数据和人工智能等新一代信息技术深度集成与融合，推动工业全要素连接、弹性供给和高效配置。

数字平台在物联网和信息物理系统（Cyber Physical Systems）等技术的支持下，通过异质性企业的互联互通，迅速响应客户个性化需求；通过机械和设备的自动化和集成促进客户需求快速转移到生产过程中（Fatorachian and Kazemi，2018）。数字平台提高了供应链的灵活性，能够在成本和用时变化很小的情况下对生产过程中的产品进行最后一刻的更改（Helo and Hao，2017）。数字平台在提高资源生产效率方面发挥着重要的作用。例如，通过使用工业互联网中产品或软件提供的服务，实现实时和远程的信息访问和控制，分析潜在的工艺约束来优化设备和机械效率（Guo et al.，2015；Shamsuzzoha et al.，2016），使问题透明化，进而解决问题。再者工业互联网最广泛的应用是预测、维护和远程资产管理，它可以根据现有的操作数据减少设备故障或意外停机时间（马永开等，2020）。

作为异质性生产能力、创新资源集成的载体，一方面，数字平台提高了资源端到端的透明度和可视性，从而提高了供应链的敏捷性和弹性。在价值创造载体作用下，新技术能够得到及时的验证，设计决策被快速整合到工程和生产过程中（Fatorachian and Kazemi，2018），进而增强不同业务和制造流程之间的集成和协作，提高企业响应能力和决策能力。另一方面，多边的数字平台有助于参与者之间信息分享和决策。Parker 等（2016）证明了在数字平台中，企业选择使用开放的外部合同而不是封闭的垂直整合来进行创新，因此价值创造的轨迹已从企业内部转移到外部。企业之间高效的信息交换是影响生产效率的关键因素，有效的信息共享和集成可以简化生产过程、优化决策。在数字技术支持下，价值创造载体集成创新资源，使企业获取实时信息变得更加容易，促进产业链上下游之间的有效合作，影响产品质量和新产品开发。

价值创造载体对产业组织的赋能取决于载体对大规模、异质性用户的吸附能力和多样性的数字技术能力，并且两者是密不可分、互相促进的。

一方面，价值创造载体为用户带来的效用不仅受到前者定价、服务质量的影响，同时取决于其他用户带来的网络效应。Markovich（2022）等分析了高质量平台和低质量焦点平台（Focal Platform）对集团用户和个人用户的竞争行为，以及集团用户对个人用户决策的影响。低质量焦点平台的竞争优势来自在位者优势或用户对已加入平台的使用惯性，造成用户预期其他用户会选择该平台进而从网络效应中获益。当集团用户的体量足够大时，既会吸引不同的平台为其竞争，也会吸引个人用户选择同样的平台。因此，集团用户能够解决个人用户因缺少协调合作相继加入低质量焦点平台造成的效率损失。高质量平台和低质量焦点平台的竞争会产生两种结果。一是低质量焦点平台提取个人用户之间网络效应创造的收益，通过补贴政策吸引集团用户加入。个人用户受集体用户影响随之加入低质量焦点平台，市场低效的问题没有得到解决。二是当集团用户在行业中占比较大时，选择高质量平台比获取低质量焦点平台的补贴更有利于集团用户发展。同时，集团用户有能力帮助高质量平台克服不利的市场地位。当平台同质化程度增强，或对集团成员决策影响力、对市场预期的影响力减弱时，该集团用户这一能力减弱。

另一方面，强大的数字技术能力是实现价值创造载体克服理性行为选择过程中的信息约束、认知约束，为参与者提供差异化精准服务的关键。例如，物联网的广泛应用将所有物品通过射频识别等信息传感设备与互联网连接起来，优化了数据的产生、收集和加工过程，提高了生产流程的可视化程度，促进了跨工厂的协作，实现了实时的机器对机器（Machine-to-Machine）的连接（Fatorachian and Kazemi，2018）。在物联网环境下，机器将具有自我监控能力，并将能够在生产线上交流其实时性能。物联网视觉中的预测能力，可以使机器预见故障，并自主地采取快速和纠正措施（Leitão et al.，2016；Shamsuzzoha et al.，2016）。例如软件公司 Taleris（通用电气和埃森哲合资）在其工业物联网平台支持下，为航空公司提供故障担保，对所有引起航班延误和取消的设备故障负责（马永开等，2020）。又如，信息物理系统（CPS）集网络、计算和物理环境于一体，通过三者有机融合与深度协作，实现制造工程系统的实时感知、动态控制和信息服务（杜传忠和杨志坤，2015）。信息物理系统可以集合产业组织内全部企业的生产设施、机械设备和存储系统等信息，企业能够相互独立地交换信息、触发动作和联动控制（李金华，2015）。大数据处理和云计算可以实现实时数据分流，大数据处理可以实现预测、主动维护和自动化，云计算网络允许产品、设备和机器的远程通信，并使在多个地点产生的数据传输到中央数据仓库，以便后续访问、汇总和分析（Fatorachian and Kazemi，2018）。

（三）商业模式创新

商业模式指描述价值主张、价值创造和价值获取等活动连接的架构（魏江等，2012），数字技术的嵌入可以通过设计提出价值主张（张敬伟等，2022）、改变价值创造以及价值获取等方式创新商业模式（Yoo et al.，2010；Yoo et al.，2012）。网络协同架构所在的价值空间是一个不断发展的数字资源网络，包含着多种创造、获取价值的可能性（Henfridsson et al.，2018）。与具备特定功能的生产资源不同，数字要素的价值取决于连接的要素和具体的应用场景。参与者通过组合处于相同或不同价值维度的数字资源实现商业模式的创新，而数字资源的不可预测性（the agnosticism of digital resources）（Um，2016）使商业模式创新难以预测和控制。数字技术使创新过程中创新主体（谁参与创新）、创新投入（参与者可以贡献什么）、参与过程（如何参与）以及参与结果（有何产出）等都发生了变化（Nambisan et al.，2019），商业模式创新是一个事先未定义好的开放过程。

企业利用数字手段对价值主张进行再设计，开发跨界市场中的潜在客户需求，从而低成本、快速地抢占不同领域市场（张敬伟等，2022）。一方面，数字化促使企业从响应式向预测式转变，挖掘潜在需求，创新价值主张。在数字经济环境下，企业之间、企业与用户之间的交易表现为互联网交易平台上的互动行为，厂商通过大数据分析和人工智能技术来收集、加工和处理互动行为产生的大数据，进而产生由大数据、互联网和人工智能等相融合导致的互联网资源配置模式（何大安，2021）。与依赖供求关系、价格波动等市场信号进行资源配置的模式相比，互联网资源配置模式能够对用户的消费偏好、消费倾向、消费时尚等变化进行预测，发掘价值潜力。另一方面，在工业互联网的驱动下企

业可以通过由内而外的方式扩展其商业模式，参与到更多的行业中（Leminen et al.，2020）。网络协同架构的复杂性为商业模式提供了多样化的可能，价值主张的再设计是对潜在商业机会的识别，而不是降低企业所面临的复杂性。

参与者通过数字化资源重组构建价值路径、提供价值路径引导数字化资源链接这两种方式来实现价值创造和获取（Henfridsson et al.，2018），改变了原有商业模式。一方面，数字化资源重组包括企业层面的设计重组和用户层面的使用重组，两种重组方式构建了来自相同或不同价值空间的数字化资源相互连接的价值路径，如图 7-2 所示。依据服务主导逻辑，所有的社会和经济参与者都是资源整合者（Vargo and Lusch，2004），所有的创新都是重组现有资源的结果（谢卫红等，2020）。例如，亚马逊将语音识别系统 Echo 嵌入智能家居产品中，用于播放亚马逊在线音乐库中的音乐，为用户提供了更大的价值。用户在使用时并不局限于企业提供的服务内容，可以通过蓝牙连接自主选择播放内容。另一方面，企业为数字化资源的连接提供价值路径的行为称为路径引导（Path Channeling）。图 7-3 展示了处于相同或不同价值空间的数字化资源之间的价值路径和潜在价值路径。企业基于某一种资源或多种资源的组合展开路径引导，并逐渐提高企业捕获价值的潜力。随着捕获价值的增加，企业原有资源或资源组合的中心度提高。因此，企业可以将路径引导作为一种竞争战略来捕获与其他参与者的联系，提高网络嵌入程度。例如，亚马逊的 Echo 整合了语音控制和第三方设备，如电灯、开关、空调等。

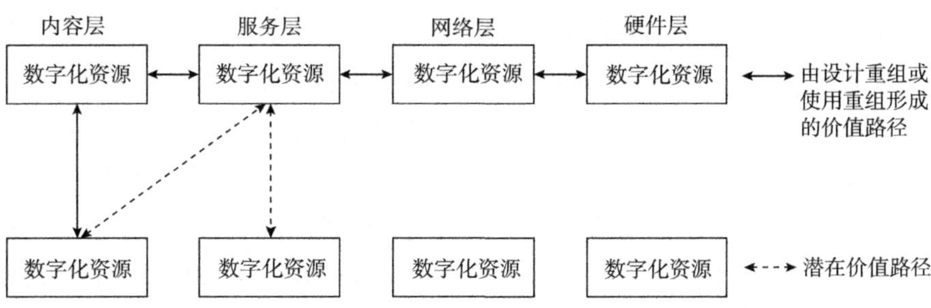

图 7-2 数字化资源连接形成的价值路径

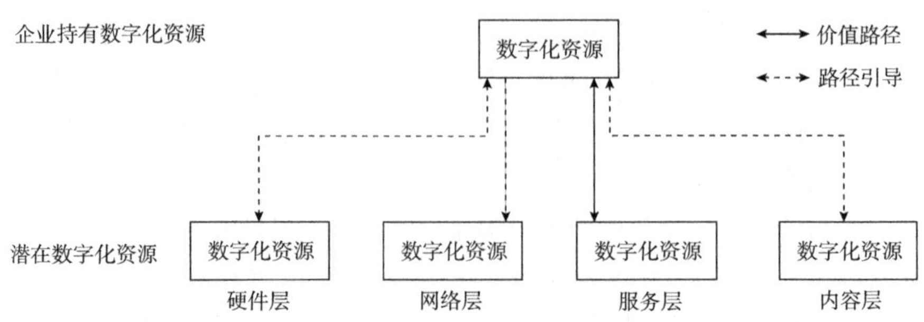

图 7-3　企业主导的路径引导行为

商业模式创新具有显著的外部性，能够对其他参与者造成不同的影响（陈劲等，2020），因此企业能够通过自我迭代带动整个产业组织全面升级（李海舰和李燕，2019）。一方面，商业模式创新对企业自身和其他参与者具有不同意义和影响，其他参与者需要应对商业模式创新带来的外部环境的变化。一是中心企业既要不断提出新的价值主张、推动价值创造、实现价值共享（刘刚等，2020）；又要维持自身在生态系统中的主导地位（Adner，2010）。面对竞争对手的商业模式创新时，通过学习与效仿驱动自身商业模式和技术的迭代创新，或通过价格调整等战术予以应对；面对合作伙伴的商业模式创新时，及时调整自身模式，维持网络稳定（Amit et al.，2020）。二是新创企业通过商业模式创新实现技术和想法的资本化，把握市场机会、激发新的市场需求（Chesbrough，2002）。当新的市场需求价值红利巨大时，在位企业会选择在双头垄断中保持竞争状态，而非固守其寡头垄断地位（Casadesus-Masanell and Zhu，2013）。三是外围成员需要在“独立性”和“系统性”之间平衡（Nambisan and Baron，2013），保持与中心企业目标一致、降低被替代的可能性（Adner and Kapoor，2010；Kapoor and Agarwal，2017）。

另一方面，商业模式创新通过促进各主体共同演进和新主体的加入实现网络协同架构迭代成长。一是提升网络协同架构整体竞争力。网络协同架构不仅追求产出最优化，而且追求协同效应，主张各主体之间通过有效学习和共同选择互补能力、资源和知识网络，实现各参与者及环境之间动态、可持续的共同演进（Jackson，2011）。商业模式创新促进了参与者之间竞争和学习，导致产业组织不断迭代演进，从而提升了整体的竞争力和韧性水平（梁正和李瑞，2020）。二是完善网络协同架构内部结构。商业模式创新过程中伴随着大量企业的进入、退出（Putz et al.，2019）和转型。因此，各主体的商业模式创新行为实现了产业组织内部旧结构的破坏及新结构建立的迭代演化（沈蕾等，2018）。三是帮助企业拓展交易边界，在价值网络中引入新的合作伙伴，获取新的资源（吴晓波和赵子溢，2017）。

工业经济中，美国的大规模生产使具有技术和市场投资能力的大企业成为产业竞争的主体，日本的柔性制造使紧密合作的供应链成为体现产业竞争力的组织形式，数字经济下产业组织的稳健性和迭代性成为获得长期竞争力的关键（张路娜等，2021）。数据链和价值创造载体通过加强参与者之间的协同合作提高网络协同架构的稳健性；商业模式创新通过促进参与者共同进化提高网络协同架构的迭代性。

商业模式创新与数据链、价值创造载体之间的关系可以归纳为商业模式与数字化之间的相互影响。一方面，商业模式创新受到数字化过程的影响。另一方面，商业模式内在逻辑（不同维度之间的联系和互动）也会对数字化提出新要求，进而影响数字技术选择和使用（钱雨和孙新波，2021）。

数字链、价值创造载体是数字化的具体表现，对商业模式创新的影响体现在以下几方面。一是数字化增加了价值创造形式的无形性和灵活性，扩展了企业价值获取渠道（张敬伟等，2022）。分层模块架构（Yoo et al.，2010）、价值空间框架（Henfridsson et al.，2018）等研究将数字化资源划分为硬件层、网络层、服务层、内容层，即不同的价值维度。这种较为松散耦合的架构使得服务可以迭代、内容可以共享（谢卫红等，2020），便于相同或不同价值维度中的数字化资源实现设计重组或使用重组。二是顺畅的数据链能够使企业获取和分享更多资源及信息，减少数字信息获取成本和产品传播费用。数据链加强了企业与其他参与者之间的连接和协同，提升了企业的价值创造能力和协作能力。三是价值创造载体为企业提供动态环境信息，使企业以更加开放、无边界、高效的方式进行价值创造。企业从解决用户需求向为用户提供建议进行转变，迭代创新产品和服务，创造多元化的盈利模式。

商业模式创新对数字链和价值创造载体的构建具有积极影响。一是商业模式创新能够构建和强化数据链。数字化资源的设计重组和使用重组创造了不同的价值路径（Henfridsson et al.，2018），处于不同价值空间、不同组织或不同产业集群的数字化资源在价值路径上流动并形成动态轨迹。此时价值路径的存在是数据要素流动、数据链顺畅的前提。对已存在的数字链，商业模式的创新将充分发挥网络效应，增强数据链的价值传输能力。二是当企业将路径引导作为竞争战略并捕获较多价值时，该企业转化为平台组织的可能性增加（Henfridsson et al.，2018）。企业拥有的数字化资源与其他潜在数字化资源的连接或许是临时性的，但可能成为企业路径引导形成的契机。由此形成的数字化资源重组获得市场认可后，企业所拥有的数字化资源被更多参与者使用。当企业将路径引导作为竞争战略并实现与更广泛的数字化资源的连接时，该企业有可能取代竞争企业为产业组织提供新的价值路径。随着使用者的逐步增加，该企业有可能在网络协同架构内发挥价值创造载体作用。

二　网络协同组织模式与垄断形成

网络协同架构的稳定性和迭代更新是产业组织在数字经济背景下获取持续竞争力的关键。数据要素和数字技术的应用不仅改变了组织模式和竞争途径，同样也影响了行业进入和退出的门槛。数字经济背景下垄断形成的原因、表现格局、对福利的影响均发生了变化。

（一）垄断的原因分析

互联网、机器学习、大数据和区块链等人工智能技术将产品和服务的供需量作为“算法”进行处理，改变了企业的选择行为和产供销运营模式（何大安和李怀政，2022）。数据智能化和企业经营的网络协同化提高了消费退出的门槛，使消费者改变原有消费行为时产生一定成本。大数据时代，规模经济引致产业自然垄断的情形已不再局限于基础产业部门，数字技术的运用正在改变产业垄断的形成机制。

一方面，何大安等（2022）前瞻性地指出当企业具备挖掘和处理未来数据的能力时，企业能够扩大产品和服务的供给端和需求端，从潜在产业垄断者变成现实的产业垄断者。这种运用未来数据进行机器学习的技术是指根据历史数据和现期数据来拟合、编程和推论未来数据，并通过选择参数和模型以建立新的“算法”来解析未来数据（何大安和李怀政，2022）。阿里巴巴集团的“新零售”实际上就是对这一机器学习技术的应用。

具备未来数据分析处理能力的企业更容易对用户注意力进行预测和获取。如果将“消费者预期”作为未来数据的现时表现，那么就可以从注意力经济视角下对企业的市场势力进行分析。信息量的爆发使用户的注意力成为稀缺资源。由于注意力具有从众特征，企业能够通过现有用户吸引潜在用户的关注，这部分“注意力资源”通过预期销量的形式反馈给企业（苏治等，2018）。企业如果具备运用未来数据进行机器学习的能力，那么可以提高对消费者注意力的预测和获取能力，从而通过提高用户规模、销售和收入水平提升自身市场实力。

对未来数据的拟合、编程和推论需要以丰富的历史数据、现期数据为依据，所以企业行为仍然受到现期用户规模的影响。对于拥有强大用户基数的企业来说，丰富的历史数据、现期数据、高效管理经验和品牌形象更容易触发正反馈，决策行为相对直接与合理。对于用户规模相对较小的企业来说，用户注意力更加难以预测，因此中小企业采取的市场行为具有一定的盲目性和随机性。

另外，在复杂场景中企业与客户之间行为互动所形成的网络协同化，是形成产业垄断的重要基础。数据智能化和网络协同化高度融合的企业具有其他企业难以企及的网络协同效应。例如，阿里巴巴的数据智能化平台是由物流公司、在线客服、卖家等多主体参与的多维度的复杂协同网络，能够提供在线支付、信用评级、消费保证等多方面服务内容。在复杂场景中参与者之间的协同产生了锁定效应，增加了参与者的转移成本，易于形成垄断。而滴滴打车等相对简单场景的网络协同虽然实现了数字智能化的规模经济优势，但难以阻止其他企业进入出租车市场，因而无法在网络协同效应下形成壁垒和行业垄断。

（二）垄断的表现格局

网络协同架构内的参与者是动态迭代的，对数字经济环境下垄断形成的表现格局进行分析仍然需要从企业层面进行。传统产业组织理论将市场结构划分为完全竞争、垄断竞争、寡头竞争及完全垄断 4 种类型。在数字经济时代出现了“分层式垄断竞争”（苏治等，2018）的新型市场结构，垄断与竞争相对独立，高度的竞争活力不会产生颠覆垄断的效果。在这一市场结构中，处于领先地位的大型企业保持稳定，而负责衍生业务的中小型企业不断进入与退出。大型企业的持续稳定状态与中小型企业的流动状态形成了行业中垄断与竞争分层共存的特殊市场结构。这一市场结构存在于互联网行业、高端制造业、银行保险业等（吴照云和余焕新，2008；张芳，2012；苏治等，2018），其中互联网行业平台类企业“主营业务垄断，衍生业务竞争”的模式是“分层式垄断竞争”的典型代表。

以互联网平台市场为例，分两阶段分析在位企业（大型互联网平台类企业）与进入企业（中小型互联网平台类企业）在获客阶段之后的分层式垄断竞争过程（荆文君，2018）。

在位企业在获客阶段采取免费策略吸引并积累了一定规模的用户，创造了巨大的衍生业务利润空间。这使在位企业在主营业务盈利的基础上考虑向业务多样化转变；需求多样化和产品差异化使长尾效应作用明显，激励大量中小型互联网平台类企业拓展细分领域的利润空间。因此，第一阶段中中小型企业选择是否进入衍生业务市场，而大型互联网平台类企业作为在位企业需要考虑是通过兼容等形式开放相关市场互利共赢，还是继续保持局面，获得更多利润。当两类企业成本下降、预期收益增加时，进入企业选择进入、在位企业选择兼容的可能性增加；当用户规模、预期用户规模较小时，在位企业不会主动开放平台与其他企业合作、中小型企业会选择不进入衍生业务市场。后者常见于行业发展初期，新的商业模式出现之前，企业通过短期“烧钱”的方式获得用户流量的现实情况，其余互联网平台类企业也没有意识到行业的良好前景，不会贸然进入市场。

进入第二阶段，衍生业务领域存在大量未成熟企业以多样化业务模式提供产品和服务。大型互联网平台类企业此时选择是否扩张业务参与竞争，中小型互联网平台类企业受到大型互联网平台类企业决策影响考虑是否退出市场。一方面，对于大型互联网平台企业来说，由于互联网平台市场不易饱和，当扩张业务的预期收益高于成本时，企业选择扩张业务。并且市场预期容量越大，选择扩张业务的动机越大。另一方面，对于中小型互联网平台企业来说，大型互联网平台类企业吸引用户注意力的能力更强，网络效应、“马太效应”进一步巩固了后者的垄断地位。因此，大型互联网平台类企业扩张业务的决策导致中小型互联网平台企业退出市场。

从整个系统角度分析行业的长期稳态均衡发现，行业内企业的最终稳定均衡向两个方向演化：一是中小型互联网平台类企业进入，大型互联网平台类企业兼容。二是中小型互联网平台类企业退出，大型互联网平台类企业扩张。这说明行业的特殊市场结构来源有两个方面，大型互联网平台类企业垄断的稳定状态与中小型互联网平台类企业进入退出的流动状态。

（三）垄断的福利分析

福利水平可以反映特定市场结构下的社会成本，而不同层次的垄断竞争模式对福利的影响呈现出不同的效果。分层式垄断竞争的市场结构是数字经济环境下一种均衡的市场结构，具有长期稳定性。因此，仍以互联网平台市场为例对不同层次的福利变动进行分析（荆文君，2018）。

用户效用受到网络外部性和交互网络外部性的影响，其中交互网络外部性是指平台一边的用户效用受到平台另一边用户数量的影响。通过电子商务领域的表现可以观察到消费者效用与同一边用户数量、预期用户数量正相关；用户预期数量与用户数量成正比；交叉网络外部性使得一边用户数量越多，越能增加另一边用户的效用。

垄断层的福利包括平台厂商剩余和用户剩余两部分。一方面，处于垄断层的厂商在成立初期通常会采取补贴的方式来获取用户流量，此时用户数量较小，厂商剩余较少。随着用户数量增加，价格逐渐增加，最终大于边际成本，厂商剩余增加。这与传统经济学中垄断情况下厂商剩余的情况一致。另一方面，网络协同架构的参与者是多维度的，以互联网行业中的双边平台为例，用户剩余包括买卖双方的用户剩余。其中任一方的用户剩余均由三部分组成，分别是平台带给用户的效用、平台另一边用户因交互网络外部性对用户效用的正向影响、平台向用户收费产生的负效用。由于互联网行业具有需求多样化的特征，市场不易饱和，加之交叉网络外部性的影响，因此，由垄断所产生的消费者剩余变化为正，即垄断的市场结构会带来消费者剩余的增加。从现实中 C2C 的商业模式中可以观察到，作为消费者的用户数量增加能够吸引更多销售商注册线上商店，提高平台卖方收益的同时为消费者提供更丰富的选择。

具有竞争优势的平台企业为买卖双方提供更优质的服务，并保障双方利益。

可见，随着用户规模的增加，垄断层的社会福利并不会减少。同时垄断企业不会有限产提价的动机，因此不会出现传统经济学中因垄断产生的福利损失。例如在网络外部性较强的领域，垄断企业缩减产量意味着对企业网络规模的缩减，会导致产品或服务价值的缩减，不利于企业利润的增加。

在竞争层面企业进入和退出相对容易，且竞争程度类似于完全竞争格局。因此着重讨论不同规模企业之间差异化竞争造成的企业福利变化，包括在主营业务领域拥有一定规模用户基础、开始涉足衍生业务领域的大型平台企业和仅在衍生业务领域存在的中小型平台企业。

两类平台企业在衍生业务领域的产量受到用户规模和产品或服务差异化两方面因素的影响。在用户规模方面，两类企业为吸引用户注意力展开竞争，用户规模与预期用户数正相关。而大型平台企业比中小型平台企业更具有优势。这是因为大型平台企业拥有主营业务领域积累的用户群体以及由此产生的品牌效应、口碑效应，为大型平台企业在其他领域吸引用户注意力提供了方便。因此，竞争层产量会向大型平台企业集中。在产品和服务差异化方面，中小型平台企业提供的产品和服务可替代性越低，产量越不会向大型平台企业集中。反之，大型平台企业以同质化产品或服务与中小型平台企业竞争，会侵占中小型平台企业市场。

两类企业规模差距引起的用户选择效用差距很明显，并且互联网经济下的边际成本接近于零，所以行业内大型平台企业的收益大于中小型平台企业的收益。因此，在竞争层中厂商剩余会向大型平台企业集中，差异化竞争可以缓解大型平台企业对行业中厂商剩余的占有。

第八章

数字经济下的经济增长理论

经济增长一直以来都是西方经济学各个学派所研究探讨的重要领域，在解释经济增长现象以及回答如何实现经济增长问题的过程中，经济增长理论得到了不断的完善与发展。一般而言，谈及经济增长，其影响因素可以分为直接和间接两个部分，直接因素包括投入资源（生产要素）与资源使用效率，间接因素主要包括技术和制度等。数字经济的发展颠覆了传统的经济增长逻辑，或直接或间接地对经济增长产生了重大的影响。

《G20 数字经济发展与合作倡议》（2016）指出，数字经济是将数字化信息和知识作为生产的核心要素、现代信息网络作为重要的活动空间，信息通信技术（Information and Communications Technology，ICT）作为驱动生产率增长和经济结构优化重要动力的经济活动。根据中国国家统计局的《数字经济及其核心产业统计分类（2021）》的文件给出的定义，数字经济是指以数据资源作为关键生产要素、以现代信息网络作为重要载体、以信息通信技术的有效使用作为效率提升和经济结构优化的重要推动力的一系列经济活动。从这两个概念可以看出，由数据核心要素、网络空间和信息通信技术在内的供给侧资源推动的宏观经济增长是数字经济的基本特征。

本章从要素和技术两个角度出发，着重讨论数据要素与数字技术两个影响因素对于经济增长产生的影响。需要指出的是，本章中的数据要素主要指的是大数据要素，尤其是经过开发、挖掘、分析后可以被掌握和利用从而实现一定经济价值的数据。

第一节　数据要素与经济增长

一　数据要素成为新的生产要素

2015 年 5 月 26 日，国际大数据产业博览会在贵阳开幕，时任总理的李克强专门为此发来贺电，指出“当今世界新一轮科技和创业革命正在蓬勃兴起，数据是基础性资源，也是重要的生产力”；2017 年 12 月 8 日，在“实施国家大数据战略”话题的集体学习中，习近平总书记提出“在互联网经济时代，数据是新的生产要素，是基础性资源和战略性资源，也是重要生产力。因此要构建以数据为关键要素的数字经济”；2019 年，党的十九届四中全会提出“健全劳动、资本、土地、知识、技术、管理、数据等生产要素由市场评价贡献、按贡献决定报酬的机制”，首次将数据与传统要素并列；2020 年，中共中央、国务院印发《关于构建更加完善的要素市场化配置体制机制的意见》，将数据作为一种新型生产要素写入中央文件，明确要“加速培育数据要素市场”。伴随新一轮的技术革命，数据要素逐渐成为关键生产要素和核心资产，其地位得到进一步明确。从理论层面进行讨论，数据要素的加入会给传统理论带来怎样的冲击，区别于传统生产要素，数据要素又有着怎样的特征，以下依次进行介绍。

（一）生产函数的核心生产要素发生了变化

生产函数是指在一定时期内，在既定的生产技术条件下，所投入的生产要素与所能达到的最大产量之间的关系。生产函数受到生产技术条件的约束，当生产技术发生变革时，生产函数也会随之改变。经济系统演变的过程中，随着生产力水平的提高，不同的阶段都有各自的核心生产要素：在农耕经济时代，技术条件落后，土地和劳动力是关键的生产要素；进入工业经济时代，生产技术以大型工业机器设备为主导，物质资本积累成为最重要的要素，并在近代经济增长发展中占据了长期的支配统治地位；计算机工业时代，随着互联网的发展，生产条件进一步得到改善，人力资本和知识又成为备受强调和重视的生产要素之一。

近年来，数字技术的全面扩散与应用让我们迎来了数字经济时代，生产要素朝着虚拟化的方向发展，数据成为新的核心生产要素。技术革命通过“关键要素”的更新而实现，一般来说，“关键要素”需要具备四个基本条件：一是能够明显感知到的较低且迅速下降的相对成本；二是长期内大规模且无限增长的供给；三是广泛的应用前景；四是具备降低资本、劳动和产品成本的能力。数据作为“21 世纪的新石油”，满足以上四个条件。首先，数据要素的边际成本递减甚至为零。数据要素具有可复制、易传播的特点，存储、运输成本大大降低，打破了工业社会边际成本递增的规律，成为投资创新的首选。其次，数据要素具备长期内无限的供给能力。信息、科学技术的发展带来了数据的爆炸式增长，社交媒体（微博、推特等）、移动 App 等成为巨大的数据来源，数据的不断生产和传播会使数据的供给呈几何级增长。再次，数据要素应用普及。如今，数字信息基础设施不断完备，大数据时代已然到来，数据已经不约而同地成为各行各业乃至国家的基础性战略资源，应用于运营、管理、生产决策等各个环节，迸发出巨大的经济价值和发展潜力。最后，数据要素重塑了生产要素格局，引领传统经济发生了深刻的变革。数据要素进入了生产流通等各个环节，依托着其特殊的属性改变了与资本、劳动等传统要素的互动模式，也因此改变了产品市场的规则和交易模式，从根本上带来了新的经济格局。总之，数据要素正在深刻影响着我们的生产和生活，逐渐成为与资本、劳动力并驾齐驱的生产要素，并且是数字经济时代的核心生产要素。

（二）数据要素特殊的经济属性

第一，数据要素资源与资产的双重属性。在历史上，数据早就以符号、语言、图形等形式存在，但是数字经济之下的数据以储存在计算机中的比特格式存在。未经处理过的原始数据本身的价值不大，简单的数据堆叠和罗列毫无意义，对所收集的庞大的碎片式、多样化、低价值度的数据进行关联分析并最终获得可用信息，才是意义所在。因此，数据要素既是资源，又是资产，既是投入要素，又是最终产出。在原始的数据资源转变为数据资产并最终实现经济价值创造的过程中，数据挖掘、可视化分析等数字技术具有决定性的作用。《中国数字经济白皮书（2021）》中就提到我国的数据价值化正沿着资源化、资产化和资本化三个阶段推进。其中，数据资源化是使无序、混乱的数据成为有序、有使用价值的数据资源。数据资源化阶段包括通过数据采集、挖掘、清洗、标注、分析等，形成可采、可见、标准、互通、可信的高质量数据资源。数据资产化是数据通过市场流通交易给使用者或所有者带来经济利益的过程。其中，数据确权是前提，数据定价是关键。

相对应地，数据要素在经济学中的定位也划分为两类：一类遵循希克斯中性，将数据要素看作一种投入资源，是独立的生产要素。另一类则打破希克斯中性，将数据看作一种资产，是技术的附属成果。考虑到原始数据尚待整合开发，可探讨性较低，而经过深度挖掘的数据又往往包含了不同经济主体运用的创新性技术与算法，是其竞争优势的一种来源，具有明显的不可复制性和不可替代性，因此本节将数据要素定位为“大数据要素”，是经过初步整合和挖掘得到的可为大众所利用的信息，具有一定的基础技术含量。

第二，数据要素的非竞争性与规模收益递增的增长促进效应。早期的经济发展思想中，古典经济学家代表人物之一亚当·斯密提出劳动分工提高生产率，而资本存量的增加会扩大劳动分工。同时代的大卫·李嘉图也认为经济增长取决于劳动数量的扩大和劳动生产率的提高，资本积累是国民财富增长的根本原因。以索洛模型为代表的新古典增长理论将生产函数引入经济增长模型，着重分析了劳动、资本对经济增长的外生推动作用，并得到了重要的理论推测，即受到要素投入规模收益递减的约束，在没有技术进步的条件下，单纯的要素数量增长不可能带来持续的经济增长。索洛模型强调了外生技术进步对于持续增长的决定性作用，纠正了长期以来“资本决定论”的论断。随后发展起来的新增长理论或者现代经济增长理论，更加强调知识、人力资本的内生作用。经典的经济增长理论将焦点从资本积累逐渐转为技术、知识等无形资本，数据这一新的无形资本得到了广泛的关注。

土地、资本、劳动等传统要素投入受到供给侧规模收益递减的限制，无法摆脱由此带来的增长束缚。而数据要素的非竞争性特征冲破了这种限制，使生产函数呈现出规模收益递增的增长效应。非竞争性是数据要素不同于传统要素的核心特征，它意味着同样的数据可以同时被多个企业或个人使用，但是额外主体的使用既不会降低原有数据使用者的数据价值，也不会造成其他现存数据使用者的效用损失。这种特殊的经济属性决定了数据的高使用效率和巨大的潜在经济价值，数据的开放共享不仅不会减损数据价值，反而会因为重复使用和反复深度的挖掘而创造出更大的价值。非竞争性在经济学含义上意味着数据要素具有规模收益递增的增长促进效应。罗默在内生增长理论中提出，知识具有非竞争性，这代表它可以和劳动、资本等要素相结合从而实现要素组合的规模收益递增。同样具有非竞争性的数据要素也有着和知识一样的增长促进路径。

数据要素的非竞争性也意味着数据开放共享会实现价值的最大化利用，这要求数据要素尽可能地体现出公共物品的属性，如果数据要素表现出较强的排他性，那么可用数据资源就会变得有限，开发利用受到阻碍。这种情况之下数据创造社会经济价值的可能性会大大降低，并产生所谓的“反公地悲剧”问题，即对于非竞争性的公共资源，众多的权利所有者为了达到某种目的而阻止他人使用或者构建各种障碍，造成资源的利用不充分和闲置问题。出于保留竞争优势和攫取排他利润的目的，大多数企业都不愿共享自己所拥有的各类数据，并且会设置各种技术、法律等排他壁垒形成垄断。随着数据规模扩张，其排他性也越发外显，各方市场主体的排他动机也越发强烈。如今我们所强调的大数据已经不仅仅是个术语，也是一种开放的理念。大数据时代强调从信息公开到数据开放，不断提高开放共享的程度。信息是经过加工和解读的数据，数据开放能够尽可能使原始的数据达到最大程度的利用和再分配，从而在技术、生产、公共管理等领域释放出最大的潜能，使大数据发挥出更大的优势。

第三，数据要素再用的零边际成本与新的市场规则。传统的生产要素符合边际成本递增规律，边际收益先增后减，边际成本呈现出“U”形曲线；而数据要素的投入表现出高固定成本和零边际成本的结构特征，进行重复使用时，不但不会增加额外的成本反而会带来边际收益和总收益递增的效应，这个特点使数字经济表现出显著的规模经济。区别于传统投入要素，数据要素的非竞争性使其呈现出边际收益递增的特征。数据投入的开发利用不再是如同自然资源、土地等物质资源的消耗递减过程，这就避免了资源的过度使用问题，也遏制了“公地悲剧”

问题的产生。基于此，在实现数据开放共享的情境下，数据要素的使用以及数字经济的发展将不再受到传统资源所面临的稀缺性约束。零边际成本是数字经济下规模经济和范围经济形成的重要基础，同时也是为消费者提供免费的商品或服务的成本基础，这个特性使数字经济突破了传统经济边际成本递增所带来的供给限制以及需求侧产品需求增长上限的约束，在不增加成本的同时实现了产品供应和社会总福利的大幅度增加。

技术加持之下的数据要素进入生产函数，传统的边际收益递减规律发生了根本变化，由此带来了全新的市场规则。数字经济下近似的“完全信息”常常会使各市场主体面临一个完全竞争的市场，依据传统的经济理论，供给方的定价准则应当为 P=MR=MC=0，消费者将免费享有数字产品或服务。这一特殊的边际成本定价准则将带来全新的市场规则，对供给方或者企业来说，零价格将改变其盈利模式。传统经济主要依靠核心产品来获利，而数字经济则主要靠附带产品的伴生利润来弥补成本支出，如收取广告费用或者佣金。因此，数字商品和服务的市场交易可以同时提升生产者剩余和消费者剩余，并且生产者剩余的增加并不是以更多地占有消费者剩余为代价。除此之外，作为西方经济学基础的供需理论也受到了挑战，数字经济之下，价格不再依靠供需的相互作用形成，面对面的讨价还价形式不再适用，更多的是以供给方为主导的价格调整模式。

二　数据要素推动经济增长的逻辑

从经典的索罗增长模型到内生增长模型，经济增长模型的发展与推进都是以分析生产函数为基本框架而进行的，演变的核心主要在于对部分解释变量（技术、人力资本等）的设定以及变量内涵的重新界定。Y=AF（K，L）是经济增长模型最典型的指导性分析框架，Y 代表最终产出，K 代表资本，L 代表劳动，A 代表全要素生产率，数字经济的发展赋予了传统经济增长理论新的内涵，本节以该表达形式为基础进行适当的理论与模型的拓展。

本节构建的经济增长模型的形式为：Y=aA×bF（K，L，D）

其中，D 代表数据要素，a、b 分别是数据要素对于 A 和 F（K，L，D）作用的参数。总的来说，数据要素进入经济增长模型的作用方式有两种：提高资源配置效率和全要素生产率，以下依次进行讨论。

（一）提高资源配置效率

经济学的核心是稀缺资源的有效配置，就是对有限的资源进行合理配置从而实现产出的最大化。从这个角度来看，数据要素对于经济增长的贡献包括两个方面：一是生产要素更加多元；二是生产函数更加高效。一方面，数据作为生产要素直接纳入了生产函数之中，这在模型中表现为 D 直接进入了生产函数与传统的 K 和 L 并列。就生产主体而言，这里的数据是指企业掌握的能够作用于生产活动的市场供求信息。这些信息可以帮助企业降低决策成本、促进自我识别以及细化分工，这里体现了数据要素的资源属性。同时，数据要素的非竞争性带来了规模报酬递增的增长促进作用，数据的生产和积累会直接带动经济增长。数据 D 贡献于经济增长的具体形式可以从两个角度考虑：一是提供信息以降低不确定性进而促进高质量决策；二是缩短生产、流通时间以加速资源流转，提高产出和资源配置效率。现实经济活动充满了不确定性，这种不确定性是市场机制实现资源配置最优化的重要影响因素。数据所包含的信息对于企业来说具有重要的经济价值，可以帮助企业提高决策的精准性，降低不确定性造成的决策失误成本，优化营销、生产流程、库存、配送、售后等环节，最终提高生产率和利润率。同样地，在生产和流通的过程当中，数据可以很好地缓解不确定性带来的摩擦成本，使各个环节发生了根本性的变革，有效缩短生产、流通周期，带动资源流通速度的提高，使资源配置效率更加高效。

第一，促进企业高质量决策。大数据时代，在相关技术的支持之下，企业的决策方式发生了改变，经验分析不再占据主导地位，决策过程变得更加的高效科学，不确定性大大降低。数字经济时代，“数据驱动模式”（Data-Driven Decisionmaking，DDD 模式）逐渐成为企业决策的重要方式。基于 179 家大型上市公司的商业实践和信息技术投资的详细调查数据发现，采用 DDD 模式的企业的产出和生产率比给定它们的其他投资和信息技术使用的预期值要高 5%—6%（Brynjolfsson et al.，2011）。大数据将改变经验的价值、专业知识的本质以及管理实践的观念，对于各行业的领导者而言，大数据就是一场管理革命（McAfee et al.，2012）。McAfee 等对 330 家北美的上市公司进行了高管公共管理实践的访谈和相关绩效数据的收集，调查研究发现，DDD 模式应用程度越高的企业，他们在财务和运营业绩的客观衡量标准上的表现就越好。并且实证分析表明，行业中运用 DDD 模式程度最高的前 1/3 的企业，生产效率和利润率平均比竞争对手高出 5%和 6%。运用 DDD 模式的企业高管会优先基于大数据分析做出决策，即使有时与他们的商业直觉相悖，这在如今数据资源丰富、获取成本较低的情况下显然是更加科学与高效的。DDD 模式带来的竞争优势也在吸引更多的企业不断地落地应用，Brynjolfsson 和 McElheran 发现在 2005—2010 年，美国制造业中采用 DDD 模式的企业从 11%增加到了 30%，几乎增加了两倍（Brynjolfsson and McElheran，2016）。

第二，加速资源流转提高生产效率。数字经济时代，多元化的数据能够使“看不见的手”更好地发挥市场机制的作用，优胜劣汰在信息越来越透明化的今天变得越发迅速。从供给侧来看，企业可以通过在线数据掌握采购价格进行横向对比，节省采购时间和生产成本，同时数据集中与分析有利于组织内部信息透明度提高从而提高生产率；从需求侧来看，数据的公开提高了消费者的购买效率，缩短了商家的售卖时间，加速了资源流通，流通时间的缩短使一定时期内的周转次数增加，生产效率得以提高。并且企业能从交易数据中对消费者群体的需求进行深入挖掘与分析从而改善供给方式与效率。从供需匹配的角度来看，数据要素降低了传统交易市场的信息不对称程度，实现了供求的精准对接。企业可以迅速感知市场需求波动，提高预测精准性，消费者能够及时了解价格变动，供需双方信息不对称的降低改善了资源错配的现象，也为去库存的生产模式提供了可能。基于 2008—2014 年 814 家企业的 BDA 资产使用详细信息以及财务绩效数据，运用计量经济学方法对大数据（Big Data and Analytics，BDA）的商业价值进行实证分析，结果表明 BDA 资产与企业生产率之间存在显著的正相关关系，BDA 会使企业的生产率提高 4.1%；这种高度的相关关系在行业层面也十分显著，会使信息技术密集型行业和竞争性行业的生产率提高 6.7%和 5.7%（Oliver Müller et al.，2018）。

经济增长绝不是不同要素数量上简单地相加，而是各类要素进行有效的组合实现高质量的增长。因此，数据要素带来了更加高效的生产过程，这在模型中表现为 F（K，L，D）中，K、L、D 之间融合的效率提升作用以及数据对生产过程产生的包括生产组织层面、管理协调层面的作用，用参数 b 来表示。首先是数据这一全新的关键生产要素纳入要素体系并作用于传统的要素，它具有非竞争性、可复制以及重复使用的特征，突破了传统要素稀缺性束缚和排他性限制。与数据要素的融合可以实现资本、劳动等要素的新组合，使传统要素创造出更高的价值，随着融合程度的提高会带来资本深化和明显的生产率提升。数据要素同传统要素的融合，提高了传统要素的边际报酬增长率，规模报酬不变的假设可能演变为规模报酬递增。同时这种融合更容易激发经济增长的叠加、放大和倍增的效应，大幅度外推了生产可能性曲线。从这个意义来看，数据要素与传统要素的作用形式是不一样的，它可以通过赋能传统要素作用经济增长，并且由于它所表现出来的特殊的经济性质，传统的生产函数形式也不再适用。由此，数据的“赋能”还体现在通过改变生产组织模式和协调网络的方式来影响经济增长，用参数 b 来表示这种在生产函数之外的影响。生产组织层面，数据搭建了生产者和消费者之间的共同桥梁，使供需联系更紧密，生产更高效，同时数据将经济活动中的各个环节糅合在了一起，以往垂直僵化的组织模式被扁平化、网络化的柔性组织模式所代替，大大地改善和优化了供给方面的配置效率。协调层面，开放共享的数据信息缓解了市场中信息不对称的失灵状况，缩小了供需缺口，精准的供需匹配机制不断完善，进一步带来了数字经济下供给方导向向需求方导向的转变，范围经济得到强化。

（二）提高全要素生产率

数据的经济价值不仅体现在进入生产过程中，生产主体可以通过分析相关数据直接改善产品和服务进而提高生产效率，还体现在进入创新过程中，推动新知识、新产品、新行业等的产生，数据可以改善技术、知识要素的质量和创新的效率，这在模型中表现为数据对于全要素生产率 A 的作用参数 a。全要素生产率的提高包括数据渗透带来的中观和微观的效率提升作用以及高效率创新作用。一方面，数据要素通过互联网加速渗透到经济活动的各个领域，通过在各个行业环节的投入和应用改变了传统的要素投入方式和结构，产业结构向知识密集型和技术密集型转变，促进了全要素生产率的提高；数据要素进入企业，可以促进企业的自我识别，提高优胜劣汰的效率，也是提升全要素生产率的重要体现。另一方面，数据要素与知识和技术等要素深入融合，技术更新迭代的速度更快，既定的生产技术条件这个前提不复存在，知识和技术的溢出效应更加明显，并且通常会带来持续的知识和技术创新。数据进入创新活动所产生的新的知识和技术也具有非竞争性且不受到时空限制，能够同时被多个主体所利用并能在未来仍保持着其中的价值。在数据共享越来越普遍的情况下，数据可以通过降低试错成本来提高创新的效率。创新本身是一个试错的过程，不断地失败尝试也会形成大量的数据，这些数据中包含的有效信息对于创新主体有着不容忽视的作用，将会有效减少创新过程中的试错成本。

Xie（2021）根据数据的经济作用将其非竞争性分为水平和动态两个层面：数据的水平非竞争性意味着其可以在同一时刻用于多个企业的生产过程从而提高生产效率；而它的动态非竞争性则意味着数据进入创新活动中产生的新知识在未来也可以被重复使用。Cong 等（2021）建立了一个数据内生增长模型，提出在创新过程中可以发生“数据到知识的漂白凝练”，产生可重复使用的“干净”知识，即没有隐私成本的知识，从而推动经济增长。知识与技术进步推动的内生经济增长是一国可持续发展的动力，数据要素在创新和知识生产中所发挥的作用要求我们应鼓励数据在创新部门的使用，从而发挥数字经济的潜力。

第二节　数字技术与经济增长

一　数字技术的概念与特征

数字技术更多地被定义为信息与通信技术（Information and Communications Technology，ICT），是指以互联网、云计算以及移动通信等为代表的高新技术。数字技术或者说 ICT 主要有以下几个特征。

（一）替代性

在摩尔定律的作用下，过去 40 年，随着数字化技术创新的加速，数字产品和服务的成本持续降低，数字产品的价格不断下降、质量不断提升，企业的生产投入结构将倾向于资本替代，数字产品对其他产品产生显著的替代效应。

（二）渗透性

数字技术是一种“通用目的技术”，并不是为了解决特定的问题而产生，这个特征意味着数字技术具有广泛的应用前景和技术创新持续提升的潜能。数字技术或者说 ICT 技术几乎可以渗透到社会经济运行的每一个环节，促进生产、消费等全方位的变革，充分释放国家的生产率潜能，带来长期的高效率经济增长。

（三）协同性

这个特征有两个方面的含义：一方面是指由于数据要素虚拟性的特征，数据必须依赖其他要素的支撑才能参与价值创造。另一方面是指各生产要素能够在与数字技术的结合下增加协同性，进而提高生产率，实现价值创造的增值。

（四）外部性

数字技术的外部性是由其渗透性所带来的，根据渗透程度的不同，经济增长呈现出动态非均衡的特点，而不是线性或者波浪式、指数化的非线性形式。数字技术推动的经济增长被称为“先播种、后收获”的贡献过程：在初期的兴起扩散阶段，对于生产率提升的作用并不明显，而当数字技术扩散渗透到一定程度之后，则会带来生产率加速的提升。由于数字技术所表现出来的强渗透性和巨大的外部性，数字经济发展初期会产生创新租金不充分占有的问题。因此，为了释放数字经济增长的最大潜能，需要发挥政府的作用来引导、促进技术的研发与应用，使数字技术达到最优的创新水平和应用规模。

二 数字技术促进经济增长的作用表现

数字经济独特的发展规律以及数字技术所显现出的复杂特征决定了其发挥经济增长作用的多路径和综合性。将数字技术从总资本中分离出来作为独立的生产要素或投入资本，或者将数字技术视为希克斯中性技术进步，用全要素生产率刻画对于经济增长的外生影响，这些都无法体现数字技术与生产要素相结合发挥作用的特殊形式，即数字技术的协同性特征无法体现。因此，本节的分析框架不再遵循新古典经济增长理论模型，而是基于数字技术替代性、渗透性、协同性和外部性的特征，将数字技术对于经济增长的作用机理分为直接效应和溢出效应，以期较为全面地刻画数字技术的影响。

（一）直接效应

第一，数字产业的发展。每一次技术革命都会伴随新兴产业的出现以及其爆发态势的发展，新技术会首先应用在技术创新所产生的产业中，再扩展到其他的产业，数字技术也不例外。在此轮技术革命中，信息通信技术或者数字技术打破了传统的规模不经济，再一次颠覆了社会经济形态，互联网产业、电子信息制造业、信息技术服务业等新一批的产业正逐步成为经济增长的引擎。

数字经济发展的核心是“数字产业化”和“产业数字化”，在21世纪的第二个十年，随着物联网、云计算、大数据、人工智能、区块链等新一代信息技术的创新发展，数字技术主导产业群不断升级，技术革命进入了新的发展时期。在此基础上，又有一大批新一代的信息技术产业蓄势待发，“数字产业化”进程不断加快，新型数字产业正加速形成，而数字技术对于经济增长最直接、最原始的贡献就是自身产业的发展。作为国民经济的重要组成部分，它的产值规模和就业规模的扩大直接拉动了经济增长。一方面，从数字产业规模上来看，2021年数字产业化规模达到8.4万亿元，占GDP比重达7.3%，同比名义增长11.9%，从图8-1中可以看出，数字产业增加值规模逐年上升，在GDP中的占比稳定在7%左右；从数字产业内部结构上看，软硬件行业所占比例趋于合理化，其中电信业支撑能力大幅度加强，电子信息制造业企稳回升；软件与信息技术服务业、互联网与相关服务业等在产业内部的比重不断提升，电信业、电子信息制造业比重不断下降，数字产业内部结构趋向软化，数字产业服务化趋势稳中推进，中国数字产业正处于稳中向好的提质阶段。另一方面，在国家政策的扶持和引导之下，数字产业的扩张速度快，产业效益大，具有吸纳社会劳动力的巨大潜力。以互联网行业为例，2021年，中国规模以上互联网和相关服务企业完成业务收入1.55万亿元，同比增长21.2%，增速比上年加快8.7个百分点。如图8-2所示，近五年互联网业务收入持续走高，增长率下降，整体来说稳中有落。大数据、云计算等新一代信息技术加快商用化步伐不断推进，数字产业规模扩张与效益扩张的速度势头猛进，显现出吸纳

就业的广阔前景。

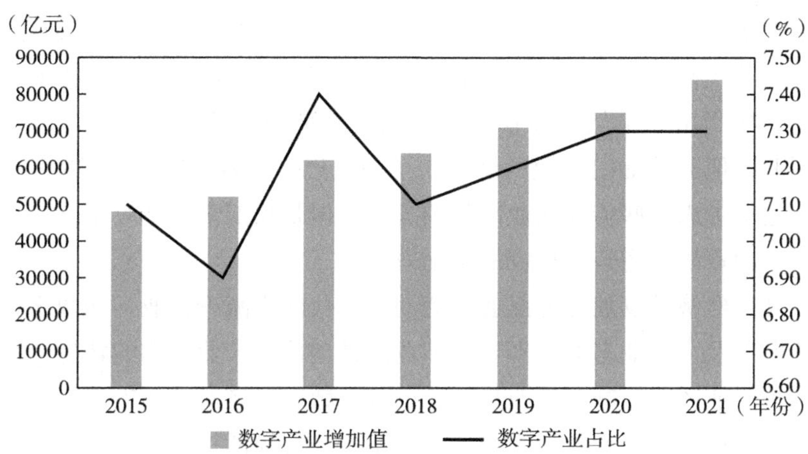

图 8-1　数字产业规模及占比

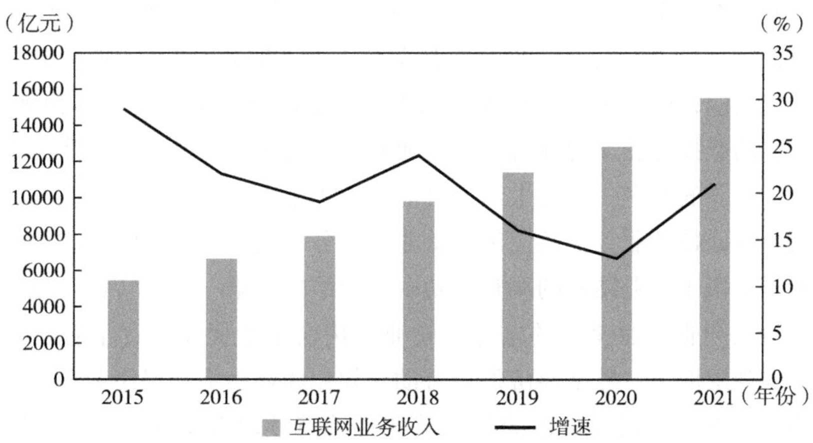

图 8-2　2015—2020 互联网业务收入增长情况

数字产业已经成为各国争先占领高地的战略型产业，中国第二十次全国代表大会上提出要“推动战略性新兴产业融合集群发展，构建新一代信息技术、人工智能、生物技术、新能源、新材料、高端装备、绿色环保等一批新的增长引擎”，“加快发展数字经济，促进数字经济和实体经济深度融合，打造国际竞争力的数字产业集群”。在国家的引导和支持下，数字产业会迸发出更大的经济增长活力。在产值规模之外，数字经济对就业的影响也成为备受关注的主题。技术革命往往具有一定的劳动替代性，但是也一定会伴随更大的劳动力需求。马克思在《资本论》中指出“虽然机器在应用它的劳动部门必然排挤工人，但是它能引起其他劳动部门就业的增加”（马克思，2004）。同理，数字技术革命也会带来一些传统就业岗位的流失，但是长期来看其对于就业总量以及人力资源利用起着积极的正面效应。

数字经济的发展一方面通过劳动力替代效应减少就业，如数字化设备不断普及、新业态的出现导致旧业态被淘汰、产业结构的转型会增大结构性失业风险，减少就业量。另一方面数字经济对就业也发挥了较强的促进效应，从就业数量上来说，数字产业规模的扩大创造了大量新兴的工作岗位，增加了劳动力需求；数字经济有效降低了交易成本，压缩了时空距离，集中体现在就业链的延伸以及零工经济的产生，新模式提高了就业参与率。从就业质量上来说，数字经济会带来就业结构的转型升级，数字经济的发展降低了对于低技能劳动者的需求，形成了对就业的替代效应，同时也对劳动者的知识、技能提出了更高的要求和挑战。被挤出的低技能劳动力或将面临失业和转型的压力，一部分可能会维持失业或待业的状态，但是大部分可能会迫于生存压力转向外卖骑手、物流人员等低技能服务业从而加速就业的服务化趋势。中国的产业结构调整明显要快于就业结构的调整，随着产业结构向第三产业转移，也必将带动第三产业就业比重的增加，就业结构会不断优化。有学者研究发现，中观层面上，数字经济发展有助于优化就业结构，促使劳动报酬和劳动保护进一步提升；也能促进就业环境持续改善、就业能力不断增强；微观层面上来看，数字化转型有利于推动企业人力资本结构优化调整，具体表现为高层次劳动力需求上升和劳动力结构的优化。也有研究表明，城市数字经济的发展显著降低了劳动力不充分就业的概率，并且是通过技能偏向性技术进步的路径来实现的。

第二，资本深化和替代效应。资本深化是指人均资本量的增加，数字经济下的资本深化则意味着工人在工作中使用了更多的 ICT 资本，从而使生产率不断提升。技术—经济理论范式的奠基人卡萝塔·佩蕾丝提出技术革命通过关键生产要素的变迁而实现，每一次的技术革新通常都会引起整个经济系统相对成本结构和生产分配条件的巨变。资源或者产品的相对价格的改变将引导经济行为人更为密集地使用功能更强大、价格更低廉的关键要素和核心技术。也就是说，随着新一代技术的不断成长与发展，国民经济的投资方向会发生一定的变化。大范围的资本深化有一个前提条件，即能够明显感知到相对成本的迅速下降，而这正是数字技术替代性特征的体现。根据摩尔定律，集成电路（微处理器）上所容纳的晶管体数量每 18—24 个月就会增加一倍，价格下降一半。根据美国经济分析局构建的半导体价格指数，1974—1996 年，存储芯片的价格每年下降 27270 倍，即 40.9%，而国内生产总值（GDP）的平减指数每年增长了近 2.7 倍，即 4.6%。1985—1996 年的较短时期内，逻辑芯片的价格每年下降了 1938 倍，即 54.1%，而国内生产总值平减指数却每年上升了 1.3 倍，即 2.6%。摩尔定律捕捉到了信息技术惊人的进步速度，揭示了类似半导体的信息技术产品指数级的价格下降趋势。

在摩尔定律的作用下，随着新一代信息技术发展高歌猛进，数字相关产品和服务价格不断下降，数字技术资本相对于其他资本得到更密集的使用与投资，各经济主体的消费结构与投资结构不断改变，由此引致了替代效应。数字技术带来了显著的成本下降效应，Goldfarb 和 Tucker（2019）指出数字技术降低了五种经济成本，即搜寻成本、复制成本、交通成本、追踪成本和验证成本，从而提高了经济效率。数字技术的替代性特征和成本下降效应给经济活动带来了显著的正向供给冲击。一是数字技术资本价格下降与相关产品与服务需求激增的双重作用大大激励了资本投资结构的变化，信息技术设备、计算机软硬件、通信设备等数字基础设施和信息产业规模不断扩大，数字产品得到广泛使用。二是随着资本深化不断推进，数字技术最终将在社会生产领域中大幅度提高生产率并带动经济增长。美国经验研究显示自 1995 年以来，资本投入推动美国经济增长了近一个百分点，其中信息通信技术的投资贡献了这一增长的一半以上。信息技术价格的加速下跌标志着信息技术行业生产率的迅速提高。1995 年以来，信息技术行业贡献了大约一半的生产率增长。这表明，对于信息技术的投资将会对于经济增长产生正面的积极影响，新一代信息技术无疑是21世纪最具先导性和战略性的投资领域。

（二）溢出效应

以上数字技术对经济增长的直接效应表现为可以观测得到的数据，主要是数字产业的增加值以及其对整体生产率等方面表现出的可以测算的贡献。正如前文所述，仅仅关注直接效应并没有办法完全把握数字技术对于经济增长的影响，数字技术作为通用目的技术靠着强大的渗透性，形成了明显的溢出效应，主要通过以下几个方面促进了经济增长。

第一，通过组织变革优化组织效率和生产效率。随着技术的变迁，生产的组织模式也会发生改变来适应和匹配技术变革。农业社会的农耕技术条件落后，农业生产主要是以家庭为单位手工作坊式的组织模式，呈现出点状分割式的格局。工业社会中，伴随蒸汽机、电气等工业生产技术条件的发展，生产组织表现出工厂制、福特制等多种批量化、规模化、标准化的模式，呈现出线性分工的发展格局。数字社会的到来进一步使生产组织发生了变革，企业的边界变得模糊，各企业间的交易和合作变得更加频繁，网络协同的生产方式迅速发展，此时的生产更多地表现出一种环状连接的生态格局。这种格局依托的就是数字经济时代下普遍应用的新一代生产技术条件，新的信息基础设施在改变了相对成本结构的同时，也转变了生产的组织原则。数字技术突破了传统生产过程中的时间和空间限制，打破了规模不经济和流水线式生产的僵硬状态。基于信息的流动和透明化，企业可以在全球范围内迅速发现和动态调整合作对象，整合全球资源，在研发、制造、物流等产业链的各个环节实现全球分散化、协同化的生产，“大平台+小企业”等扁平化的生产组织模式大量涌现，大大降低了制度性交易成本。从需求的角度来看，生产者可以通过各种数字技术收集、分析、处理相关的消费数据来掌握产品的销售水平、用户体验、改进方向等市场信息，从而实现柔性化生产和精准化营销。总的来说，数字技术通过组织变革的方式逐渐使其他产业完成了自上而下技术渗透和技术改造，从而整体提高了生产组织效率和生产效率。

第二，增加消费者剩余、提高社会总福利。消费者剩余指消费者在购买一定数量的某种商品，愿意支付的最高价格与实际支付价格之间的差额，衡量了买者感知到的额外收益，是消费者福利的重要指标。数字技术的发展带来了新型的产品、新型的消费模式以及交易方式，通过不断深入发掘和满足消费者的需求及个性化偏好，提高了社会福利水平，为经济增长提供了重要的动力支撑。然而遗憾的是，数字技术在这方面的贡献由于统计方法的缺失和不足不能够做到及时准确地衡量，并且对于这部分价值是否要纳入国民经济核算体系仍然存在很大的争议。早期一些国外学者就曾经试图借助消费者剩余来衡量数字技术对经济增长的影响，研究发现在多个领域内数字技术都发挥了重要的作用，信息技术所带来的经济价值被严重低估，存在相当一部分潜在贡献。例如，Athey 和 Stern（2002）发现在医疗领域信息技术可以通过提高信息及时性和准确度缩短治疗响应时间，从而降低死亡率和医疗成本，最终改善病人福利。Bryjolfsso（2003）发现亚马逊在线销售书籍种类提升会产生较大的消费者剩余，而后在 2008 年运用同样的方法研究发现亚马逊通过销售实体店所没有的小众书籍，带来了 39.3 亿—59.4 亿美元的消费者剩余，是 2003 年的 5 倍。

在现实生活中同样能感知到数字技术带来的社会福利的提升。我们享受到了各种各样免费的数字产品和服务，如在线通信、在线视频、电子邮件、搜索引擎等。共享经济的兴起进一步模糊了生产和消费的边界，交通出行（如滴滴）、二手交易平台（咸鱼）、房屋短租（如 AiRbnb 等民宿）、医疗服务等各大领域快速发展，共享经济的繁荣盘活了闲置资源的潜在价值，这种消费模式也同时提高了消费者剩余和生产者剩余。电子商务、移动支付在我国的普及改善了消费者的购物体验、增强了支付便利性；物流、社交娱乐、在线教育等各个消费领域都在为数字技术所渗透，而我们作为消费主体可以最为直观地感受到数字技术带来的便利。

第三，带动创新创业、推动社会进步。技术革命不仅会带来新兴行业的迅速发展，而且会在相当长的一段时间内带动传统产业的复苏。例如，第一次工业革命，机械技术和蒸汽机动力带动了纺织业的发展，该产业在发展的巅峰期占据了制造业产出份额的 1/4。与此同时，新技术的大面积扩散带来了十分显著的创新性发展，英国的农业在 1750—1850 年经历了显著的增长，并在农业工具、耕作设备以及排水设备的开发方面实现了关键性的持续技术创新。总之，工业革命中的技术创新虽然会首先应用于创新所产生的部门或者产业中，但是并不局限于这些领先部门，而是会随着技术的扩散，对传统产业产生巨大的影响，包括大幅度提升生产效率以及引起持续全方面的创新。数字经济的发展同样如此，随着数字基础设施逐渐完备，相关数字技术资本成本下降，数字经济下传统产业的生产率提升和创新效应越来越突出，数字经济对不同产业的创新都发挥着重要的驱动作用。

创新和发明是一个持续的过程，数字技术不仅其自身是一种技术创新，同时也是一种能够带动更多发明创新的方法或者工具，是一种“发明方法的发明”。数字经济的不断渗透会引发更多、更高质量的后续创新，以大数据、云计算为核心的数字技术重构了知识的生产、传播的过程，提升了发明创新的效率。数字经济的创新驱动作用体现在以下几个方面。

第一，数字技术的扩散冲击了原有的学习模式，扩大了知识传播、流通的范围。例如，智能手机、平板等移动设备的出现突破了知识传播的空间和时间限制，使随时随地学习成为可能；线上各类或免费或收费的学习资源面向大众，拓宽了知识传播渠道，能够有效激发学习热情以及提高学习能力。

第二，数字经济下共享、开放的精神使全球资源实现共享与互补成为可能。互联网是一种“普遍连接”的技术，各个主体都可以通过这种无形的链接进入全球市场体系，从某种意义上来看这种便利性使各个企业、个人处于平等的地位，带来了新的发展机遇和挑战，能够进一步激发创新精神，鼓励企业家创业。

第三，数字经济创造了大量技术密集性就业岗位，可以通过改变就业结构来提升人力资本进而带动创新。新兴产业迅速发展和传统产业数字化转型带动了诸如研发设计、数据分析等全新的高技能型岗位需求激增，这促使就业的技能结构发生改变，同时技术进步会持续向高技术创新演变，形成对更高技能劳动力的需求，实现一种良性循环，促使创新高效率发展。

第九章

数字化案例与应用场景

第一节　数字农业应用场景

农业高质量发展是现代农业的本质，应遵循新发展理念：以创新为第一动力，以协调为内在要求，以绿色为农产品需求定位，以开放格局充分利用国内、国际两个市场，以共享作为高质量发展最终落脚点（唐文浩，2022）。数字技术在农业领域应用不断加深，数字技术已然成为推进农业农村高质量发展的新动能。“十四五”规划和2035年远景目标中明确公布了要加快推进数字乡村建设，构造用于农业农村的综合信息服务体系，打造涉农信息普惠服务机制，推进乡村管理服务数字化。

一　数字农业的概念

关于数字农业的概念目前尚未达成共识，现有的说法包括信息农业、智慧农业、“互联网+农业”等。农业农村部《数字农业农村发展规划（2019—2025年）》将数字农业定义为“生物体及环境等农业要素、生产经营管理等农业过程及乡村治理的数字化”。尽管概念尚未取得一致，但基本认为数字农业的概念有两类：第一类是将基础学科和高新技术尽可能地一起利用，做到对农业生产全流程的精准控制与实时监测；第二类是运用数字技术把农产品生产、管理与销售结合起来，完成农业资源的合理配置，达到降本增效的数字化农业目的（郭振海，2021）。数字农业的本质在于，在农业生产、销售、流通等过程中应用数字技术，促进农业经营过程中农产品的生产和流通，最终使农业全产业链以高效率和环境友好的方式创造更多的经济价值。

二　数字农业应用逻辑

互联网与大数据有效结合能够大幅度提升农业生产效率，产生边际收益递增效应。目前，数字技术在农业生产、销售、运输、储藏等各个环节中的应用使农业数字化转型的成效更加明显，数字农业的发展成为农业现代化的新动力（金建东和徐旭初，2022）。

第一，生产数字化：提升农业生产效率。数字农业将现代的数字化技术与农业生产的所有环节相融合，最终提高生产效率。下面详细介绍数字化农业生产环节的四种模式（金建东和徐旭初，2022）。第一种模式是农业生产过程中的检测与实施。外部环境因素会影响农作物种植，从而对农作物的产量与质量造成影响。外部环境因素包括空气湿度、温度、风力、风向、土壤环境等，这些外部环境因素是一种动态持续的过程，通过对各类外部环境数据进行及时收集、合理分析及精准预测可以减少负外部环境的影响。第二种模式是对自然风险进行合理的预测和适当的处理。由于自然灾害会给农业带来巨大的经济损失，利用物联网技术实现了对气候变化和突发事件的及时感知，有效地减少了自然灾害带来的损失。同时，数字农业为农民提供了更加便捷和快速的农业保险，降低了农民的经济损失风险。第三种模式是精准投放肥料物料。准确供给肥料物料做到农产品质量控制，实现农产品的品质提升。第四种模式是重视环境与农产品效益。目前，各国大力提倡绿色经济，数字农业通过对肥料物料的精准投放，实现降低农业生产对土壤、水质的污染。

第二，物流数字化：弥补农业运输缺陷。农业从生产端到消费端需要物流以及营销作为支撑，物流在农业生产销售中发挥重要作用。目前，我国农业物流水平处于较低层次，蔬菜和水果的运输损耗为20%—30%，而美国的蔬菜损失仅为11%。农业数字化物流的建设可以有效地提高农产品的运输效率，使农业物流各个环节与数字技术有效融合，对农业物流的行程、位置进行感知，实现物流全过程中农产品位置以及来源的掌握。通过对物流各个过程中温度、湿度等的感知，保障高效安全运输。

具体而言，数字技术可以应用在村镇运输、储存过程、社区配送环节等。村镇运输是核心，是农业物流的起始点，可以对农产品安装相应设备，为后续数字化提供基础。仓储运输环节根据上一环节的感知设备提供的各种产品数据信息，结合运输、加工和仓储过程中的动态数据感知，通过数字运算等方式实现保障农产品品质、降低损失等。综合来看，村镇运输、社区配送过程的数字化应用可以让居民快捷、低价地获得新鲜农产品。

第三，营销数字化：帮助农民解决销售问题。农产品滞销问题一直困扰着农民，给农民带来了一定的损失。农产品滞销的原因不仅在于农产品质量参差不齐、农产品价格高低不一、销货渠道不良等，中国市场机制不完善、市场变化快、营销主体单一也导致了农产品滞销问题（金建东和徐旭初，2022）。数字营销是在农产品销售过程中应用数字技术，将传统和特色的商品进行分类并在网络市场销售，减少中间收购和运输环节，并提高农产品的销售价格，以此达到销售“量”与“质”的增长。在现实生活中，农产品数字化营销也呈现出多种形式，包括淘宝村、农产品直播、扶贫电商、新零售等。其中，淘宝村是伴随农村电子商务的兴起而出现的，它可以通过网络平台降低农产品的交易费用，改善农村市场的交易环境，优化农产品的销售环境，从而推动农产品的销售；农产品直播营销是以数字化技术为基础，构建直接的“沉浸式”购物体验，增强了消费者的黏性，实现了精准的销售。

第四，金融数字化：解决农民贷款难问题。由于中国农业规模小、季节性强、担保能力差、高风险等特点，金融机构缺乏对农业贷款的信心。造成这种现象的原因，除行业特点外，也因为农村地区的信息分散，导致了金融机构在收集、分析、风险管理等方面存在较高的交易费用。数字金融是以数字技术为基础，对农户信用及农产品进行评估，以较低的成本进行风险控制，为农民提供高效、便捷、个性化的金融服务（金建东和徐旭初，2022）。此外，数字金融具有易得性、公平性、开放性等特点，其核心业务为小额信贷。数字金融既可以帮助解决农民生产农产品过程中的资金短缺问题，又可以针对农民的实际情况和现实需求提供亲民化、简单化的金融服务。

三　数字农业应用场景及案例

在新经济时期，农村地区具有全方位的数字化应用前景，并带来较高的经济价值。无人驾驶、无人农场、农业机器人、植物工厂以及云端平台，这些智能技术促进了农业生产效率，提高了农作物的规模产量。“数字化农业+智慧农业”的全链条推动了农业的高质量发展和产业升级。阿里巴巴、中国电信、拼多多、中国移动、中国联通、腾讯、抖音、喜马拉雅等网络公司已开始涉足数字农业和数字乡村，为“三农”提供相关数字服务，比如线上网络销售、厂家直接销售等。在2035年远景规划中，智能农业主要应用领域有推进作物精准播种、施肥、收获、设施园艺、水产养殖等（唐文浩，2022）。下面介绍具体应用场景及案例。

第一，小气候环控与水肥一体化。在较为封闭的农业设施中，作物的温、光、水、气、肥等环境因素可以得到有效的调节。特别是在大型温室、设备高度一体化的情况下对农作物生长环境进行精准监控，通过相应的环境控制装置来调整温室内的光照、温度、湿度等，以保持植物和动物良好的生长环境。小气候环控的过程是在生产区域内安装环境测量仪器，进行光照、湿度等环境参数的测量，并将所需的物理量、模拟量和数字量进行转换，再将测量信息通过有线或无线传输给控制中心，并通过执行装置进行环境调节。水肥一体化在现代智能温室、大田农业、传统农业设施等农业种植环境中有不同程度的应用，其中传统农业设施如日光温室的智能化水平最高。水肥一体化的实质是在生产区设置传感器，测量基质含水率、空气、相对湿度、温度、光照等与水分蒸发蒸腾有关的环境参数，并将其转换、传输至控制装置，由控制装置经单一因子或多因子耦合操作后，进行最终的施肥。

第二，“元宇宙+农业”。“元宇宙+农业”、“智慧生产”和“工业升级”等新概念为中国农业的发展提供了新的思路（钟业喜和吴思雨，2022）。一方面，可以依托农业大数据、农业物联网等技术形成一条智能化的农业产业链，实现农产品质量溯源和农产品安全控制，加强食品安全及食品运输监管，改善农产品种植、采收、储存、加工、售卖等过程，形成依靠AI指导的数字化农业生产模式。另一方面，可以开发农业的多元乡村属性，延伸产业链条。根据“长尾需求”，通过线上体验田园山水生活、传承农耕文明、体验乡村生活、享受乡间服务等将农民数字技术应用差、经营范围窄、服务标准化程度低的劣势转化为“手工劳作”“原生态”“定制化”的竞争优势。

案例一：光明田园千亩无人化示范农场

为建设田园千亩无人示范农场，光明田园于2021年引进8架新型无人机，对农场耕种工具进行机械化改造，实现“耕、种、管、收”无人农机作业。在“三夏”期间，光明田园完成了200亩无人机播种的工作，无人拖拉机、收割机的改造成果将于“三秋”期间正式登场。此外，光明田园还与无人机厂商合作，在林地、苗圃、水产投饵等领域开拓了无人机应用新领域。

目前，光明田园无人农业平台已经建成，平台将传感设备、遥感无人机、智能手机等连接起来，实现了农产品数据的采集和归纳工作，还可进行线上调度实现生产全程的后台监控。同时，利用人工智能和大数据技术可以构建出一套适合当地水稻的无人化生产模式，大幅提高了水稻的产量。在“智慧农业”实践中，田原科技团队持续加强高新农业技术的运用，并将其转化为服务输出。

案例二：丰县数字农业产销一体化

丰县数字农业将上下游产业整合起来，实现了农业产销一体化。在产品生产、销售上，丰县采用以“网络+新农业”为主导的数字化融合模式，通过GIS定位、大数据、人工智能、物联网等现代信息技术手段的应用，丰县建成了一座自动化程度高、功能强、规模大、适应现代化生产规律的农业基地。新型农场具有智能化、数据化、现代化、信息化的特征，实现了在电商销售、管理、检测、繁育、食品安全溯源等全链条上的可控化，实际做到了质量和数量上的双重增长。丰县“产销耦合”的数字农业模式打破了传统农业生产模式中信息不对称的限制。数字化技术的运用，一方面可以确保产品的品质可控、规范化。另一方面，数字技术也使产品的销售领域得到了扩展。丰县的做法就是利用自己的农业比较优势，与网络营销平台进行合作，扩大农产品的供应，提高农产品的销售和经济效益。以此为依据，在“投入—产出—收益—再投资”的循环过程中形成了一个与生态系统相协调的良性循环，既提高了农业收入，又使农业产业链得到了更好的发展。这完成了农业从“靠天吃饭”到“产销耦合”的转变，不仅体现在需求与供应之间的匹配上，更深层地体现在农业生产效率的提高和供应范围的扩大上。总之，提高农产品的有效供应已成为我国农业发展的一条重要途径，也是实现农业高质量发展的重要途径。

案例三：武汉市东西湖区阿里云数字农业系统

利用遥感 AI、AIOT、区块链等技术，阿里云的数字农业系统可以通过传感器对作物的水肥管理、温度、气象、土壤环境、种植等进行实时监测，实现对作物的精准灌溉和施肥。武汉市东西湖区阿里云数字农业系统中，大棚外面每 20 亩就安装了一台物联网数据采集终端，并在田野里安装了一套小型的气象站。通过该装置，将采集到的信息通过数字农业平台进行反馈，经过系统的分析可以对阳光玫瑰的生长状况进行实时评分。农户可依据评分结果对评分低的项目进行调整。该项目目前已有 300 亩土地率先应用数字农业系统，为助推乡村振兴发挥积极的作用。

案例四：大埔县智慧农业项目

蜜柚是大埔县的主要经济支柱产业，全县 70% 以上的农村家庭都在从事蜜柚生产。大埔县利用大埔蜜柚 App、大数据平台、传感设备等让蜜柚种植者把“柚园”装在手机上，实现了在手机上查看智能生态系统的全景介绍，包括无人机作业、自动灌溉等。同时，App 也与大埔农业研究所合作，为农户提供线上咨询、线下专家辅导等。

大埔农业大数据平台旨在通过“种、养、采、销”的精准管理过程实现品牌优化与产量提高。2021 年，大埔县继续进行数字化农业改造，并在前期的铺垫上为当地先进企业建设一体化智慧农业系统，包括自动灌溉、蜜柚数据采集等，将本地蜜柚种植基地建设成为全国模范种植园。

案例五：盒马村项目

盒马村指根据订单为盒马企业种植农产品的村庄，盒马生鲜与特定村庄签订了长期协议，村庄农户根据盒马订单种植特定农产品，盒马收购后负责售卖。盒马村通过阿里巴巴平台将分散的农村生产单位升级为现代化的数字化农业生产链，实现了用新的方式种植好的农产品并卖出好价钱的过程。

四川省丹巴县八科村是第一个现实意义上的盒马村。在“定口味、定大小、定品种”的“订单式种植”下，黄金荚在短短三个星期内实现全国范围内销售，从默默无闻到供不应求，成为“盒马”网络上最受欢迎的蔬菜，之后盒马村相继在全国各地相继涌现（陈国军和王国恩，2023）。

国内第一个海上盒马村位于大连庄河，海上盒马村通过与上游养殖端合作减少中间环节，帮助渔民销售海产品。庄河的海参、生蚝、花蛤等大量海鲜经阿里巴巴平台进入全国300多家盒马门店销售。庄河市目前有2000多户渔民为盒马生鲜提供海产品，每户能增加10万元的年收入。

四　案例启示

（一）智慧农业过程面临的问题

1. 数字基础设施建设水平不高

我国农村的信息化建设水平相对较低，互联网、大数据等新兴技术不能在农村得到广泛普及应用。农村地区的信息和通信设施还需要进一步优化，以适应现实情况（殷浩栋等，2020）。农村铺设网络光纤费用高，对宽带网络使用比较熟悉的青壮年村民外出打工较多，留守老人不能熟练运用宽带网络，留守儿童使用宽带网络缺乏他人监管，导致某些农村地区的宽带网络的平均单次使用费用较高，降低了农村地区的家庭宽带安装数量。

2. 农民对数字农业了解不够

一方面，数字农业的前期投入较大，回收成本需要时间，存在较大的风险，使农民对数字农业的发展没有太大的兴趣。另一方面，由于大部分的试点项目都是由国家出资，只限于简单的信息传递和展示，并没有深入农业中去，农民对数字农业不够了解，这就造成了发展的内在动力不足（杨静等，2021）。

3. 农民数字化素养不足

在目前中国农村大部分青壮居民都可以上网的情况下，数字技能的缺乏是影响农村互联网普及和共享数字经济效益的关键。根据2018年中国家庭调查显示，中国农民上网的比例比城市低了18%，在消费、娱乐、工作方面，他们的数字化水平明显低于城镇居民。因为数字化水平不够导致的城乡收入差距达24.6%。未来越来越多的公司使用智能化机器替代人工，农民若不能及时提升数字化水平，将很难适应新的社会变化，导致农民的经济利益会进一步受损。

（二）智慧农业发展对策建议

1. 加快农村“新基建”建设

要加快中国农村数字化转型，必须完善我国农村数字化建设。要大力推进“宽带中国”的进程，全面建设农村地区的网络基础设施，对有需求的村庄建设5G、千兆光纤，满足农村居民在生产和生活上的数字化需求。

2. 全方位提升农村居民数字化水平

农民的数字素养和数字技能是推动农村经济和社会发展水平的重要因素。农民的数字化素质和数字化能力将直接影响到农民的创业与生产过程。随着信息化进程的加快，农村的经济结构发生了变化，农民与外部世界的联系越来越密切，城乡融合的程度也越来越高，农民对自主创业、参与数字经济的期望也会越来越高。为此，应着手构建适合农村居民的数字化技能学习体系，提高农民的基础数字能力，为加快数字农业建设提供助力。

3. 因地制宜建设数字化特色产业

发展农村特色产业是乡村振兴的重要组成部分，是向农村地区推广数字化技术的有效方式。发展数字化农村特色产业要立足于当地农村特色并应用数字化技术发展与当地相适应的数字化农业，例如绿色生产、农旅融合、共享牧场等（唐文浩，2022）。可以利用直播、视频网站等平台做好宣传工作，同时将销售农副产品的渠道改进，以往村民单独售卖、集中收购耗时耗力，要充分利用数字化销售的优势提升农副产品的增加值，使其成为乡村振兴的推动力量，实现农村地区经济水平的大幅度提升。

第二节　数字城市应用场景

近几年，数字技术正在以一种不可逆转的方式改变着人类的生活，尤其是在新冠疫情暴发的环境下，更是加速了整个数字时代的来临。“十四五”规划中明确提出：以数字化助推城乡发展和治理模式创新，全面提高运行效率和宜居度。分级分类进行新型智慧城市建设，将物联

网感知设施、通信系统等纳入公共基础设施统一规划建设，推进市政公用设施、建筑等物联网应用和智能化改造。要健全城市信息化平台、运营管理服务平台、建立数据资源系统、推动城市数据大脑等。用数字化技术推进城市管理现代化，使之更加智能化，是新时期城市工作的新要求，也是“十四五”时期中国实现高质量发展、推进城市治理体系和治理能力现代化的迫切需要。

一 中国智慧城市建设阶段演进

智慧城市是中国城市建设的现阶段发展目标，中国的智慧城市建设分为四个时期。

第一个时期是中国智慧城市的起步阶段，即1999—2008年。中国在“十一五”规划阶段之后提出了“到2010年实现单位GDP能耗下降20%”的目标，这一目标对中国的经济和社会发展模式提出了新的要求。而数字工程建设是中国城市管理的一个新机遇，它是智慧城市的初步形式（吴宦熙，2021）。其中，湖南和福建等省份率先实施的数字化项目，为中国初步建立智慧城市进行了实践探索，为中国早期智慧城市的发展模式积累了一定的经验。

第二个时期，即2009—2015年，为智慧城市的发展规划阶段。2008年我国提出“智慧城市”概念，深圳、武汉等城市在2011年开始进行智慧城市试点，并发布了智慧城市试点的管理办法、评估制度等文件。2015年国务院批准成立“新型智慧城市建设部协调工作组”，为进一步建设智慧城市提供支持。

第三个时期是中国智慧城市的一个新的转型时期，即2016—2018年。习近平总书记在2016年4月召开的“互联网安全和信息化工作讨论会”上提出了分级分类推动智慧城市的发展，尤其是在“三融五跨”的新理念和新模式的基础上提出了新的思路和模式，为中国的智慧城市建设提供了新的思路、新的机制和新的发展需求。

第四个时期，为2020年之后的智慧城市建设阶段。随着区块链技术逐渐被应用于智慧城市，数字孪生技术的成熟与普及，以及2020年新基建的投入，中国的智慧城市建设已经进入了一个新的阶段（吴宦熙，2021）。一是未来的新基建目标主要为智慧城市建设服务。二是各地智慧城市的建设将迈入数据融通、共享数据阶段。三是智慧城市评价体系更加注重可持续化发展。四是三四线城市开始成为智慧城市建设新的增长极。未来随着仿真推演、虚实交互等新技术的应用，城市将进一步完成智能化向智慧化的转型。

二 数字城市应用场景及案例

随着数字技术的发展与应用，智慧城市建设中逐步出现智慧园区、智慧医疗、智慧政务、智慧电网、智慧交通、智慧教育、智慧物流等数十个数字化应用场景。

中国智慧医疗产业2020年投入超过4000亿美元，并充分利用数据高速传输的特点，数字化在医疗、救援、养老等方面有很好的应用和示范效应。在线医疗服务方面，可实现远程实时问诊、在线医护，并可实施远程医疗检查、远程手术等措施；在急救医疗方面，救护车、急救人员、医院以及应急指挥中心之间建立了急救信息关系网络，将海量的生命信息实时反馈给医院的指挥中心，为医院的医护人员提供及时的指导和应急预案；在公共卫生方面，通过物联网、人工智能等技术，可以支持全国范围内的传染病数据快速上报、智能监控，实现学校安全、食品健康、饮用水卫生等数据及时上报和实时处理。

智慧物流已经实现了大数据、无人机、自动化仓储机器人等技术的应用，如优化运输路线、智能库存管理、订单数量预测、仓储前置等。顺丰公司目前正在积极布局无人机、无人车、无人仓库，建立起一套高效的物流运输网络，利用动态优化运输路线、自动化分拣、航空运输来提升运输效率（王婷，2021）。以下介绍智慧城市的几个案例。

案例六：北京海淀（中关村科学城）城市大脑

北京市海淀区联合北京联通、中科大脑等科技公司，共同构建了海淀的“都市大脑”，为城市管理和服务提供了全面的协调和决策基础，在中国已经形成了一座“样板间”（徐辉，2020）。海淀“城市大脑”构建了一个新的智能体系，包括感知网、智能云平台、大数据中心、AI计算中心，以及N个创新应用，涵盖智慧能源、生态环保、城市管理、公共安全、智慧交通等领域，已汇集18个主要城区基础数据，创建55个城区部门数据，融合70余家企业技术，创新多个场景应用。通过智能感知、分析等手段，“城市大脑”使城市资源得到了有效配置，极大地提高了解决城市问题的效率，进一步推动了智慧城市的创新，城市治

理能力得到提高。

案例七：湖北省仙桃市金山云“云壶”健康云平台

云壶健康云平台以数据共享为核心，构建应用、技术、数据、业务四类平台为一体的在线医疗系统，帮助了医疗系统进行业务创新（米栏和晨曦，2021）。“云壶”平台收集并分类整合仙桃市第一人民医院与仙桃市中医院的数据，建立百万份个人健康医疗档案，为10万人次提供了远程医疗诊断，实现了审批、救治、手术等业务一体化。目前，“仙桃”平台正应用物联网、大数据、人工智能等技术开展基层医疗服务、医防融合等应用场景，打造了家庭、村、镇、市四级医疗服务体系，成为建设湖北省智慧城市的样板工程。

案例八：陕西西安交警智能大数据调优系统

西安市投入使用的智能大数据调优系统将全市1300多个红绿灯纳入联网控制，通过交警中心实现对市区多个“绿灯带”的控制，减少了城市道路的拥堵时间，并通过实时监控车辆的运行状况，将车辆行驶状态分为四类，协助交警部门处理道路事故。在全运会期间，西安交通安全管理系统作为“指挥官”，既保证了城市交通的稳定和秩序，又尽量降低了会议对交通的干扰，使“智慧西安”的交通更加便捷。

案例九：成华区网格化信息化建设

成华区是成都市最大的中心城区，辖区内共有103个社区，常住人口高达130万人。成华区目前已经建立了网格化的社会治理体系，具体表现为“院落+社团”的模式，下一阶段将完善群众自治、公众参与的居民自治体系和其他运行机制。成华区于2014年入选“全国社区治理和服务创新实验区”，2017年人民网将成华区评选为“全国创新社会治理最佳案例”。成都市将智慧城市与宜居、和谐、人民城市人民建等理念融合在一起，在智慧城市建设上大步迈进，成为成都市智慧城市的优秀代表（谢小芹和任世辉，2022）。

三 案例启示

（一）智慧城市目前存在的问题

智慧城市建设过于重视硬件投入，轻视治理能力。过去依靠大规模要素投入的快速城镇化模式不能应用于智慧城市的建设，智慧城市建设过程应重视城市优化升级而不是增量扩张。经过十余年的发展，中国智慧城市的建设已积累了一定经验，在一定程度上解决了城市发展和建设中存在的一些不足。但是，现有的智能城市建设更多地注重硬件投资，而忽略了以人为中心的综合管理能力的提高，从而造成了重复建设、投资效率不高等突出问题。中国信通院最近发布的一份统计数据表明，在2020 年 1 月至 10 月，单是城市大脑工程项目的总招标就超过了 200 亿元，“十四五”时期，城市大脑的投资将超过 1000 亿元，而一个地方政府在城市大脑上的建设就需要上千万元的资金。

以往的智慧城市建设较多注重政府部门的业务处理，缺少综合、全面的城市智能管理与服务，对社会资源、社会全局、国土空间的总体性顶层设计缺少经验。且地方政府只考虑了经济管理与储存空间管理，对数据自身的价值不够重视，在处理数据问题上缺乏经验，不能及时有效地共享数据，提高数据的价值。

（二）建议与展望

第一，要清醒地面对挑战，提高警觉性。过去智慧城市建设中存在三种错误认知。一是对投资的认知误区。我们不能把城市管理的数字化改造看成是装大屏幕、摄像头、传感器等。事实上，在数字化城市管理中，硬件投入并不是最大的问题，在制定数字转型的时候必须先搞清楚需要解决的问题，根据问题和需求进行全面规划。特别是，决策部门要以客户为中心，不能按照自己的意愿去做，而要按照大众的需求去做。二是技术上的错误认知。科技的发展理论上可以解决大部分问题，但现实是，在没有技术革新和体制创新的前提下，仅仅依靠技术的投入不仅无法解决问题，还会产生新的问题。比如在城市中应用人脸识别技术处理轻微违法行为处罚时就必须对道路和交通规则做出相应的调整，对罚款的标准也要进行进一步的改变，不然会造成更大的冲突。三是盲目追随潮流。数字转型的迅速推进，对很多地方都产生了“示范压力”，也很容易鼓励一些地方“有条件就上，没有条件也要上”的局面，而忽略了在工作机制、方式方法上的创新。

第二，智能互动的未来场景。城市是由多种功能单元组合而成的，人与建筑单元的多样性利用使未来的各个功能空间不再是机械的单独存在，而是按照人们的需要互相联系，形成互动的情景模式（徐辉，

2020）。在未来，“城市中枢”可以满足人类对各种空间的需求，所以必须将宏观的规划目标与微观的建设与经营管理相结合，使互动场景的构建更加人性化，从而实现城市空间的价值增值。随着城市规模的不断增大、问题的复杂度不断提高，政府自身的管理变得日益困难，需要引进更多的社会力量参与到城市管理中去，让政府成为解决问题的倡导者，让企业提供技术和资金，让非营利机构和公民皆参与到城市管理中去，这样才能构建起一种新型的治理联盟。

第三节　数字金融应用场景

2022 年年初，中国人民银行发布《金融科技发展规划（2022—2025 年）》，中国银保监会发布《关于银行业保险业数字化转型的指导意见》，这是国内首次对金融机构数字化转型提出明确的指导意见。政府、企业和居民对传统金融服务提出了更高的要求，需要更加方便、快捷、有效及安全的数字化金融服务（王勋等，2022）。金融行业的数字化应用是金融行业今后发展的显著趋势，应主动推进金融机构数字化转型，并顺应市场要求推进普惠金融以及数字金融的监管（黄益平，2021）。在新冠疫情防控期间，数字金融已发挥了宏观经济稳定器的作用。疫情防控导致的社交隔离增加了消费者对线上金融服务的需求，居民日常消费选择移动支付变得越来越普遍。

一　数字金融的内涵

数字技术提升了金融服务效率。在中国居民的消费支出方式中，手机支付已超越了现金和信用卡，成为日常生活中最主要的支付方式。另外，数字金融在为中低收入群体提供服务、解决民营企业和中小微企业融资困难的过程中充分发挥了其信息技术的优势，为普惠金融的发展提供了有力的支撑。

第一，数字技术提升支付效率。移动支付已经成为人们最主要的支付手段，简化了人们的付款流程。目前，中国的移动支付无论从用户数量、使用频率、交易金额，还是从技术发展方面，均处于世界领先水平。国内使用最多的移动支付平台包括微信支付、支付宝支付、京东支付等。2013 年余额宝与微信支付推出后，移动支付在中国开始迅速发展，2015 年移动支付金额超过现金消费金额，2016 年移动支付金额超过银行卡支付金额。由数字技术支持的移动支付提高了居民的支付效率、降低了交易成本，不仅使居民的日常支付更为方便快捷，也促进了金融市场特别是支付体系的改革升级。

第二，数字技术促进普惠金融快速发展。中小企业“融资难”问题已成为世界各国共同面对的重大挑战。为中小微企业提供贷款，不仅要解决“获客难”，还要克服“风控难”这一难题。数字技术对普惠金融服务发展起到了很大的作用。中国经济以往的长期增长模式主要依靠投资，在金融资源一定的情况下会优先贷款给大型国有企业或高新技术企业。在过去 10 年里，中国几家大型科技公司通过大型技术平台盈利并积累了大量的数据，通过大量的数据进行信用风险评价，为中小微企业的信贷服务探索出了一条成功之路。中国传统金融机构在对待低收入群体客户与农村居民客户时存在金融支持较少的问题。与数字经济的快速发展比较，中国征信体系发展较为缓慢，有大量的低收入群体和农村居民需要金融支持时可能因为缺乏征信记录、收入不稳定等原因，银行等传统金融机构不能及时给予相应的金融支持。数字技术的成熟应用为传统金融机构转型提供了可能，近年来中国数字普惠金融发展迅速，为低收入和农村地区居民提供了更加有效、快捷的融资渠道。

二　数字普惠金融与数字农业

数字普惠金融的发展对数字化农业进程起到了很大的推动作用。数字普惠金融利用大数据、云计算、物联网等技术，在满足传统金融需求的基础上，有效地解决了传统金融在农业领域的不足。数字普惠金融能够降低金融服务成本，为更多农业、农村客户提供金融服务，原因在于数字普惠金融可以大幅度地减少对人工、线下网点的依赖，可以在增加金融服务的同时也促进传统金融机构数字化改革，为无法被金融机构覆盖到的农村客户提供金融服务。

数字普惠金融提高了金融服务的质量和效率，以适应快速、多样化的数字农业融资需求。数字普惠金融利用数字化技术，能够有效地改进传统金融系统中程序化、分散化的业务流程，简化了业务程序，从而有效提升金融服务效率，满足数字农业发展的快速融资需求。另外，数字化普惠金融通过数字化技术，使各类产品、服务场景不断创新，使新型农业经营主体和中小微农业企业经营者在足不出户的情况可以快速获得贷款，既提升了客户体验，也满足了数字农业发展更加多样化的融资需求。

具体来讲，数字普惠金融是一种解决信息不对称、缓解数字农业融资困难的有效途径（黄卓和王萍萍，2022）。虽然大多数农村人没有征信记录，但是每天的网上交易记录，支付宝、京东白条等的使用，都是实时记录的。数字普惠金融就是在这种基础上，通过对大量的历史数据进行分析，利用科学的数学模型进行测算，对原有的征信空白人群进行信用状况的科学预测，从而有效地解决了因信息不对称导致的信贷评级难问题，改善了数字农业的融资难困境。

三　数字技术推动传统金融机构商业模式转型

在相关政策支持、数字技术进步的情况下，中国传统金融机构正在主动进行数字化转型。目前银行机构数字化转型程度快于保险机构，保险机构快于证券、基金机构。金融机构商业模式数字化转型主要以“线上+线下”的融合方式进行，运用数字化技术加强风险控制，为客户提供精细化、差异化的服务。

营销模式上，金融数字转型使得金融机构打破线上线下相互独立的情形，实现线上线下相互融合的模式。随着 5G 时代来临，线上销售渠道有更大的优势，比如线上服务范围广、服务精准、快捷、用户反馈迅速，可以大幅提升获客效率和运营效率。自新冠疫情暴发以来，银保监会要求银行和保险机构大力推广线上服务，优化和充实“非接触式”融资渠道，为客户提供更安全、快捷的金融服务。金融机构运用大数据同样对线下金融网点服务做出了优化升级。例如，金融机构实时监测每个线下网点的客户量与业务量、业务类型与排队时间，对线下用户特征、位置及需求信息准确掌握，进而取消不合理的线下网点，并在合适的地方增加新的线下网点，构建更加合理的线下网点布局，为线下用户提供更加便捷、智能化的服务。

金融机构数字化转型后可以为客户提供定制化金融服务。传统金融商品具有标准化、同质化的缺陷，不能满足不同客户的差别化金融需求。金融机构通过分析客户账目数据，结合客户行为、用户反馈等更加精准地为客户提供满足其需求的优质商品（王勋等，2022）。例如，保险公司通过应用区块链、大数据、人工智能、云计算等数字化技术在市场营销、产品创新、风险管理和用户体验等多个方面为客户提供更好的服务。从全球范围来看，互联网保险从2000年起，从线上向客户提供了包括产品报价、投保、保费支付、保单变更、续保和理赔等方面的服务。

四　数字金融应用场景及案例

数字金融应用场景包括助力中小微企业融资、数据治理、视频银行与5G富媒体以及数字产业新生态、工商银行区块链应用创新实践、农村专属借贷等。下面介绍具体应用场景及案例。

视频银行与5G富媒体。新冠疫情全球大流行的情况下银行主动推出新业务。传统银行客服通过短信、电话等方式提供服务，数字化转型后通过视频技术提供服务，特别是在疫情防控期间实现了广泛的应用。中小银行通过“视频银行”提供24小时服务，实现了打破地域限制、不分客户等级的服务提供。全场景服务能够借助微信小程序、App等让客户更加方便快捷地享受银行服务。

中小微企业快捷融资。中小微企业数字化转型过程中需要大量资金支持，在解决中小企业的融资问题上，数字金融可以起到直接或间接的双重作用（王勋等，2022）。数字技术的最大贡献在于减少了信息的不对称性，特别是对于中小企业和低收入群体，这些都是传统金融机构难以触及和服务的群体。

案例十：蚂蚁金服

2014年蚂蚁金服成立，2016年蚂蚁金服正式进入农村金融市场，将农村金融客户根据贷款用途与贷款金额分为规模农业经营主体、农村消费者、小型生产经营户三种类型。针对规模经营主体（如农业龙头企业）采取构建农业供应链模式，建立农业龙头企业与京东、盒马生鲜等电商平台的合作关系，根据农业龙头企业与供应链上游农户的农产品订单大小为上游农户提供专用农业贷款。蚂蚁金服已与正邦集团、科尔沁集团等建立供应链合作关系。下面以蚂蚁金服与内蒙古科尔沁牛业股份有限公司的案例详细说明蚂蚁金服的数字化农业供应链金融模式。科尔沁是国内较大的牛肉供应商，拥有4个养殖场、5万余亩耕地，科尔沁公司制定饲养标准，为农民提供种牛、兽药等生产资料以及饲养技术指导，农民负责养殖环节，饲养成熟后由科尔沁负责收购。由于农民负责养殖时可能缺乏资金，科尔沁继续扩大养殖规模也面临资金缺乏的困难，因此需要来自供应链外部的资金支持。蚂蚁金服与科尔沁建立农业供应链合同后，开始为科尔沁上游养殖户提供金融借贷，帮助科尔沁扩大养殖与生产规模。

蚂蚁金服的数字化农业供应链金融模式是对传统农业供应链金融模式的一次创新，蚂蚁金服提供贷款均以线上方式申请和审批，缩短了贷款流程时间，降低了双方的交易成本（许玉韫和张龙耀，2020）。另外，蚂蚁金服在贷款之前会推动各参与方的良好协调沟通，并将调查得到的养殖户信息上传到淘宝、京东等数字平台，数字平台进行线上招标后确定产品供应商，供应商通过数字平台上的养殖户信息为养殖户提供相应的生产资料。在养殖户使用贷款方面，限定养殖户只能在数字平台上指定的商铺购买生产资料，实现了专款专用并降低了蚂蚁金服的监督成本。蚂蚁金服的数字农业供应链金融模式可以积累交易双方的信息，为农业数字化转型、金融机构开展贷款、保险等服务奠定基础。

案例十一：浙江网商银行大山雀卫星

自 2019 年起，网商银行开始探索数字农业金融模式，试图用卫星遥感技术获取农作物的实时生长状态。经过两年的研究，网商银行借助卫星遥感技术、深度神经网络、Mask-RCNN 等人工智能模型构建了多个可识别水稻、小麦、土豆等农作物生长状态的模型，帮助农民解决种什么、种多少、怎么种等问题。

“大山雀”卫星遥感风险控制技术可以精确识别出农作物的类型、规模，减少了银行工作人员进行实地考察的工作量；并可以实时识别并更新农作物的生长状态、虫害情况等方面的数据，根据识别的信息动态调整贷款额度并采取相应的监督手段，使整个贷款流程线上几分钟即可完成（彭博，2020）。2022 年年初，“大山雀”遥感卫星的技术再次升级，可以识别更多农作物，如苹果、橘子、香蕉等。“大山雀”卫星能够用于商业是因为卫星的准确度与识别度足够高，精准识别度超过 93%，这是能让农民经济利益提升的关键。目前网商银行通过“大山雀”已经为几十万农户提供了贷款，与全国 850 多个涉农区县开展了农业贷款合作。

案例十二：武汉市金融工作局快速贷款“301”融资模式

武汉市金融工作局与武汉多个农村商业银行联合开展武汉市融资新模式——“301”融资模式，实现了3分钟走完申请流程、0人工介入、1秒钟放款的快速贷款流程。“301”融资模式通过数字手段让需要资金的客户足不出户、动动手指就可以合法的快速获得贷款，为企业提供了更加方便安全的网上融资。

进一步，武汉市金融工作局与中城征信的“汉融通”平台展开合作。由于“301”融资模式需要对客户的信用风险做出更精准的评估，中诚信利用大数据、构建模型等协助金融机构获取更加有效的数据，并将数据应用到每种金融产品，对贷款的所有环节进行风险研判，从不同角度为金融机构降低信贷风险。截至2020年年底，汉融通已有超过74000家公司入驻，其底层数据记录达上亿条。收集的数据范围包含了武汉市卫生、医疗、工商、税务、农业等领域，为60多万家企业提供了金融服务，目前已经完成了3万余笔贷款，累计对接金额超1000多亿元。

五　案例启示

（一）数字金融目前不足之处

第一，中国的数字金融服务方面受到数字鸿沟的影响。中国的网络普及率在2021年年末已达73%，而在农村则为57.6%，且60岁以上的网民仅占43.2%。“数字鸿沟”的出现将使贫困人口无法获得正常的金融服务。由于文化程度低、收入低、年龄大、网络金融应用水平低、风险承受能力差等原因，低收入人群、老年人等特殊群体无法获得正常的数字金融服务；而在偏远地区，由于缺乏电子信息文件，难以利用大数据技术实现普惠金融。

第二，中小微企业在数字化转型、智能升级、整合创新方面的能力比较薄弱，在数据结构和算法建模方面的投资也比较少，可用的数字手段也很少。因此，它们不可能像大型企业那样拥有丰富的数字化资源和足够的数字化人才。

第三，地区间的数字金融服务差距较大。各地区的数字技术基础设施、信息资源和行业应用的差异导致了各地区的数据应用不平衡，如其他城市数字金融发展水平与北上广深等城市的差距过大。

第四，金融“数字鸿沟”可以使技术领先的金融机构在金融领域的地位得到进一步强化，从而使部分金融机构可以通过市场优势获取垄断地位，通过数据算法对部分消费者实施价格歧视，且有可能做出滥用金融交易中的数据的行为，从而降低金融数据的安全性。

（二）改进数字化金融不足的相应对策

第一，为了缩小数字差距，必须加强普惠金融的包容性。不断提高普惠人群的金融服务供给，逐步扩大其覆盖范围。通过运用数字技术，可以有效地减少企业经营成本，降低市场准入门槛，为“长尾”群体提供金融服务，使普惠金融具有更大的包容性，且针对老年人、农民工等普惠人群的金融需要，不断提高普惠金融的服务水平。

第二，通过对普惠金融机构进行数字化改造，提高其服务质量和效率。商业银行可以通过改进业务流程实现批量化和自动化授信，授信业务效率将大幅提升，使普惠金融更好地实现了“量增面扩”。例如，通过网络供应链金融服务平台为供应商提供批量、自动、便捷的应收账款管理、保理融资等全方位的金融服务。又比如，根据小微企业用款周期特点优化续贷流程，新增邀请服务模式，通过模型筛选辅助业务判断为小微企业提供更高效主动的续贷服务，并支持小微企业“随借随还”，以满足小微企业灵活用款的需要。另外，在技术维度、发展潜力等方面，引入知识产权信息，建立专利价值评价模式，从技术维度、发展潜力等角度评价公司发展状况。

第三，加强普惠金融的便利性和高效性，增强人民群众的幸福感。在实际操作中，运用数字技术构建金融信息服务平台，加强普惠金融体系的建设，已经成为推进普惠金融优化的一个重要方面。应用区块链技术，可以促进信息的异地共享，扩大数据通道，解决数据孤岛和碎片化的问题；同时，数字技术的发展，也为更大范围的数据分享奠定了技术基础。如此，可以通过建立一个集政务、金融、公用事业等信息于一体的平台，为中小企业、银行提供有效的信息查询、预警、融资对接等服务，实现“一键融资”。

第四节　智能制造应用场景

制造业在国民经济中起着举足轻重的作用，也是我国坚实的产业基础。数字技术的突破给制造业转型升级提供了良好的机会，但也给制造企业带来了巨大挑战。近几年，我国数字经济与电子信息业的发展迅速，制造业企业的数字化成功转型依然是少数。中国电子信息产业发展研究院发布的《2019 年中国数字经济发展指数》也曾指出制造型企业数字化转型目前存在的不足。尽管数字技术并非“天生数字化”企业所独占，传统制造型企业完成数字化转型实现对数字化的利用的确存在困难。其关键在于，传统制造型企业数字化转型的成功并非单纯地购买与运用数字技术，而要将数字技术与企业组织结构、企业战略定位、管理思维等联系起来（邬爱其和宋迪，2020）。

2021 年底，工业和信息化部联合其他七部门发布《“十四五”智能制造发展规划》（以下简称《规划》）。《规划》指出，实现智能化制造的总体思路是：立足制造本质，紧扣智能特征，以工艺、装备为核心，以数据为基础，依托制造单元、车间、工厂、供应链等载体，构建虚实融合、知识驱动、动态优化、安全高效、绿色低碳的智能制造系统，推动制造业实现数字化转型、网络化协同、智能化变革。今后 15 年，中国将采取“两步走”措施，加速推进生产模式的转变（董凯，2022）。第一步是到 2025 年，规模以上制造企业大部分实现数字化网格化，重点行业骨干企业初步实现智能化。第二步是到 2035 年，规模以上制造业企业全部实现数字化网格化，重点行业骨干企业基本完成智能化。

“互联网+”对促进制造业产业链升级具有重要意义。制造业数字化转型就是通过数字技术进行业务范围、结构以及流程的全面升级，改变现有的生产方式、管理方式、销售方式，以适应不断变化的市场需求，互联网平台会加速这一过程（封伟毅，2021）。适应数字化转型潮流的企业会获得更多融资，市场占有率变大，数字化转型也为企业带来了许多新的服务方式、服务手段。虽然越来越多的企业对于数字化转型的概念和潜在的好处有了初步了解，但企业应该采取哪些行动促使其将传统的生产组织方式转变为基于数字技术的生产方式的问题尚未解决。

如何开展数字化转型，如何解决数字化转型中遇到的困难，这些问题具有十分重要的理论意义和现实意义。

一 中国制造业数字化转型升级的实现途径

制造业数字化转型主要是指对现有产品、生产过程进行数字化改造，并在数字化的基础上推动传统制造业的发展。从对现有产品及生产过程的数字化改造过程可以看出，生产资料的采集必须依赖于信息化，从而使企业实现有针对性的大批量生产或个性化的服务，从而形成以顾客需求为导向的社会精细化生产。此外，越来越多的公司采用专业的机器人取代人工，一方面可以提升产品的生产效率和质量，另一方面可以减少人工成本。

第一，加强顶层设计。为推动制造业数字化、智能化改造，政府要在“新基建”中给予特殊的财政和政策支持。第一，以新一代信息技术为基础大力建设物联网、卫星互联网、5G、工业互联网为代表的通信网络基础设施，以云计算、区块链、人工智能等为代表的新技术基础设施；第二是基础设施融合，即深度应用互联网、大数据、人工智能等技术，支持基础设施的转型升级，如智能交通基础设施、智慧能源基础设施等；第三是基础设施创新，包括支撑科研、产品开发和技术开发的基础设施，如产业技术创新基础设施、重大科技基础设施、科教基础设施等。此外，各地政府要引进为制造业进行数字化改造的服务公司，积极开展制造业信息化、信息化诊断咨询等工作，为制造业骨干企业实施数字化转型提供帮助。

第二，推动生产层面的数字化，鼓励智能制造。利用工业互联网、云平台、产业互联网平台的力量以及消费者的参与实现制造业数字化经营。在此基础上，制造业企业的数字化技术研发中心要与行业内外的领军企业或有关组织进行协作，以开放、共享的方式来提高制造业的智能化水平。

第三，搭建数字营销平台。数字化平台使企业能够不断地与顾客进行互动，利用数字技术来获取顾客的反馈，并将顾客的动态需求反馈给企业的开发和运作。目前，越来越多的公司通过大数据对顾客的需求进行分析，了解顾客的喜好，从而有针对性地开发出相应的产品。在新产品的生产中，可以让新产品在线上进行测试，然后根据顾客的反馈决定是否要大量生产，这就意味着由传统的批量订单型生产模式向多样化、小型化、柔性化的生产模式过渡，由单一的工厂经营模式向分散的协同制造模式过渡。此外，在利用“网络+数字+”技术扩大营销渠道的同时，还要对产品开发、供应链、采购和生产等关键环节进行全面的数字化，也就是对产品生产的供给侧进行数字化改造。

第四，实现管理层面的数字化。企业要通过数字化技术来优化企业的软环境，调整企业的组织结构，推动企业文化的发展、企业文化的创新、企业文化的建设。通过持续的组织结构优化，实现以信息化为基础的生产企业价值链的模块化。此外，要从人力资源管理中引进数字创新人才，建立校企孵化中心，为企业提供数字化技术人才，促进制造业企业数字化转型升级。

第五，加快建立“数字生态共同体”。在与数字经济的相互依赖和协同发展中，新的基础设施必须更加灵活，否则就不能适应高速迭代的数字经济的特点（封伟毅，2021）。只有构建起一个蓬勃发展的“数字生态共同体”，才能真正实现数字化基础设施的功能。制造企业要以 AI 创业公司为依托，从学术科研、创新创业、全产业链合作等多方面来推进开源开放，打造包括 AI 公司、信息化厂商、科研机构、制造企业、科研院所等多方参与的开放平台，建立在数字基础设施平台之上的整个数字生态体系。

二　智能制造应用场景及案例

工信部发布了第二批“5G+工业互联网”典型应用场景和重点行业实践。工信部提出要求：加快各行各业学习已发布的“5G+工业互联网”十个典型场景和五大重点行业实践，找准行业需求特点，应用更广泛的数字化场景，与实体经济紧密融合，推动制造业数字化转型。其中，典型应用场景包括：工艺合规校验、生产单元模拟、虚拟现场服务、精准动态作业、生产能效管控、生产过程溯源、设备预测维护、厂区智能理货、全域物流监测、企业协同合作；五大重点行业实践包括：家电行业、港口行业、石化化工行业、建材行业、纺织行业。下面介绍具体应用场景及案例。

物流监测场景：将企业生产现场的工业设备、摄像头、传感器等接入 5G 网络，实时传输设备的运行状态至云平台，实现工业生产设备性能和状态的实时监控，构建设备历史监测数据库。基于故障预测机理建模等人工智能技术对监测数据进行实时分析，评估设备健康状态，预判设备运行趋势，智能制定设备维护保养计划，实现设备安全预测与生产辅助决策，有效降低设备维护成本，延长设备使用寿命，确保生产过程连续、安全、高效。

生产过程溯源场景：将企业生产现场的摄像头、扫码枪、工业相机、刷卡机等设备连接网络，将生产过程每个工序的生产设备状态、物料编码、作业人员等信息实时传输到云平台（李亚，2021）。云平台将产品生产过程中的人、机、料信息结合起来，形成一个可回溯的数据库。可实时跟踪原料的批次、数量、品质等信息，动态调节后续工序，提高产品品质。

“元宇宙+高端制造”：元宇宙可以作为检验现实的实验场所，为解决“卡脖子”技术提供良好的渠道（钟业喜和吴思雨，2022）。在元宇宙中，可以依托强大的智能化平台构建关键技术虚拟研发平台，在这个虚拟场景中通过跨越时空的协同创造进行虚拟仿真，既可以避免大量物质资源的浪费，又可以实现“虚实融合、以虚控实”的核心目标，提高研发和制造水平，形成无形的国家战略科技力量。在工业互联网、智能制造、云制造、人工智能、工业机器人等关键技术的深度融合下，将虚拟仿真的结果变现，补齐在芯片、发动机、材料、数控机床、工业软件等“卡脖子”技术方面的短板，在全球前沿科技和重大科学等方面抢阵地，实现从零到一的突破，增强关键技术和高端制造设备的产业链供应链韧性，破解核心技术和关键零部件对外依存度高的困境，是实现从制造业大国向制造业强国转变的又一突破口。

案例十三：柳钢集团华为云：柳钢“5G+”智慧工厂案例

柳钢集团是中国钢铁工业的重要企业，数字化转型前柳钢集团的生产和管理方面存在一些问题，如工作环境艰苦，安全隐患大，作业组织和管理效率低下。与华为合作建设“5G+MEC”遥控装载机工程后，大幅度降低了人工成本，提高了工作效率，在“5G+MEC”产业专用网络的背景下，柳钢集团依靠5G的低延迟传输技术以及工业大脑的实时数据分析，以机器视觉服务器和AI服务器代替传统的手工搬运轧辊，并逐渐扩展到其他生产线，真正实现了透明工厂。

案例十四：新明珠陶瓷集团节能减排案例

新明珠公司采用变频调速技术，在变压器、球磨机等关键设备上增加节电控制器、变频器、节电装置等，减少了生产过程中的能源消耗。新明珠微机自动恒温控制滚道窑炉对产品的烧结温度进行了科学而精确地控制，既节省了能耗，又保证了产品的品质。该窑炉的温度均匀性好，热效率高，温度控制精度高，产品的烧成品质好，产品的单位能耗较以往降低 20%—30%。

新明珠公司通过对生产过程的优化，实现了对烟尘排放的实时在线监测，使工厂烟尘排放达到 80 毫克/立方米，二氧化硫浓度小于 100 毫克/立方米，远远低于国家规定。

案例十五：5G+智慧采矿应用

5G+智能化开采技术的运用，使矿井生产与管理智能化，改变了矿井的生产方式，减少了矿井的安全隐患，提高了生产效率，为智慧矿井的建设开辟了一条新途径。

山西焦煤霍州煤电庞庞塔矿在 800 米矿井下铺设了 5G 专用网，覆盖了 100 多千米的矿井，并在矿井内建立了"5G+万兆工业环网"，实现了 5G 在矿井中的四项"第一"。新元煤矿在 5G 基础上建立了施工过程控制平台，实现了对掘进机、采煤机、液压支架等设备的实时遥控。

三　案例启示

（一）中国制造业数字化转型面临的瓶颈

为了实现制造业高质量发展，在制造业转型过程中存在的工业化信息化融合程度不高、数据标准不一致、数据安全性较低、数据开放与共享不充分等问题要充分解决（封伟毅，2021）。

第一，工业化和信息化程度不高。要实现制造业数字化转型升级，离不开数字化改造以及智能化与网络化的综合发展。目前制造业数字化改造较快，智能化与网络化相较于数字化改造较慢，特别是中小型企业的网络化程度很低，制造业在智能协同方面也处于落后状态。但智能化与网络化是制造业数字化转型的关键点和实际体现，要进一步提高制造业智能化与网络化融合发展，为推动制造业数字化提供条件。

第二，数据标准尚未统一。制造业生产过程中产生了大量的数据，包括内部管理、生产、外部市场等数据。然而，由于生产厂商的设备种类繁多，其应用场景不相同，所采用的行业协议也不相同。因此，若没有一个统一的标准，将会造成数据的格式不一致，从而影响数据的交换与共享。目前关于数据的特定标准的制定与推广尚处于起步阶段，并没有得到很好的市场认可。

第三，数据安全性不高。制造业对数据的安全性有很高的要求，在数据采集、存储、应用等方面若不能严格地保证数据的保密性，将会对生产厂商造成一定的安全风险。若有关资料被篡改，将会造成产品、消费者信息的丢失、制造流程的混乱。当前，盗用和篡改信息的方法层出不穷，有关部门的资料保护还需要进一步完善，而且对盗版行为的处罚力度不足，严重地影响了资料的安全。

第四，数据未实现充分开放与共享。在数字经济时代到来的今天，企业对外部信息的需求日益增加，其中既有企业的上游、下游企业的信息，也有政府法规信息。这些信息资源的综合管理可以产生经济价值。当前，政府、国有企业的资料还处在内部整合的过程中，很多资料还没有对外公布。对于社会企业的数据收集还未作出详细的规定，如哪些数据可以收集和共享、数据收集后存放于哪里等。

（二）促进制造业数字化转型的对策

第一，改善数字化发展环境。制定有关大数据产业发展的指导方针，并借鉴国际先进的经验对中国的数字经济统计与评估制度进行规范。各地要加强对网络宽带、数据中心、工业互联网平台等信息基础设施建设，为制造业数字化发展提供载体和平台。此外，要大力推进企业的数字化转型，采取各种形式的扶持手段，包括技术改造贷款、搬迁补助、产业引导资金等。鼓励和扶持优势企业进行数字化试点并推广新模式和新业态。

第二，建立制造业数据应用标准，促进数据的开放共享。数字经济的发展要求制造业与数字化的融合越来越密切，自动化、智能化、数字化的趋势越来越明显。数据标准的制定，要求制造业和有关行业机构积极参与到行业标准、企业标准、业务标准、数据治理标准等方面的研究和开发，建立制造业大数据标准体系，强化标准体系的认证认可以及与质检系统的对接，推动行业标准的推广。同时，要加速开放公共信息，促进信息资源的高效使用。建立和健全数据收集、存储和交易的体系，保证数据的有序使用和规范化。

第三，加强对数据、知识产权的保护。强化生产资料与使用者资料的保护，厘清资料提供者与其用户在数据使用过程中的责任与义务，厘清资料产权之关系，强化资料之安全检查，监察资料之使用与执行。在数据存储、传输和交换的过程中，通过数据治理和数据标识的方法来实现数据的安全防护。数据的安全控制要从终端、网络、存储三个层次来控制，主要包括数据的形成、存储、使用、传输、共享和销毁等。要根据生产企业自身的特征，结合其业务需求、业务模式、经营文化等方面的需求，制订出一套完整的数据防护方案，以达到防泄露的目的。

第四，加快建设制造业大数据平台。数字化技术将推动制造业企业大规模的信息化建设，从而实现大规模的生产数据采集与应用（封伟毅，2021）。在数字化创新的基础上培育制造体系，如智能制造、精益研发等，可以为企业在产品研发、生产、经营管理等各产业链的关键环节建立数据资源集成和分析平台，为企业提供更加专业化的数据化服务，加快形成独立可控的数字经济产业链、价值链及生态链等。依托高校、企业、研发机构等共建共享研发与培训平台，推动行业、高校、科研院所深度融合，提升企业自主创新能力。

参考文献

中文文献

著作

陈宏民、胥莉：《双边市场：企业竞争环境的新视角》，上海人民出版社 2007 年版。

[美] 哈罗德·德姆塞茨：《企业经济学》，梁小民译，中国社会科学出版社 1999 年版。

[美] 康芒斯：《制度经济学（上、下）》，赵睿译，华夏出版社 2013 年版。

[美] 凯文·凯利：《必然》，周峰等译，电子工业出版社 2016 年版。

马克思：《资本论》（第一卷），中共中央马克思恩格斯列宁斯大林著作编译局译，人民出版社 2004 年版。

马克思：《资本论》（第三卷），中共中央马克思恩格斯列宁斯大林著作编译局译，人民出版社 2004 年版。

梅宏主编：《数据治理之法》，中国人民大学出版社 2022 年版。

[英] 亚当·斯密：《国富论》，唐日松等译，华夏出版社 2017 年版。

易高峰：《数字经济与创新管理实务》，中国经济出版社 2018 年版。

中共中央马克思恩格斯列宁斯大林著作编译局编译：《马克思恩格斯选集》（第十一卷），人民出版社 1995 年版。

中共中央马克思恩格斯列宁斯大林著作编译局编译：《马克思恩格

斯选集》（第一卷），人民出版社 2012 年版。

中国信息化百人会课题组：《数字经济迈向从量变到质变的新阶段》，电子工业出版社 2005 年版。

朱晓峰等编著：《大数据分析指南》，南京大学出版社 2021 年版。

期刊

蔡继明等：《数据要素参与价值创造的途径——基于广义价值论的一般均衡分析》，《管理世界》2022 年第 7 期。

蔡延泽等：《数字经济发展对企业全要素生产率影响的实证检验》，《统计与决策》2022 年第 15 期。

曹萍、张剑：《数字产品定价中传统经济学方法失灵原因及定价策略》，《经济与管理》2008 年第 10 期。

曹仰锋：《世界三大“产业互联网平台”的战略与功能》，《清华管理评论》2019 年第 4 期。

陈国军、王国恩：《“盒马村”的“流空间”透视：数字农业经济驱动下的农业农村现代化发展重构》，《农业经济问题》2023 年第 1 期。

陈诗一、陈登科：《中国资源配置效率动态演化——纳入能源要素的新视角》，《中国社会科学》2017 年第 4 期。

陈晓红等：《数字经济理论体系与研究展望》，《管理世界》2022 年第 2 期。

陈梦根、张鑫：《数字经济的统计挑战与核算思路探讨》，《改革》2020 年第 9 期。

陈舟等：《我国数据交易平台建设的现实困境与破解之道》，《改革》2022 年第 2 期。

陈吉栋：《智能合约的法律构造》，《东方法学》2019 年第 3 期。

陈劲等：《“十四五”时期“卡脖子”技术的破解：识别框架、战略转向与突破路径》，《改革》2020 年第 12 期。

丛屹、俞伯阳：《数字经济对中国劳动力资源配置效率的影响》，《财经理论与实践》2020 年第 2 期。

戴魁早等：《数字经济促进了中国服务业结构升级吗?》，《数量经济技术经济研究》2023 年第 2 期。

戴双兴：《数据要素：主要特征、推动效应及发展路径》，《马克思主义与现实》2020 年第 6 期。

戴亦舒等：《创新生态系统的价值共创机制——基于腾讯众创空间的案例研究》，《研究与发展管理》2018 年第 4 期。

丁志帆：《数字经济驱动经济高质量发展的机制研究：一个理论分析框架》，《现代经济探讨》2020 年第 1 期。

董凯：《“十四五”智能制造发展规划解读及趋势研判》，《中国工业和信息化》2022 年第 1 期。

杜传忠：《网络型寡占市场结构与企业技术创新——兼论实现中国企业自主技术创新的市场结构条件》，《中国工业经济》2006 年第 11 期。

杜传忠、杨志坤：《德国工业 4.0 战略对中国制造业转型升级的借鉴》，《经济与管理研究》2015 年第 7 期。

费方域等：《数字经济时代数据性质、产权和竞争》，《财经问题研究》2018 年第 2 期。

冯科：《数字经济时代数据生产要素化的经济分析》，《北京工商大学学报》（社会科学版）2022 年第 1 期。

冯鹏程：《大数据时代的组织演化研究》，《经济学家》2018 年第 3 期。

冯丽、李海舰：《从竞争范式到垄断范式》，《中国工业经济》2003 年第 9 期。

封伟毅：《数字经济背景下制造业数字化转型路径与对策》，《当代经济研究》2021 年第 4 期。

傅瑜等：《单寡头竞争性垄断：新型市场结构理论构建——基于互联网平台企业的考察》，《中国工业经济》2014 年第 1 期。

龚晓莺、杨柔：《数字经济发展的理论逻辑与现实路径研究》，《当代经济研究》2021 年第 1 期。

龚向和：《人的“数字属性”及其法律保障》，《华东政法大学学报》2021 年第 3 期。

龚关、胡关亮：《中国制造业资源配置效率与全要素生产率》，《经济研究》2013 年第 4 期。

郭振海：《数字农业发展及金融实践》，《中国金融》2021 年第

8 期。

韩炜、邓渝：《商业生态系统研究述评与展望》，《南开管理评论》2020 年第 3 期。

韩海庭：《数据如何赋能数字经济增长》，《新金融》2020 年第 8 期。

何维达等：《数字经济发展对中国绿色生态效率的影响研究——基于双向固定效应模型》，《经济问题》2022 年第 1 期。

何大安：《行为经济人有限理性的实现程度》，《中国社会科学》2004 年第 4 期。

何大安：《个体和群体的理性与非理性选择》，《浙江社会科学》2007 年第 2 期。

何大安：《互联网应用扩张与微观经济学基础——基于未来“数据与数据对话”的理论解说》，《经济研究》2018 年第 8 期。

何大安、杨益均：《大数据时代政府宏观调控的思维模式》，《学术月刊》2018 年第 5 期。

何大安：《大数据革命与经济学创新》，《社会科学战线》2020 年第 3 期。

何大安：《人工智能经济学的思想端倪及建构路径》，《商业经济与管理》2021 年第 9 期。

何大安、李怀政：《大数据时代产业垄断形成机理及其发展》，《社会科学战线》2022 年第 2 期。

何柯等：《数据确权的理论逻辑与路径设计》，《财经科学》2021 年第 3 期。

何爱平、徐艳：《劳动资料数字化发展背景下资本主义劳动关系的新变化——基于马克思主义政治经济学视角的分析》，《经济纵横》2021 年第 11 期。

胡贝贝、王胜光：《互联网时代的新生产函数》，《科学学研究》2017 年第 9 期。

黄益平：《数字技术如何改变金融机构》，《新金融评论》2021 年第 1 期。

黄卓、王萍萍：《数字普惠金融在数字农业发展中的作用》，《农业经济问题》2022 年第 5 期。

续继、唐琦：《数字经济与国民经济核算文献评述》，《经济学动态》2019 年第 10 期。

金建东、徐旭初：《数字农业的实践逻辑、现实挑战与推进策略》，《农业现代化研究》2022 年第 1 期。

蒋石梅等：《企业创新生态系统研究综述——基于核心企业的视角》，《技术经济》2015 年第 7 期。

江小涓：《高度联通社会中的资源重组与服务业增长》，《经济研究》2017 年第 3 期。

姜奇平：《数据确权的产权原理改变》，《互联网周刊》2021 年第 8 期。

焦勇：《数字经济赋能制造业转型：从价值重塑到价值创造》，《经济学家》2020 年第 6 期。

荆文君、孙宝文：《数字经济促进经济高质量发展：一个理论分析框架》，《经济学家》2019 年第 2 期。

巨荣良：《网络经济的产业组织理论分析》，《社会科学辑刊》2003 年第 4 期。

康瑾、陈凯华：《数字创新发展经济体系：框架、演化与增值效应》，《科研管理》2021 年第 4 期。

孔艳芳等：《数据要素市场化配置研究：内涵解构、运行机理与实践路径》，《经济学家》2021 年第 11 期。

罗珉、李亮宇：《互联网时代的商业模式创新：价值创造视角》，《中国工业经济》2015 年第 1 期。

李碧珍、吴芃梅：《数字经济对社会生产与再生产过程的影响与重塑》，《当代经济研究》2021 年第 11 期。

李春发等：《数字经济驱动制造业转型升级的作用机理——基于产业链视角的分析》，《商业研究》2020 年第 2 期。

李金华：《德国“工业 4. 0”与“中国制造 2025”的比较及启示》，《中国地质大学学报》（社会科学版）2015 年第 5 期。

李海舰、赵丽：《数据成为生产要素：特征、机制与价值形态演进》，《上海经济研究》2021 年第 8 期。

李震：《数字经济赋能新发展格局：理论基础、挑战和应对》，《社会科学》2022 年第 3 期。

李长江：《关于数字经济内涵的初步探讨》，《电子政务》2017 年第 9 期。

李晓华：《“新经济”与产业的颠覆性变革》，《财经问题研究》2018 年第 3 期。

李政、周希禛：《数据作为生产要素参与分配的政治经济学分析》，《学习与探索》2020 年第 1 期。

李刚等：《数据要素确权交易的现代产权理论思路》，《山东大学学报》（哲学社会科学版）2021 年第 1 期。

李亚：《中国 5G+工业互联网大会于武汉召开》，《中国会展（中国会议）》2021 年第 22 期。

梁正、李瑞：《数字时代的技术—经济新范式及全球竞争新格局》，《科技导报》2020 年第 14 期。

刘洋等：《数字创新管理：理论框架与未来研究》，《管理世界》2020 年第 7 期。

刘少杰：《海量信息供应下的预期判断与选择行为》，《中国人民大学学报》2018 年第 1 期。

刘刚等：《价值主张、价值创造、价值共享与农业产业生态系统的动态演进——基于德青源的案例研究》，《中国农村经济》2020 年第 7 期。

龙游宇、李晓红：《利己、利他与经济人假设》，《贵州大学学报》（社会科学版）2007 年第 2 期。

马文秀、高周川：《日本制造业数字化转型发展战略》，《现代日本经济》2021 年第 1 期。

马永开等：《工业互联网之价值共创模式》，《管理世界》2020 年第 8 期。

马建威：《长尾理论：网络经济时代中小企业的新宠》，《财务与会计》2007 年第 22 期。

米栏、晨曦：《2021 数字化转型创新案例（TOP1001～50）》，《互联网周刊》2021 年第 13 期。

倪渊：《核心企业网络能力与集群协同创新：一个具有中介的双调节效应模型》，《管理评论》2019 年第 12 期。

欧阳日辉、杜青青：《数据要素定价机制研究进展》，《经济学动态》2022 年第 2 期。

彭辉：《数据权属的逻辑结构与赋权边界——基于“公地悲剧”和“反公地悲剧”的视角》，《比较法研究》2022 年第 1 期。

彭博：《发展数字普惠金融助力乡村振兴战略》，《中国农村金融》2020 年第 1 期。

裴长洪等：《数字经济的政治经济学分析》，《财贸经济》2018 年第 9 期。

戚聿东、刘欢欢：《数字经济下数据的生产要素属性及其市场化配置机制研究》，《经济纵横》2020 年第 11 期。

戚聿东等：《产业组织的数字化重构》，《北京师范大学学报》（社会科学版）2020 年第 2 期。

钱雨、孙新波：《数字商业模式设计：企业数字化转型与商业模式创新案例研究》，《管理评论》2021 年第 11 期。

任保平、李培伟：《数字经济培育我国经济高质量发展新动能的机制与路径》，《陕西师范大学学报》（哲学社会科学版）2022 年第 1 期。

邵宜航等：《资源配置扭曲与中国工业全要素生产率——基于工业企业数据库再测算》，《中国工业经济》2013 年第 12 期。

商希雪、韩海庭：《数据分类分级治理规范的体系化建构》，《电子政务》2022 年第 10 期。

尚秀芬、陈宏民：《双边市场特征的企业竞争策略与规制研究综述》，《产业经济研究》2009 年第 4 期。

石良平等：《从存量到流量的经济学分析：流量经济理论框架的构建》，《学术月刊》2019 年第 1 期。

苏治等：《分层式垄断竞争：互联网行业市场结构特征研究——基于互联网平台类企业的分析》，《管理世界》2018 年第 4 期。

孙新波等：《工业互联网平台赋能促进数据化商业生态系统构建机理案例研究》，《管理评论》2022 年第 1 期。

孙国强等：《企业网络数字化转型的演化特征与治理机制研究》，

《科技进步与对策》2021 年第 7 期。

唐要家：《数字经济监管体制创新的导向与路径》，《长白学刊》2021 年第 1 期。

唐文浩：《数字技术驱动农业农村高质量发展：理论阐释与实践路径》，《南京农业大学学报》（社会科学版）2022 年第 2 期。

王强等：《数字化能力和价值创造能力视角下零售数字化转型机制——新零售的多案例研究》，《研究与发展管理》2020 年第 6 期。

王如玉等：《虚拟集聚：新一代信息技术与实体经济深度融合的空间组织新形态》，《管理世界》2018 年第 2 期。

王福涛等：《数字商业生态系统特征：数据控制和数据协调模式比较》，《南方经济》2022 年第 2 期。

王建冬、童楠楠：《数字经济背景下数据与其他生产要素的协同联动机制研究》，《电子政务》2020 年第 3 期。

王姝楠、陈江生：《数字经济的技术—经济范式》，《上海经济研究》2019 年第 12 期。

王天夫：《数字时代的社会变迁与社会研究》，《中国社会科学》2021 年第 12 期。

王伟玲等：《加快数据要素市场培育的关键点与路径》，《经济纵横》2021 年第 3 期。

王伟：《平台扼杀式并购的反垄断法规制》，《中外法学》2022 年第 1 期。

王申等：《数据互操作与知识产权保护竞合关系研究》，《中国工业经济》2022 年第 9 期。

王婷：《中国智慧城市的发展现状及金融模式创新探析》，《未来与发展》2021 年第 11 期。

王勋等：《数字技术如何改变金融机构：中国经验与国际启示》，《国际经济评论》2022 年第 1 期。

韦庄禹：《数字经济发展对制造业企业资源配置效率的影响研究》，《数量经济技术经济研究》2022 年第 3 期。

魏江等：《数字经济学：内涵、理论基础与重要研究议题》，《科技进步与对策》2021 年第 21 期。

魏江等：《商业模式内涵与研究框架建构》，《科研管理》2012 年第 5 期。

魏江等：《新组织情境下创新战略理论新趋势和新问题》，《管理世界》2021 年第 7 期。

温军等：《数字经济创新如何重塑高质量发展路径》，《人文杂志》2020 年第 11 期。

乌家培：《网络经济及其对经济理论的影响》，《学术研究》2000 年第 1 期。

武宵旭、任保平：《数字经济背景下要素资源配置机制重塑的路径与政策调整》，《经济体制改革》2022 年第 2 期。

吴瑶等：《数据驱动的技术契约适应性创新——数字经济的创新逻辑（四）》，《北京交通大学学报》（社会科学版）2020 年第 4 期。

吴卫红等：《企业协同创新风险对创新绩效的作用路径研究》，《科研管理》2021 年第 5 期。

吴照云、余焕新：《中国新兴产业市场结构演变规律探究——以有机硅产业为例》，《中国工业经济》2008 年第 12 期。

吴晓波、赵子溢：《商业模式创新的前因问题：研究综述与展望》，《外国经济与管理》2017 年第 1 期。

吴宦熙：《中日智慧城市建设的阶段特征与实践研究》，《人民论坛》2021 年第 36 期。

邬爱其、宋迪：《制造企业的数字化转型：应用场景与主要策略》，《福建论坛》（人文社会科学版）2020 年第 11 期。

沈蕾等：《创意产业创新生态系统：知识演进与发展趋势》，《外国经济与管理》2018 年第 7 期。

熊巧琴、汤珂：《数据要素的界权、交易和定价研究进展》，《经济学动态》2021 年第 2 期。

谢富胜等：《平台经济全球化的政治经济学分析》，《中国社会科学》2019 年第 12 期。

谢康等：《基于大数据合作资产的适应性创新——数字经济的创新逻辑（二）》，《北京交通大学学报》（社会科学版）2020 年第 2 期。

谢康等：《数据驱动的组织结构适应性创新——数字经济的创新逻

辑（三）》，《北京交通大学学报》（社会科学版）2020 年第 3 期。

谢康等：《大数据成为现实生产要素的企业实现机制：产品创新视角》，《中国工业经济》2020 年第 5 期。

谢卫红等：《数字化创新：内涵特征、价值创造与展望》，《外国经济与管理》2020 年第 9 期。

谢永顺等：《哈大城市带网络结构韧性演化研究》，《地理科学进展》2020 年第 10 期。

谢小芹、任世辉：《数字经济时代敏捷治理驱动的超大城市治理——来自成都市智慧城市建设的经验证据》，《城市问题》2022 年第 2 期。

解学梅：《企业协同创新影响因素与协同程度多维关系实证研究》，《科研管理》2015 年第 2 期。

解学梅等：《国外创新生态系统研究热点与演进脉络——基于科学知识图谱视角》，《科学学与科学技术管理》2020 年第 10 期。

肖静华：《企业跨体系数字化转型与管理适应性变革》，《改革》2020 年第 4 期。

肖旭、戚聿东：《产业数字化转型的价值维度与理论逻辑》，《改革》2019 年第 8 期。

肖静华、谢康：《组合与单一治理对供应链信息系统价值创造的影响》，《管理科学》2010 年第 4 期。

徐加根：《经济学中的理性概念及其演变》，《学术月刊》2005 年第 9 期。

徐翔等：《数据生产要素研究进展》，《经济学动态》2021 年第 4 期。

徐维祥等：《长三角协同创新网络韧性演化及驱动机制研究》，《科技进步与对策》2022 年第 3 期。

徐绪松、曾凡涛：《论数字产品的范围经济与盈利战略》，《科技进步与对策》2009 年第 10 期。

许宪春、张美慧：《中国数字经济规模测算研究——基于国际比较的视角》，《中国工业经济》2020 年第 5 期。

许治、黄菊霞：《协同创新中心合作网络研究——以教育部首批认定协同创新中心为例》，《科学学与科学技术管理》2016 年第 11 期。

徐辉：《基于“数字孪生”的智慧城市发展建设思路》，《人民论坛·学术前沿》2020 年第 8 期。

许玉韫、张龙耀：《农业供应链金融的数字化转型：理论与中国案例》，《农业经济问题》2020 第 4 期。

闫莉、蒋锦洪：《道德困境的产生因素与消解路径——以个人与社会的利益矛盾为视角》，《求实》2014 年第 2 期。

杨述明：《论智能经济理论的逻辑前提》，《理论月刊》2021 年第 11 期。

杨新铭：《数字经济：传统经济深度转型的经济学逻辑》，《深圳大学学报》（人文社会科学版）2017 年第 4 期。

杨竺松等：《数据价值链中的不完全契约与数据确权》，《社会科学研究》2023 年第 1 期。

杨文溥：《数字经济与区域经济增长：后发优势还是后发劣势?》，《上海财经大学学报》2021 年第 3 期。

杨青峰、李晓华：《数字经济的技术经济范式结构、制约因素及发展策略》，《湖北大学学报》（哲学社会科学版）2021 年第 1 期。

杨汝岱：《大数据与经济增长》，《财经问题研究》2018 年第 2 期。

杨静等：《智慧农业标准化实践与建议》，《中国标准化》2021 年第 22 期。

阳镇：《平台型企业社会责任：边界、治理与评价》，《经济学家》2018 年第 5 期。

阳镇、许英杰：《共享经济背景下的可持续性消费：范式变迁与推进路径》，《社会科学》2019 年第 7 期。

易宪容等：《平台经济的实质及运作机制研究》，《江苏社会科学》2020 年第 6 期。

易纲：《坚守币值稳定目标 实施稳健货币政策》，《求是》2019 年第 23 期。

叶明、黎业明：《互联网平台滥用杠杆优势行为的反垄断规制研究》，《管理学刊》2021 年第 2 期。

尹恒、李世刚：《资源配置效率改善的空间有多大？——基于中国制造业的结构估计》,《管理世界》2019 年第 12 期。

尹振涛等:《平台经济的典型特征、垄断分析与反垄断监管》,《南开管理评论》2022 年第 3 期。

殷浩栋等:《农业农村数字化转型:现实表征、影响机理与推进策略》,《改革》2020 年第 12 期。

余东华、李云汉:《数字经济时代的产业组织创新——以数字技术驱动的产业链群生态体系为例》,《改革》2021 年第 7 期。

余维臻、余克艰:《科技型小微企业协同创新能力增进机制研究》,《科研管理》2018 年第 3 期。

于秋华:《传统农业社会家庭手工业经营组织的演进》,《大连理工大学学报》(社会科学版)2010 年第 3 期。

于立、王建林:《生产要素理论新论——兼论数据要素的共性和特性》,《经济与管理研究》2020 年第 4 期。

于世海等:《数字经济水平对中国制造业资源配置效率的影响研究》,《财贸研究》2022 年第 12 期。

袁志刚:《东西方文明下数字经济的垄断共性与分殊》,《探索与争鸣》2021 年第 2 期。

赵敏、王金秋:《数字技术与当代生产方式新变化问题研究》,《政治经济学评论》2022 年第 3 期。

赵志君:《经济学个人主义方法论反思——劳动分工和内生市场结构的视角》,《经济研究》2018 年第 8 期。

赵豫生、林少敏:《大数据交易困境与产权界定:基于效率的政府角色》,《兰州财经大学学报》2020 年第 1 期。

赵传羽、丁预立:《双边市场基于购买行为的价格歧视研究——平台企业"杀熟"行为的经济学实验》,《社会科学战线》2022 年第 6 期。

赵振:《"互联网+"跨界经营:创造性破坏视角》,《中国工业经济》2015 年第 10 期。

张宝建等:《价值共创行为、网络嵌入与创新绩效——组织距离的调节效应》,《经济管理》2021 年第 5 期。

张敬伟等:《数字化商业模式研究回顾与展望》,《科技进步与对策》2022 年第 13 期。

张路娜等：《数字经济演进机理及特征研究》，《科学学研究》2021 年第 3 期。

张芳：《中国银行业市场结构效应及形成原因分析》，《长春工业大学学报》（社会科学版）2012 年第 1 期。

张文魁：《数字经济的内生特性与产业组织》，《管理世界》2022 年第 7 期。

张可法：《共享价值视域下数据交易与法律规制》，《西北民族大学学报》（哲学社会科学版）2022 年第 4 期。

张玉卓：《数字平台定价与新古典定价的比较——从价格总量到价格结构的变化》，《贵州社会科学》2021 年第 6 期。

张丽芳、张清辨：《网络经济与市场结构变迁——新经济条件下垄断与竞争关系的检验分析》，《财经研究》2006 年第 5 期。

张弛、张曙光：《分工协调方式和组织结构创新——再论新经济对经济学理论的挑战》，《南方经济》2019 年第 2 期。

曾铮、王磊：《数据要素市场基础性制度：突出问题与构建思路》，《宏观经济研究》2021 年第 3 期。

曾雄：《平台“二选一”反垄断规制的挑战与应对》，《经济学家》2021 年第 11 期。

郑联盛：《共享经济：本质、机制、模式与风险》，《国际经济评论》2017 年第 6 期。

郑瑛琨：《经济高质量发展视角下先进制造业数字化赋能研究》，《理论探讨》2020 年第 6 期。

钟业喜、吴思雨：《元宇宙赋能数字经济高质量发展：基础、机理、路径与应用场景》，《重庆大学学报》（社会科学版）2022 年第 4 期。

周祎庆等：《数字经济对我国劳动力资源配置的影响——基于机理与实证分析》，《经济问题探索》2022 年第 4 期。

朱恒源、王毅：《智能革命的技术经济范式主导逻辑》，《经济纵横》2021 年第 6 期。

学位论文

陈希：《中国互联网信息服务协同治理：应然模式与实践路径》，博士学位论文，吉林大学，2021 年。

陈应龙：《双边市场中平台企业的商业模式研究》，博士学位论文，武汉大学，2014 年。

何枭吟：《美国数字经济研究》，博士学位论文，吉林大学，2005 年。

侯郭垒：《大数据安全的立法保障研究》，博士学位论文，中南财经政法大学，2020 年。

荆文君：《互联网行业的市场结构特征及其福利影响研究——基于平台企业的视角》，博士学位论文，中央财经大学，2018 年。

梁继：《数据生产要素的市场化配置研究——制度框架与定价因素》，博士学位论文，北京邮电大学，2021 年。

刘月：《数字平台能力、价值共创与平台企业竞争优势关系研究》，博士学位论文，吉林大学，2021 年。

万正艺：《数字网络空间视域下知识产权的政策分析：环境—价值—行动者的维度》，博士学位论文，南京师范大学，2021 年。

余圣琪：《数据权利保护的模式与机制研究》，博士学位论文，华东政法大学，2021 年。

张荣佳：《技术溢出条件下企业合作研发决策研究》，博士毕业论文，大连理工大学，2014 年。

外文文献

Adner R., Kapoor R., "Value Creation in Innovation Ecosystems: How the Structure of Technological Interdependence Affects Firm Performance in New Technology Generations", *Strategic Management Journal*, Vol. 31, No. 3, 2010.

Amit, Zotted, *Business Model Innovation Strategy: Transformational Concepts and Tools for Entrepreneurial Leaders*, New York: John Wiley & Sons Press, 2020.

Anderson C., "The Long Tail", *Wired*, Vol. 12, No. 10, 2004.

Armstrong M. , "Competition in Two-sided Markets", *The RAND Journal of Economics*, Vol. 37, No. 3, 2006.

Bull C. , "The Existence of Self-enforcing Implicit Contracts", *The Quarterly Journal of Economics*, Vol. 102, No. 1, 1987.

Beltagui, Rosli, Candi M. , "Exaptation in a Digital Innovation Ecosystem: The Disruptive Impacts of 3D Printing", *Research Policy*, Vol. 49, No. 1, 2020.

Briguglio L. , et al. , "Economic Vulnerability and Resilience: Concepts and Measurements", *Measuring Vulnerability in Developing Countries*, Vol. 37, No. 3, 2014.

Brynjolfsson E. , et al. , "Strength in Numbers: How does Data-driven Decisionmaking Affect Firm Performance?", Available at SSRN 1819486, 2011.

Brynjolfsson, McElheran K. , "The Rapid Adoption of Data-driven Decision-making", *American Economic Review*, Vol. 106, No. 5, 2016.

Cabral L. , "Dynamic Price Competition with Network Effects", *The Review of Economic Studies*, Vol. 78, No. 1, 2011.

Casadesus, Zhu F. , "Business Model Innovation and Competitive Imitation: The Case of Sponsor-based Business Models", *Strategic Management Journal*, Vol. 34, No. 4, 2013.

Chandra A. , Collard-Wexler A. , "Mergers in Two-sided Markets: An Application to the Canadian Newspaper Industry", *Journal of Economics & Management Strategy*, Vol. 18, No. 4, 2009.

Chesbrough, Rosenbloom S. , "The Role of the Business Model in Capturing Value from Innovation: Evidence from Xerox Corporation's Technology Spin-off Companies", *Industrial and Corporate Change*, Vol. 11, No. 3, 2002.

Choi J. , "Tying in Two-sided Markets with Multi-homing", *The Journal of Industrial Economics*, Vol. 58, No. 3, 2010.

Constantinides, Henfridsson, Parker G. , "Introduction—Platforms and Infrastructures in the Digital Age", *Information Systems Research*, Vol. 29,

No. 2, 2018.

Coase R. H., "The Nature of the Firm", *Economica*, Vol. 4, No. 16, 1937.

Cunningham J., et al., "Value Creation in the Quadruple Helix: A Micro Level Conceptual Model of Principal Investigators as Value Creators", *R&D Management*, Vol. 48, No. 1, 2018.

Das T., Teng B., "A Resource-based Theory of Strategic Alliances", *Journal of Management*, Vol. 26, No. 1, 2000.

Donaldson T., Dunfee T., "Toward a Unified Conception of Business Ethics: Integrative Social Contracts Theory", *Academy of Management Review*, Vol. 19, No. 2, 1994.

Eisenmann T., et al., "Strategies for Two-sided Markets", *Harvard Business Review*, Vol. 84, No. 10, 2006.

Evangelos B., et al., "The Economics of Distributed Ledger Technology for Securities Settlement", *Ledger*, Vol. 4, 2019.

Farboodi M., et al., "Big Data and Firm Dynamics", *AEA Papers and Proceedings*, Vol. 109, 2019.

Fatorachian, Kazemi H., "A Critical Investigation of Industry 4.0 in Manufacturing: Theoretical Operationalisation Framework", *Production Planning & Control*, Vol. 29, No. 8, 2018.

Fatorachian H., et al., "Collaboration in Computer Science: A Network Science Approach", *Journal of the American Society for Information Science and Technology*, Vol. 62, No. 10, 2018.

Foster L., et al., "Reallocation, Firm Turnover, and Efficiency: Selection on Productivity or Profitability?", *American Economic Review*, Vol. 98, No. 1, 2008.

Frenz M., Ietto-Gillies G., "The Impact on Innovation Performance of Different Sources of Knowledge: Evidence from the UK Community Innovation Survey", *Research Policy*, Vol. 38, No. 7, 2009.

Gautier A., Lamesch J., "Mergers in the Digital Economy", *Information Economics and Policy*, Vol. 54, 2021.

Gentzkow M. and J. M. Shapiro, "Ideological Segregation Online and Offline", *Quarterly Journal of Economics*, Vol. 126, No. 4, 2011.

Gilbert R., Newbery D., "Preemptive Patenting and the Persistence of Monopoly", The American Economic Review, 1982.

Giniyatullin I., et al., "The Use of Uberization Principles to Improve Social Taxi Services", 12th International Conference on Developments in eSystems Engineering (DeSE), 2019.

Goldfarb, Tucker C., "Digital Economics", *Journal of Economic Literature*, Vol. 106, No. 5, 2019.

Grover V. and M. K. Malhotra, "Transaction Cost Framework in Operations and Supply Chain Management Research: Theory and Measurement", *Journal of Operations Management*, Vol. 21, No. 4, 2003.

Gulbrandsen B., et al., "Antecedents of Vertical Integration: Transaction Cost Economics and Resource-based Explanations", *Journal of Purchasing and Supply Management*, Vol. 15, No. 2, 2009.

Guo, Ngai, Yang, Liang X., "An RFID-based Intelligent Decision Support System Architecture for Production Monitoring and Scheduling in a Distributed Manufacturing Environment", *International Journal of Production Economics*, No. 159, 2015.

Hao X., et al., "How to Improve Environment, Resources and Economic Efficiency in the Digital Era?", *Resources Policy*, Vol. 80, 2023.

Hart M. A., "The Long Tail: Why the Future of Business is Selling Less of More", *Journal of Product Innovation Management*, Vol. 24, No. 3, 2007.

Henfridsson, et al., "Recombination in the Open-ended Value Landscape of Digital Innovation", *Information and Organization*, Vol. 28, No. 2, 2018.

Helo, Hao Y., "Cloud Manufacturing System for Sheet Metal Processing", *Production Planning & Control*, Vol. 28, No. 6, 2017.

Hsieh C. T. and P. J. Klenow, "Misallocation and Manufacturing TFP in China and India", *Quarterly Journal of Economics*, Vol. 124, No. 4,

2009.

Jackson J. , "What is an Innovation Ecosystem", *National Science Foundation*, Vol. 1, No. 2, 2011.

Katz M. L. and C. Shapiro, "Network Externality, Competition and Compatibility", *American Economic Review*, Vol. 75, No. 3, 1985.

Kapoor, Agarwal S. , "Sustaining Superior Performance in Business Ecosystems: Evidence from Application Software Developers in the iOS and Android Smartphone Ecosystems", *Organization Science*, Vol. 28, No. 3, 2017.

Kohtamäki M. , et al. , "Digital Servitization Business Models in Ecosystems: A Theory of the Firm", *Journal of Business Research*, Vol. 104, 2019.

Lafont J. , et al. , "Value Creation in Listed Companies: A Bibliometric Approach", *Journal of Business Research*, Vol. 115, 2020.

Leminen, Rajahonka, Wendelin R. , "Industrial Internet of Things Business Models in the Machine-to-Machine Context", *Industrial Marketing Management*, No. 84, 2020.

Leitão, Colombo, Karnouskos S. , "Industrial Automation Based on Cyber-physical Systems Technologies: Prototype Implementations and Challenges", *Computers in Industry*, No. 81, 2016.

Liang F. , et al. , "A Survey on Big Data Market: Pricing, Trading and Protection", *IEEE Access*, Vol. 6, 2018.

Liao Y. , et al. , "A Mechanism for External Competence Transfer to Improve Manufacturing System Capabilities and Market Performance", *International Journal of Production Economics*, Vol. 132, No. 1, 2011.

Lyytinen K. , et al. , "Digital Product Innovation within Four Classes of Innovation Networks", *Information Systems Journal*, Vol. 26, No. 1, 2016.

Markovich, Yehezkel Y. , "Group Hug: Platform Competition with User Groups", *American Economic Journal: Microeconomics* Vol. 14, No. 2, 2022.

McIntosh D. , "We Need to Talk About Data: How Digital Monopolies Arise and Why They Have Power and Influence", *Journal of Technology Law & Policy*, Vol. 23, No. 2, 2022.

Mcafee, Brynjolfsson E. , "Big Data: The Management Revolution", *Harvard Business Review*, Vol. 90, No. 10, 2012.

Morgan N. A. , et al. , "Focal Supplier Opportunism in Supermarket Retailer Category Management", *Journal of Operations Management*, Vol. 25, No. 2, 2007.

Nambisan S. , Sawhney M. , "Orchestration Processes in Network-centric Innovation: Evidence from the Field", *Academy of Management Perspectives*, Vol. 25, No. 3, 2011.

Nambisan, Baron A. , "Entrepreneurship in Innovation Ecosystems: Entrepreneurs' Self-regulatory Processes and Their Implications for New Venture Success", *Entrepreneurship Theory and Practice*, Vol. 37, No. 5, 2013.

Nicolay J. A. , "The Digital Economy: Promise and Peril in the Age of Networked Intelligence", *Journal of Policy Analysis and Management*, Vol. 18, No. 1, 1999.

Nieto M. , Santamaría L. , "The Importance of Diverse Collaborative Networks for the Novelty of Product Innovation", *Technovation*, Vol. 27, No. 6-7, 2007.

Obrien D. P. , "Markets and Hierarchies: Analysis and Antitrust Implications-Williamson, OE", *Economic Journal*, Vol. 86, No. 343, 1976.

Pan W. R. , et al. , "Digital Economy: An Innovation Driver for Total Factor Productivity", *Journal of Business Research*, Vol. 139, 2022.

Parker, Van, Jiang X. , "Platform Ecosystems: How Developers Invert the Firm", *Mis Quarterly*, Vol. 41, No. 1, 2016.

Parker G. G. and M. W. Van Alstyne, "Two - sided Network Effects: A Theory of Information Product Design", *Management Science*, Vol. 51, No. 10, 2005.

Pei J. , "A Survey on Data Pricing: From Economics to Data Science", *IEEE Transactions on Knowledge and Data Engineering*, Vol. 34, No. 10, 2020.

Reggiani A. , "Network Resilience for Transport Security: Some Methodological Considerations", *Transport Policy*, Vol. 28, 2013.

Rhue L. and A. Sundararajan, "Playing to the Crowd? Digital Visibility and the Social Dynamics of Purchase Disclosure", *MIS Quarterly*, Vol. 43, No. 4, 2019.

Rohlfs J. , "A Theory of Interdependent Demand for a Communications Service", *Competition Policy International*, Vol. 7, No. 1, 2011.

Rochet J. C. and J. Tirole, "Two-sided Markets: A Progress Report", *The RAND Journal of Economics*, Vol. 37, No. 3, 2006.

Schumpeter, J. , *Capitalism*, *Socialism and Democracy*, Routledge, 2013.

Schmidt G. C. and M. S. Wagner, "Blockchain and Supply Chain Relations: A Transaction Cost theory Perspective", *Journal of Purchasing and Supply Management*, Vol. 25, No. 4, 2019.

Shamsuzzoha, Toscano, et al. , "ICT-based Solution Approach for Collaborative Delivery of Customised Products", *Production Planning & Control*, Vol. 27, No. 4, 2016.

Sung Yong, Youngjin ed. , *The Coevolution of Digital Ecosystems*, Philadelphia: Temple University Press, 2016.

Tang R. , "Digital Economy and Total Factor Productivity of Tourism Enterprises in China: The Perspective of Market Competition Theory", Current Issues in Tourism, 2023.

Teachout Z. , "The Problem of Monopolies & Corporate Public Corruption", *Daedalus*, Vol. 147, No. 3, 2015.

Vargo, Lusch F. , "Evolving to a New Dominant Logic for Marketing", *Journal of Marketing*, Vol. 68, No. 1, 2004.

Williamson, Meyer A. , "Ecosystem Advantage: How to Successfully Harness the Power of Partners", *California Management Review*, Vol. 55, No. 1, 2012.

Wu C. S. , et al. , "Assessing the Impact of Digital Finance on the Total Factor Productivity of Commercial Banks: An Empirical Analysis of China", *Mathematics*, Vol. 11, No. 3, 2023.

Yang H. X. , "Targeted Search and the Long Tail Effect", *The RAND*

Journal of Economics, Vol. 44, No. 4, 2013.

Yoo, Henfridsson, Lyytinen K., "Research Commentary—The New Organizing Logic of Digital Innovation: An Agenda for Information Systems Research", *Information Systems Research*, Vol. 21, No. 4, 2010.

Yu X. Y. and Y. Zhao, "Dualism in Data Protection: Balancing the Right to Personal Data and the Data Property Right", *Computer Law & Security Review*, Vol. 35, No. 5, 2019.

后　记

本书为国家社会科学基金重点项目“新发展格局下中国制造业产业链技术安全战略研究”（21AZD109）；国家社会科学基金青年项目“数字经济驱动收入分配格局转变的机制、效应与协同路径研究”（22CJL018）；河南省高等学校哲学社会科学创新团队支持计划“数字经济与产业创新”（2023-CXTD-01）；郑州大学“双一流”建设项目“数字经济与产业创新”（2024GJ020400056）的阶段性成果。书稿的撰写接近尾声，但写作过程却承载了我们满满的回忆。还记得，初步谋划数字经济相关著作写作时的期待；还记得，确定书稿题目和框架过程中反复商榷和斟酌时的场景；还记得，书稿撰写过程中收集资料、阅读资料、反复讨论的过程；还记得，定期写作汇报的过程；还记得，初稿成型后反复校对的过程……疫情的清冷掩盖不了写作的热情。当然，本书的撰写难免有疏漏之处，数字经济相关理论的总结还处于初期阶段，随着数字经济应用场景的扩展，以及对实体经济渗透的深度和广度的加深，数字经济的理论体系会不断完善，我们也希望得到广大读者的建议，不断增加数字经济理论的深度和厚度。

在本书写作过程中，博士研究生闫雅楠、孙冬阳、张竞雪，硕士研究生王淑影、谢妞、陈思源、李奕非、王晓英、马辉皓均参与了资料收集和部分章节初稿的撰写，感谢他们的辛苦付出。王海杰教授和杨志才副教授均参与了全书各章节的指导和撰写工作。

特别感谢何枭吟副教授、齐秀琳副教授在本书的写作中给予的宝贵建议。本书的完成也离不开郑州大学的领导和同事给予的支持和帮助。为此，向所有提供帮助的良师益友，表示衷心感谢！

感谢郑州大学为本书出版提供的资金支持。